LAS CARICATURAS ME HACEN LLORAR

LA ESCRITURA INVISIBLE

LAS CARICATURAS ME HACEN LLORAR

ENRIQUE SERNA

LA ESCRITURA INVISIBLE

LAS CARICATURAS ME HACEN LLORAR

Primera edición: junio de 2012
Segunda edición: junio de 2016
Tercera edición: noviembre de 2020

Portada: Fabricio Vanden Broeck

© 2020, Enrique Serna
© 2020, Editorial Terracota

ISBN: 978-607-713-134-2

© 2020, Editorial Terracota, SA de CV
Av. Cuauhtémoc 1430
Col. Santa Cruz Atoyac
03310 Ciudad de México

Tel. 55 5335 0090
www.editorialpax.com

Impreso en México / Printed in Mexico

2024   2023   2022   2021   2020
   7   6   5   4   3

Índice

Complicidad renovada

A petición de mi editor Antonio Reina, que me ha pedido un nuevo prólogo para este libro juvenil de crónicas, ensayos y varia invención, refiero las circunstancias en las que se iniciaron mis colaboraciones en el suplemento "Sábado" de *Unomásuno*, donde hice mis primeras armas como articulista y publiqué la mayor parte de los textos aquí reunidos.

Yo había debutado en el suplemento en 1985 con la publicación de un soneto y una décima desconocidos del poeta novohispano Luis de Sandoval Zapata, que formaban parte de mi tesis de licenciatura. El hispanista Gerardo Torres me acusó en *Vuelta* de haberle robado el hallazgo, y yo lo refuté en "Sábado" con argumentos que dejaron zanjada la discusión. Complacido por mi desempeño en esa escaramuza, Huberto Batis, el director del suplemento, me invitó a enviarle más colaboraciones. A principios de 1986, cuando estaba haciendo una maestría en Bryn Mawr College, Pennsylvania, becado por el departamento de español, comencé a mandarle artículos sobre temas diversos que primero aparecieron en la sección cultural de *Unomásuno* y posteriormente en el suplemento del periódico.

La experiencia de someter mi trabajo a la opinión pública me produjo, al mismo tiempo, una intensa emoción y una crisis vocacional. Temí que si continuaba estudiando teoría literaria en vez de leer los libros que de verdad me importaban, acabaría pergeñando exégesis eruditas con impecable rigor metodológico, pero sin el menor vuelo imaginativo. No quería escribir para otros especialistas, sino ganarme la confianza y el respeto del lector común, para satisfacer una necesidad expresiva, que en mi caso era un antídoto contra la timidez. En Bryn Mawr terminé mi segunda novela: *Uno soñaba que era rey*. La primera, *Señorita México*, llevaba un par de años durmiendo en mi cajón, a pesar de haber ganado un premio en Ciudad del Carmen, Campeche, (o tal vez en castigo por ese estigma), y necesitaba abrirme a puntapiés las puertas del medio literario para poder publicarlas, porque no tenía ni tengo estómago para las relaciones públicas. Tomé, pues, la oportunidad por los cabellos y de vuelta en México me consagré a escribir para el suplemento, mientras iba cocinando en la imaginación los cuentos de *Amores de segunda mano*. Para ganarme la vida redactaba campañas publicitarias para películas mexicanas y colaboraba con Carlos Olmos en los argumentos de algunas telenovelas. Esas chambas me acercaban, hasta cierto punto, al mundillo de la farándula, pero yo no pertenecía del todo a ese lupanar. Tampoco a la familia intelectual, otro prostíbulo donde circulaba menos dinero, pero las vanidades insatisfechas eran más tóxicas. Más bien ocupaba una tierra de nadie, donde podía observar ambos mundos desde la posición de un *outsider*.

Huberto Batis había quedado al frente de "Sábado" dos años antes, cuando Fernando Benítez, su primer director, emigró a "La Jornada Semanal" junto con la plantilla original de colaboradores. El presupuesto del suplemento era exiguo y Huberto recurrió a jóvenes escritores con modestas pretensiones salariales que no estaban cooptados por el medio intelectual, donde las relaciones públicas y los trueques de favores suelen anular la independencia de criterio.

Junto con "El semanario" de *Novedades*, dirigido por José de la Colina, "Sábado" era el suplemento donde la crítica se ejercía con más libertad. Opositor insobornable del *establishment* literario, Evodio Escalante libraba una guerra solitaria contra la burocracia cultural y la peor de sus lacras: los escritores mediocres, engolosinados con el poder y las prebendas del sistema, que habían comenzado ya a devaluar los sellos de prestigio. Las malévolas y despiadadas críticas cinematográficas de Gustavo García levantaban ámpula cada semana. El crítico de rock Xavier Velasco todavía no soñaba con ser un novelista famoso, pero ya mostraba un admirable oficio narrativo en sus crónicas. Más tarde, a finales de los ochenta, se incorporó al suplemento Guillermo Fadanelli, otro de los narradores importantes de mi generación, que publicaba semanalmente su celebrado "Diario de Peggy López". Mi primera esposa, Rocío Barionuevo, secretaria de redacción del suplemento, escribía una columna de erotismo inusitada por su descaro y por su estridencia, que los viejos verdes leían con morbo, atraídos por los títulos procaces: "Cuando los hijos se vienen", "Instrucciones para abrir una bragueta", etcétera.

Gracias a la mediación de Rocío yo no tenía un trato muy frecuente con Huberto. Procuraba evitarlo porque ambos éramos agresivos y temía que si me lanzaba alguna pulla hiriente (algo que acostumbraba hacer con la mayoría de sus colaboradores) podía mandarlo al carajo y perder mi tribuna. Sólo tuvimos un pequeño altercado, sin mayores consecuencias, una noche de copas en que osé hablar mal de Homero Aridjis. Huberto, indignado, se fue de mi casa; pero esa rabieta me hizo tenerle más admiración y respeto, pues a pesar de ser amigo cercano del poeta ecocida (algo que yo ignoraba hasta ese momento), me había permitido darle una fuerte zarandeada meses antes, cuando me burlé de sus inmundas novelas históricas. Energúmeno y erotómano, Huberto era por encima de todo un francotirador, y lo sigue siendo ahora desde las redes sociales. Hasta yo he sido víctima de su lengua pero se lo perdono todo porque veo en él a una figura paterna. Le gustaba que corriera la sangre en el suplemento y para azuzar a los literatos rijosos creó la sección "El desolladero", donde la fauna intelectual se daba hasta con la cubeta. De las rencillas ventiladas en esa sección extraje algunos rasgos de carácter para dibujar a los personajes de *El miedo a los animales*. Además, abundaban las fotos provocadoras de mujeres "en pelotas" que atraían a los lectores (o más bien a los mirones) habitualmente alérgicos a la alta cultura. El "Sábado" no sólo circulaba en los cafés de Coyoacán, sino en los talleres mecánicos y en las peluquerías. Tal vez por eso, el tiraje del periódico se triplicaba cuando aparecía el suplemento.

El carácter iconoclasta de *sábado* influyó sin duda en la tónica de mis artículos, pero yo compartía plenamente ese enfoque de la vida cultural y de hecho, he tratado de mantenerlo en otras publicaciones más serias donde he colaborado después. Cuando empecé a publicar mis artículos, ensayos y sátiras en verso, creía ingenuamente que estaba escribiendo para el hombre de la calle. Luego entendí que los suplementos culturales tenían un impacto social muy reducido. Ese descubrimiento fue una cruel decepción, pero al mismo tiempo, me permitió escribir con más desenfado, tutear a los lectores en vez de tratarlos de usted. Como a fin de cuentas estaba dirigiéndome a una familia de inadaptados, sabía que no iban a reprocharme ningún exceso o disparate, siempre y cuando lograra despertar su interés. Para conseguirlo, procuraba combinar la provocación con el rigor, la ironía con la precisión verbal, una dualidad que reflejaba las fluctuaciones de mi propio carácter. Entre los 25 y los 30 años uno puede ser un lector apasionado y un escritor exigente consigo mismo, sin renunciar a emborracharse dos o tres veces por semana; después la vida nos obliga a elegir entre la caída en picada o la disciplina. Para bien o para mal, yo elegí la mesura epicúrea, pero siempre sentiré nostalgia por el dulce vértigo de esos años eufóricos en los que me creía invulnerable.

Gracias a la vitrina del suplemento logré sacar del cajón mis dos primeras novelas, que encontraron un pequeño público lector entre la familia sabatina. *Las caricaturas me hacen llorar* se publicó por primera vez en 1996, cuando aún existía el suplemento. Isabel Allende incluyó algunas estrofas de mi "Himno a la celulitis" en su novela *Afrodita*, que por ese motivo se convirtió automáticamente en mi obra más traducida. El ensayo "El naco en el país de las castas" corrió con buena fortuna y ha circulado profusamente en preparatorias y universidades. Mi crítica a Fernando del Paso me granjeó ataques bastante rudos. Uno de ellos, escrito por una reseñista que había sido correctora de *sábado*; se publicó en tres diferentes medios impresos. Al escudarse detrás de sus faldas, mis enemigos embozados quisieron cobrarme la revoltura de tripas que les había causado mi novela *El miedo a los animales*, publicada un año antes. Quienes se dedican a nadar de "muertito" y a contemporizar con el *status quo* de la literatura mexicana, esperando obtener beneficios por su actitud aquiescente, no pueden tolerar que nadie ose remover las aguas del pantano. Sin asomo de arrepentimiento, ahora expongo mis pecados de juventud a una nueva generación de lectores, esperando encontrar de nuevo esa complicidad sin la cual no podría existir la literatura.

Enrique Serna, Cuernavaca, febrero de 2012

I

Risas y desvíos

Redondillas a los Boy Scouts

A la memoria de Gabriela Mistral

Nostálgico de la guerra,
Baden Powell padecía
la insufrible compañía
de las locas de Inglaterra.

Comenzaba a envejecer,
con todas se había acostado
y ninguna le había dado
ni un minuto de placer.

Necesito carne fresca,
reflexionó el general
que de joven fue triunfal
reina de la soldadesca.

O encuentro con quién coger
o de tanta calentura
cometeré la locura
de tirarme a una mujer.
Así pensaba, contrito,
cuando dispuso el destino
que su adorable sobrino
le pidiera caballito.

Apenas puso el infante
las nalgas en su rodilla,

sintió la dulce cosquilla
de una erección fulminante.

¡Dios, cuánto quiero a la infancia!
se dijo el viejo al tapar
con su gorra militar
aquella protuberancia.

Calcinado en los ardores
de su nueva vocación,
organizó un pelotón
de niños exploradores.

Los vistió como solía
vestirlo a él su niñera:
la borla en la tobillera
fue un toque de jotería.

No hay actividad más sana
—dijo a padres y tutores—
que pasear entre las flores
cuando asoma la mañana.

Nada es más puro y viril
que acampar junto a los ríos.
Entregadme a vuestros críos,
tengo cupo para mil.

En su primer campamento
acarició tantas piernas
blancas, lampiñas y tiernas
que se murió de contento.

Mas no murió su pasión:
la cruzada exploradora
de la madre superiora
se extendió por la nación.

Y de la nación al mundo:
cayeron nuevos reclutas
y el ejército de putas
tuvo un éxito rotundo.

Baden Powell todavía
desde su eterna morada
expele una carcajada,
cuando, al despuntar el día,

sus infantiles rebaños
salen a explorar mesetas,
y a que exploren sus braguetas
niños de 36 años.

Amor sin alma

La ofensiva conservadora que en los últimos años ha intentado restringir la libertad sexual de los jóvenes —como si no tuvieran bastante con la amenaza del SIDA—, se propone resucitar una vieja y superada idea del amor, fundada en la separación del cuerpo y el alma. Desde sus púlpitos editoriales, televisivos y radiofónicos, los ideólogos de la castración esgrimen la idea de que la promiscuidad supone la muerte del alma, y por consecuencia, una degradación de la persona humana. En algunos pasajes de *La llama doble*, Octavio Paz adopta esa postura y somete a juicio las conquistas eróticas de la sociedad moderna: "La licencia sexual, la moral permisiva —dice— han degradado a Eros, han corrompido la imaginación humana, han resecado las sensibilidades y han hecho de la libertad sexual la máscara de la esclavitud de los cuerpos." Aunque Paz se apresura a aclarar que no pide un regreso a la "odiosa moral de las prohibiciones y los castigos", y encuadra su condena en una reflexión más vasta sobre la naturaleza del amor, su virulento ataque a la moral permisiva de nuestra época (que está muy lejos de haber triunfado en el mundo moderno, incluyendo a las naciones ricas de Occidente) es un alegato indirecto a favor de la represión sexual, ya sea voluntaria o impuesta por la sociedad.

A mi modo de ver, Paz tiene razón cuando augura la muerte del alma, un concepto vacío de significado para la gran mayoría de la juventud actual, pero se equivoca al desprender de ahí que también está en crisis la idea del amor. ¿Acaso no puede surgir y está surgiendo ya un amor desalmado, un amor que empieza y termina en el cuerpo, pero eleva al hombre tanto como el amor cortés o el amor platónico? Desde los felices años 20, una década de euforia sexual que algunos historiadores de la cultura han comparado con los años 60, el modernista brasileño Manuel Bandeira se declaró partidario del amor sin alma. En radical oposición a Paz, Bandeira aconsejaba: "Si quieres sentir la felicidad de amar, olvida tu alma, el alma es lo que estropea el amor. Sólo en Dios puede encontrar satisfacción, no en otra alma. Las almas son incomunicables. Deja a tu cuerpo entenderse con otro cuerpo, porque los cuerpos se entienden, pero las almas no."

Ni Bandeira ni millones de jóvenes indiferentes a las encíclicas de Juan Pablo II creen que la defunción del alma sea una tragedia. Tampoco un obstáculo para amar. En realidad, lo que Paz califica regañonamente de sensibilidad reseca es una sensibilidad nueva, tan combustible y propensa al amor como la sensibilidad romántica, pero enemiga del lenguaje sensiblero, de las pasiones declarativas y de la retórica trascendental. Un diálogo de la película *Amantes*, soberbia historia de amor dirigida por el español Vicente Aranda, ejemplifica este cambio de actitud:

—Dime que me quieres —pide Victoria Abril a su galán Jorge Sanz.

—Te quiero.

—Así no —protesta Victoria, acariciando el sexo de su amante—. Yo quiero que me lo digas con ésta.

Si en la actualidad, por el desgaste de palabras como alma, corazón y espíritu, un juramento de amor significa mucho menos que una erección, eso no quiere decir que la animalidad haya desplazado al afecto. Al contrario: el afecto es tan fuerte que ha enmudecido. Y gracias a la moral permisiva, que permite pasar de una pareja a otra cuando se extingue el amor, la llama erótica puede alumbrar mucho más que en tiempos de nuestros abuelos, cuando el matrimonio era una prisión perpetua o un prolongado bostezo.

Es verdad que la modernidad "ha desacralizado el cuerpo y la publicidad lo ha utilizado como un instrumento de propaganda", como dice Paz, pero no hay razón alguna para culpar de esos males a la libertad sexual. En todo caso, el auge de la pornografía y el uso del cuerpo humano como imán comercial indican a las claras que vivimos una época de miseria sexual, pues quien tiene cuerpos a su alcance no se conforma con espejismos. La pornografía se nutre de la represión y del miedo a los cuerpos, no del libertinaje. Y aunque la moral judeocristiana la condene de dientes para afuera, en el fondo le complace que el hombre se entregue a la contemplación de imágenes obscenas, mientras no intente ser el actor de su propia orgía. Tanto en el cielo como en la tierra, el único placer que tolera la religión católica es el placer visual. De ahí la semejanza entre los aficionados a los *peep shows* y las almas que habitan el paraíso de Dante: unos contemplan cuerpos humanos, otros la luz emanada por la esencia divina, pero en ambos casos está prohibido tocar.

El adulterio virtual

Desde que tengo la costumbre de leer en el excusado, la revista *Cosmopolitan* me ha brindado un placer que no sabría si calificar de intelectual o intestinal. Se trata de la publicación más audaz y moderna en su género, dirigida a la treintañera de posición económica holgada, que añora la libertad sexual de su juventud, pero no se atreve a cometer adulterio. *Kena* o *Vanidades* tienen un público de fodongas en estado vegetativo, ávidas de chismes sobre el espectáculo y consejos prácticos de belleza, que se dedican al tejido, a la repostería y al cuidado de los hijos, mientras ven telenovelas entre bostezos. La lectora de *Cosmopolitan* todavía no se resigna al tedio conyugal. Sus diarias sesiones de gimnasio en medio de galanes apolíneos le dejan la cabeza llena de lubricidades, pero antepone a la calentura su sentido práctico. Si algo la refrena de ponerle los cuernos al marido no son los escrúpulos morales, que la revista pasa por alto con un cinismo ejemplar, sino el miedo a perder el teléfono celular, la tarjeta de crédito, el chofer que la espera a la salida de Perisur. Como buena representante de lo que T. S. Eliot llamaba "una época de virtudes y vicios moderados", desearía conjugar la disposición con el orden, complacer a la puta que lleva dentro sin poner en peligro su matrimonio. ¿Pero cómo excitarse con el esposo barrigón y calvo que llega borracho a las tres de la mañana, la penetra con rudeza, y luego de una rápida eyaculación se queda roncando como un verraco? ¿Cómo serle infiel sin perder su *status* de mujer triunfadora?

La alternativa que propone *Cosmopolitan* es el adulterio virtual. Entre los viejos números que conservo apilados junto a la taza del baño, entre mis colecciones de *Vuelta* y *Nexos*, encontré hace poco una apología de la infidelidad *in mente* firmada por la doctora Nancy Kalish: "Algunas mujeres piensan que si tienen fantasías con otro hombre mientras copulan con su pareja, es como si lo engañaran —advierte la Kalish, o el joto escondido tras el seudónimo—. Pero están equivocadas: las fantasías tienen el poder de excitarte, no de hacerte actuar. Que tengas curiosidad por saber lo que sentirías si tu jefe te amarrara a su butaca y te obligara a servirle como una esclava sexual, no quiere decir que de veras te gustaría verte en esa situación. No hay que preocuparse por esto, ya que lo único que hace tu mente es jugar."

O veo moros con tranchetes, o la doctora Kalish recomienda la perversidad autocontenida que Buñuel ridiculizó en *Belle de jour*. Pero si Catherine Deneuve se abandonaba a sus fantasías masocas para obtener un discreto placer solitario, *Cosmopolitan* va más allá y propone convertir la evasión erótica en salvaguarda del matrimonio. Con el adulterio virtual no sólo la esposa sale ganando: también el marido, que se envanece por su aparente virilidad y presume en las cantinas de llevar a su mujer hasta el paroxismo, sin sospechar que la muy ladina está cogiendo con Luis Miguel. La práctica del cuerno imaginario tiene hasta su lado romántico, porque la Chica Cosmo no piensa en otro por depravada, sino para que su gordo esté contento y la quiera más. ¿Puede concebirse mayor abnegación, mayor desprendimiento en aras de la pareja?

En realidad, el subterfugio "descubierto" por la doctora Kalish tiene la misma antigüedad de la monogamia y no es privativo de las mujeres, ya que el hombre tampoco suele concentrarse en la mujer que tiene en los brazos. O bien cambia a su esposa por una fantasía cachonda o emplea la conocida táctica de pensar en un perro muerto para retrasar la eyaculación. La destreza sexual exige cierta capacidad de ausencia; tal vez los mejores amantes son los que hacen el amor distraídos. Pero en la era televisiva, la dictadura de la imagen ha despersonalizado el sexo hasta convertirlo en un acto de ilusionismo. ¿Quién está copulando cuando una pareja tiene que recurrir a fantasmas para excitarse a trasmano? ¿Los amantes de carne y hueso o los dobles encargados de hacer el trabajo sucio? En apariencia, el engañador que reduce a su pareja a la condición de sombra obtiene la mezquina satisfacción de haberle tomado el pelo. Pero quizá le salga el tiro por la culata. Espectador de un coito donde sólo participa a medias, el amante desposeído del cuerpo que toca se contagia de la misma irrealidad y sólo puede aspirar a una posesión ilusoria, a un descarnado efecto visual. Si para muchos el erotismo consiste ya en eludir a la persona con que se acuestan, cuando se invente un equipo de multimedia encargado de simular acoplamientos entre seres distantes, el arte del fornicio quedará archivado en la zona roja del limbo.

El pragmatismo de *Cosmopolitan* no deja lugar a lamentaciones sobre el desencuentro de la pareja contemporánea, pero el consejo servicial y aparentemente inofensivo de la doctora Kalish tiene una contrapartida sombría en la narrativa de Raymond Carver, quizá el crítico más agudo de la pareja moderna, y el que mejor ha observado su necesidad de desdoblamiento. El desasosiego que nos deja un cuento como "Vecinos", donde un matrimonio alcanza el éxtasis al cuidar el departamento de otra pareja que ha salido de viaje, consiste en vislumbrar que no sólo a la hora del orgasmo, sino en todo momento, la mayor aspiración del hombre moderno es anularse como persona y escapar de su propia vida. Por distintas vías, Carver y las más frívolas observadoras de la realidad conyugal han detectado que en la sociedad moderna, el más alto grado de individualismo conlleva el más alto grado de insignificancia. El ser humano de fin de milenio es un ente que no piensa con su cerebro ni hace el amor con su cuerpo, un minusválido emocional aplastado por las imágenes y las cosas. Cambia de personalidad con sólo apretar el selector de canales, depende de otros para excitarse, para soñar, para tener pesadillas y cuando se permite un pequeño conato de rebeldía, nunca falta una doctora Kalish que le administra un calmante y le susurra al oído: "No ha pasado nada, todo es un juego."

Pero basta de rollo. Es hora de jalar la cadena.

Travestismo lingüístico

Hay palabras que a un tiempo visten y desnudan: las que tomamos prestadas del sexo opuesto para escapar de nuestro asfixiante gueto lingüístico. La creatividad vence a la rigidez y el espíritu lúdico a la disciplina cada vez que alguien se permite un respiro de indefinición sexual. En una sociedad como la nuestra, compuesta de hombres hombrunos y mujeres afeminadas, la inversión genérica es una catarsis de primera necesidad. Cuando los hombres hablamos en femenino —hasta el macho más atravesado tiene sus crisis de ajotamiento nervioso— advertimos cuánta falsedad hay en el habla masculina y hasta qué punto hemos caricaturizado nuestra hombría. El joteo contrarresta la exageración histriónica de lo masculino, limpia nuestro léxico de asperezas y nos permite sostener, con el tejido sobre las rodillas, una verdadera y natural conversación de hombre a hombre.

La modalidad sexual de un idioma sólo existe como reflejo de la modalidad social que nos obligan a respetar desde la infancia. En una de sus brillantes y amenas clases de español, el lingüista Raúl Ávila ponía como ejemplo de lo anterior un experimento realizado por él mismo con niños y niñas de cinco años a los que preguntó qué hacían al amarrarse las agujetas: ¿un nudo o un moño? A esa edad muchos de los niños eran partidarios del coqueto moño y un alto porcentaje de niñas se inclinaba por el recio nudo. Tres años después les repitió la prueba, cuando ya tenían conciencia de pertenecer a un grupo lingüístico. El resultado fue consternante: el 99% de los encuestados había sucumbido al prejuicio arbitrario que asocia el moño con lo mujeril y el nudo con lo masculino.

La represión social del hablante se agrava en la adolescencia, constriñéndonos a un dialecto sectario que dificulta la comunicación franca entre hombres y mujeres. Pero en algún rincón de la memoria guardamos el recuerdo de la época en que podíamos hablar sin cortapisas intimidatorias, y ese recuerdo puede conducirnos a una liberación. Las mujeres marchan a la vanguardia en la lucha por abolir las diferencias lingüísticas entre los sexos. Han adoptado con desparpajo admirable los ríspidos piropos masculinos y ya no tienen reparo en decir que un hombre está muy bueno y que se lo quieren coger. Los hombres avanzamos despacio, pero con paso firme y decidido. Resulta esperanzador que incluso en campos donde impera el machismo más recalcitrante (el box, la política, el futbol) haya brotes de rebelión andrógina y travestismo suicida. Peleadores como Humberto *La Chiquita* González, líderes sindicales como *La Güera* Rodríguez Alcaine, mediocampistas como Rubén *La Pina* Arellano —por citar a los más conocidos mártires de la onomástica— están haciendo un sacrificio invaluable que redundará en beneficio de las futuras generaciones.

Se acercan los días en que un niño podrá llamarse Marisol y una niña Ernesto. Los padres que disfruten ese paraíso verbal harán combinaciones insólitas al escoger los nombres de sus hijos: Amalia Javier, Juan Manuela, Jessica Huberto, Carlos Gertrudis. Cuando el vocabulario deje de ser una camisa de fuerza, perderán atractivo los pasatiempos menos imaginativos del habla *gay*, como decirlo todo con la i (quí bírbiri) o feminizar las terminaciones masculinas (dame la mana, préstame tu libra, etc.). En vez de jugar a los piquetes de culo, nuestros mecánicos y hojalateros sublimarán su homosexualidad llamando papacitas a las muchachas que pasan por la banqueta. Cualquier hombre demasiado tieso, cualquier mujer demasiado frágil, será objeto de un repudio semejante al que hoy padecen vestidas y marimachos. Un lenguaje hermafrodita que reflejara los vaivenes de la sexualidad humana reconciliaría al hombre con la mujer, al nudo con el moño y a las palabras con su naturaleza ambigua.

Machismo torcido

Ningún estudio sobre la psique del mexicano puede ignorar los conflictos y desvelos que le ocasiona la fama pública de su trasero. En la difícil y muchas veces heroica defensa de su retaguardia, los principales enemigos del macho azteca no son los homosexuales, que por lo general, salvo en casos de temeridad indómita, evitan seducir a los bugas de tiempo completo, sino otros machos igualmente obsesivos, los amigotes de la cantina, la fábrica o el taller mecánico, enfrascados de por vida en un juego de ingenio, el albur, que consiste en sodomizar verbalmente al adversario, enredándolo con frases de doble sentido para hacerlo aparecer ante los demás como víctima de una penetración.

El albur, nuestro deporte nacional con mayor número de adeptos, por encima de la lucha libre y el futbol, exige una fe infantil en el poder mágico de las palabras, y al mismo tiempo, una enfermiza preocupación por la fragilidad de la hombría. Para el mecánico trenzado en un duelo de albures, "El Chico Temido de la Vecindad", la "Tela de Juir" y el "Coyote Cojo", más que retruécanos de significado obsceno, son armas punzocortantes, vergas enhiestas que debe esquivar o encajar cuando el oponente baja la guardia. La justicia poética del albur no sólo exonera del ridículo al homosexual activo o mayate, sino que le confiere el título de chingón. Sin embargo, los chingones llaman puñal al homosexual pasivo, como si a pesar de humillarlo una y otra vez, todavía les inquietara la amenaza de un sorpresivo piquete.

Reflejo de una sexualidad tortuosa, pero festiva, el albur es la cara sonriente del machismo a la mexicana; un pasatiempo inocente que hasta cierto punto minimiza la afrenta de ser penetrado, pues de tanto jugar con esa posibilidad, los albureros llegan a restarle importancia. Por desgracia, el país produce otra clase de machos sin sentido del humor que tienen una especie de radar para detectar quién los mira feo y no toleran que se ponga en duda su virilidad, ni siquiera en broma. Se les puede reconocer con facilidad, porque cuando alguien les pregunta si les gusta Miguel Bosé titubean un momento antes de responder: "me gusta cómo canta", aclaración oficiosa que delata su temor a dar un traspié. Entre los machos más furibundos de nuestra historia sobresale el general Mariano Arista (rival de Santa Anna, protagonista de un episodio grotesco en la Guerra de los Pasteles y presidente de México a mediados del XIX), que según Guillermo Prieto "evitaba andar de puntillas, y cuando llovía y estaba la calle llena de charcos, prefería mojarse a danzar evitando la humedad, porque decía que esos remilgos eran indignos de un soldado".[1] Pero, sin duda alguna, el campeón de la paranoia machista fue el galán de cine Pedro Armendáriz, a quien los directores tenían que dar indicaciones por medio de circunloquios, porque montaba en cólera al escuchar la palabra "detrás". Era una estampa viril sin reverso, un hombrón que había renegado de su trastienda, y de haber podido, la hubiera mandado soldar, para estar seguro de que jamás lo traicionaría.

Con Armendáriz pasamos del machismo obtuso al machismo torcido, el de los varones tallados en piedra que en cualquier momento pueden dar un giro de 180 grados y amanecer bocabajo en la cama de un travesti. En México han proliferado en los últimos años, a juzgar por las enormes colas de automóviles que se forman en los paraderos de vestidas. Contra lo que se podría suponer, el negocio de los travestis no son los bisexuales, que oscilan entre los hombres y las mujeres de verdad, sino los machos de ceño adusto que al calor de la borrachera, y ansiando liberarse de todas sus ataduras, prefieren desempeñar un papel pasivo, fieles al ideal caballeresco de entregar su mayor tesoro a una dama.

El machismo torcido no es cosa de broma, como lo prueba la

---

[1] Guillermo Prieto, *Memorias de mis tiempostiempos*, México, Porrúa, 1976. Cap. XXXVI.

reciente cacería de travestís en Tuxtla Gutiérrez, que dejó un saldo aterrador de 14 muertos. Al despertar en brazos de "la amada en el amado transformada", muchos émulos de Armendáriz y Arista necesitan lavar su deshonra con sangre, más aún cuando se trata de militares o judiciales, como al parecer ocurrió en la capital de Chiapas. Para impedir más crímenes de psicópatas, el gobierno, la sociedad y la Iglesia deben aceptar de una vez por todas que la bisexualidad es consustancial a nuestra cultura, como lo hizo desde hace tiempo la sabiduría popular. Para ello podría darse un primer signo de apertura: convertir el Día del Compadre en una celebración de la amistad erótica entre varones, donde se permita a los machos de espíritu juguetón lo que siempre han deseado: pasar de los albures al lecho.

1994

Bocas envenenadas

A Cervantes le tocó vivir una época en que los escritores, enfrascados en una guerra de todos contra todos, elevaron el denuesto público a la altura del arte o rebajaron el arte a la categoría del denuesto, según el criterio de quien los juzgue. Acostumbrado a la sorna y al chismorreo cáustico de la sociedad literaria, Cervantes llegó a pensar que la maledicencia, para muchos de sus colegas, no era un pasatiempo sino una razón de ser. En boca de Clodio, un personaje de *Los trabajos de Persiles y Segismunda* —la menos popular de sus novelas y en la que cifraba su anhelo de perdurar como escritor—, hizo una feliz observación sobre la costumbre de usar el lenguaje como un cuchillo: "Yo no me mataré —dice Clodio—, porque aunque soy murmurador y maldiciente, el gusto que recibo del decir mal, cuando lo digo bien, es tal, que quiero vivir porque quiero decir mal."

En los dramas de Shakespeare hay algunos maldicientes crónicos (el Tersites de *Troilo y Crésida*, *Timón de Atenas*, etc.), pero tienen la excusa de ser bastardos o deformes, y por lo general intentan sacar provecho de sus calumnias. El personaje de Cervantes, en cambio, insulta y difama por vocación, espontánea y compulsivamente, sin segundas intenciones ni cálculos interesados. Clodio es el primer murmurador nato de la literatura moderna. Para este apóstol de la injuria, echar pestes del prójimo —pero echarlas con ingenio y mordacidad— es un arte tan noble como la tauromaquia o la cacería, una actividad que cumple un fin en sí misma, lo que en cierta forma la dignifica, aunque deje víctimas a su paso.

No es de extrañar que los estudiosos de Cervantes hayan visto en Clodio a un típico representante de la maledicencia española. Nada gustaba más a los hispanistas de antaño, comandados por Menéndez y Pelayo, que ver por todas partes arquetipos de la soberbia española, de la valentía española o de la envidia española, como si los siete pecados capitales y sus abundantes ramificaciones fueran patrimonio de una sola nación. En la misma línea de pensamiento, Octavio Paz se refirió hace algunos días, en un artículo sobre Carlos Fuentes publicado en *El País*, al canibalismo que, a su juicio, distingue al mundillo intelectual de México, y de pasada zarandeó a los chingaquedito que hablan mal del novelista. Quizá los chingaquedito sean un producto orgullosamente nacional: merecemos la paternidad de la especie por haberla bautizado, pero, ¿de verdad es tan nuestro el gusto por la carne humana?

Las invectivas de baja ley que se lanzaban Gore Vidal, Norman Mailer y Truman Capote (un trío tan amistoso como el formado por Góngora, Lope y Quevedo), y las que antes intercambiaron Hemingway y Scott Fitzgerald, inducen a pensar en un típico canibalismo estadounidense, para no hablar de las reyertas entre escritores franceses, alemanes o rusos. Fuera del ambiente literario también hay caníbales. Desde que el mundo existe, los políticos y los soldados, las putas y los atletas practican a todas horas el arte de Clodio. ¿Por qué no admitir entonces que la maledicencia es una pasión universal, un ejercicio creativo y liberador tan antiguo como la especie humana?

Perro que ladra no muerde. Injuriar a diestra y siniestra es una forma civilizada de sublimar nuestra natural inclinación a la antropofagia. La gente respetuosa, comedida y discreta es la que hace daño de verdad. Basta echar un vistazo a la nota roja, donde todos los días aparecen maniáticos y estranguladores que nunca se expresaron mal de nadie. El energúmeno verbal, por el contrario, vomita sapos y liendres para no almacenar rencores que podrían llevarlo a la violencia. Muchas veces ni siquiera aborrece a la gente que insulta. Agrede por higiene mental, a tontas y a locas, sin preocuparse de que sus víctimas merezcan o no el improperio. Por lo general prefiere cebarse en la gente recién salida de una reunión, aun cuando sienta afecto por ella. ¿Quién no ha pasado ratos felices destazando a sus mejores amigos, haciendo chistes a costa de sus defectos físicos, o celebrando la caída en desgracia de un pariente cercano?

La condena moral que pesa sobre esta inocente pasión se deriva de su carácter alevoso y traicionero. Los enemigos de las habladurías exigen que el enemigo embozado les diga las cosas de frente, pero cuando eso llega a suceder responden con golpes o insultos de baja estofa. Sus reacciones primitivas desaniman al buitre profesional que se ha esforzado en ofender con ingenio y donaire. ¿Tanto trabajo, piensa, para que me digan hijo de la chingada? De modo que si se injuria en ausencia de la víctima no es por cobardía, sino para mantener el nivel de calidad de una disciplina que perdería su valor estético en manos de gente impulsiva y chata. En otros países las lenguas viperinas pueden lastimar con sinceridad, no así en México, el país del medio tono y los diminutivos, donde la hipocresía sentó sus reales desde que el águila devoró a la serpiente. Conviene tomar en cuenta la advertencia del poeta Fabio Morábito:

> Aquí el habla se esconde
> bajo tantas heridas
> que hablar es lastimarse
> y quien habla mejor
> es quien mejor se esconde.

Quien aspire a la categoría de chingaquedito debe simular que no obtiene satisfacción alguna al ejercer su vocación, y si es posible, asumir el papel de buen samaritano a quien le duele tener que hablar mal de otra persona: "Tú sabes cuánto respeto y quiero a mi amigo Julio, tú sabes que para mí es como un hermanito, pero aquí entre nos..." y enseguida viene la cuchillada a la yugular.

Que yo sepa, sólo en el medio teatral se intercambian denuestos de alta escuela con espíritu deportivo. Desequilibrados al extremo de no saber distinguir el juego escénico de la vida real, los teatreros han establecido en sus pleitos una convención similar a la que existe en la lucha libre: haz como que me pegas y yo haré como que me ofendo. La principal regla del juego consiste en fingir que la violencia es real. Nada de advertencias idiotas del tipo "estoy bromeando" o "no lo vayas a tomar en serio". Cualquier intento de ablandar el golpe, de restarle crueldad, rompería el pacto no escrito de llevar la representación hasta sus últimas consecuencias. La semana pasada me tocó presenciar uno de estos *rounds* de sombra en el cumpleaños de mi amigo Carlos Téllez. Dos actores pasados de copas, uno de ellos estrella de telenovelas, el otro menos famoso, pero respetado en el medio universitario, se trenzaron en una larga disputa para dirimir cuál de los dos era el más chingón.

—Tú ya no eres actor, te has convertido en un galancete de quinta —gritaba el histrión "serio"—. Ya fui a ver la obra que estrenaste en el Polyforum y me dio pena ajena. Estás cayendo cada vez más bajo. ¿Para eso tomaste clases con Héctor Mendoza?

La estrella de TV soportó en silencio la retahíla de insultos, pero cuando su colega hizo una pausa para encender un cigarro, le respondió a quemarropa:

—Veo que se te ha subido mucho el fracaso.

Pocas veces la mala leche ha llegado a tales niveles de excelsitud. Pero lo que más me sorprendió no fue ese magnífico descontón, sino la nobleza del agredido, que en vez de enojarse y pasar a las mentadas de madre asimiló el golpe y media hora después gimoteaba en el hombro del galancete: "Perdóname, *brother*, por Dios que te quiero mucho." ¿Cuándo se llegará, entre personas supuestamente civilizadas, a la madurez de los actores? ¿Cuando podremos gritarnos el precio sin que llegue la sangre al río? Del psicodrama actoral se puede saltar con facilidad a la trivialización de los insultos, como ha ocurrido ya en Tlacotalpan y Alvarado. Tal vez no sea conveniente llegar a ese extremo, pues de lo que se trata es de herir al adversario. Pero nunca llegaremos lejos en el arte de Clodio mientras la simulación y una diplomacia mal entendida nos obliguen a pronunciar en secreto nuestras mejores ofensas.

1988

El funesto lenguaje del cariño

Se puede medir el deterioro de una relación amorosa por la frecuencia con que los amantes intercambian frases dulzonas y diminutivos tiernos. La pasión gruñe, insulta o brama: sólo el tedio ronronea. Una pareja que necesita fuertes dosis de almíbar es una pareja de amigos resignados a quererse con balas de salva. Las palabras "bonitas", y en general, todas las que expresan sentimientos puros, infantilizan al ser amado, al tiempo que niegan su animalidad. Todo intento de limpiar el amor de connotaciones obscenas conduce a un lenguaje "virginal y por lo mismo impuro", como el oro en la montaña de Díaz Mirón. Cuando un enamorado llama a su novia "bombón" o "muñeca", intenta eludir con eufemismos a la mujer voluptuosa que en el fondo teme. Tratándola como niña, establece un pacto de no agresión sexual que posterga el momento de los jadeos, "para cuando seas grandecita". De ahí que tantas adolescentes en edad reproductiva sigan saltando la cuerda y comprando baratijas de Hello Kitty cuando ya se les reclama en los hoteles de paso.

El empalagoso lenguaje de la *celedonia* (nombre con el que Fourier bautizó al amor exento de carnalidad) puede adquirir un tinte enfermizo cuando se le utiliza para enmascarar un deseo largamente insatisfecho. Es el caso de la poetisa uruguaya Delmira Agustini, a quien la severidad carcelaria de sus padres obligó a llevar una doble vida erótica y literaria que hoy conocemos por su correspondencia íntima. A los 18 años, Delmira tenía unas ganas locas de perder la virginidad —aunque fuera por escrito—, pero su madre interceptaba las cartas de amor que dirigía a su novio. Para burlar a la Gestapo, enviaba al novio cartas inofensivas en las que asumía la personalidad de una niña boba ("la nena te extlaña y espela velte plonto, ¿pol qué no venís mañana y le tlaés un chocolate?"), pero por medio de una doncella le hacía llegar cartas fogosas y apasionadas donde revelaba sus verdaderos antojos, que no eran precisamente de golosinas. La costumbre de falsear lo que sentía quizá repercutió en su literatura. Los primeros libros de la Agustini (*Los cálices vacíos*, *Cantos de la mañana*) deben mucho al misticismo profano que Amado Nervo puso de moda a finales del XIX. Bajo la hojarasca espiritualista, la joven impetuosa dejaba entrever sus urgencias hormonales:

> ¿Nunca tuvisteis dentro una estrella dormida
> que os abrasara enteros y no daba un fulgor?
> ¡Cumbre de los martirios! ¡Llevar eternamente
> desgarradora y árida, la trágica simiente
> clavada en las entrañas como un diente feroz!

En verso Delmira no hacía pucheros de nena, pero confundía el apetito sexual con la búsqueda de lo absoluto (confusión que más tarde sufriría Gabriela Mistral). Se engañaba a sí misma y a los críticos que la elogiaban por la pureza de sus deliquios. Años después, cuando tuvo un amante que la hizo feliz, escribió soberbios poemas eróticos (*Piedad por las estatuas*, *Los cisnes*) en los que parece haber superado el misticismo de sus primeras obras.

Otras veces la cursilería infantil puede anunciar la muerte de una pasión. Así le ocurrió a María Luisa León, la primera esposa de Pedro Infante, cuando Pedro empezó a engañarla con Lupita Torrentera. En sus memorias, la León cuenta que después de ausentarse varios días sin avisarle dónde estaba, "Pedro entró a mi recámara haciéndose el niñito y fingiendo que lloraba me dijo: aquí está tu nene, papacito se entretuvo en la calle, tu nene quería llegar pronto a casa, pero tuvo mucho trabajo. Así apareció en mi vida Pedro, el Nene, mi hijo querido, que de tanto hacerse el bebito día y noche llegó a hacerme creer que Dios nos había bendecido con un hijo". Al parecer, Pedro inventó al nene para que María Luisa no le pudiera reprochar su infidelidad, y al mismo tiempo, para insinuarle que de ahí en adelante ya no podría quererla como amante. A diferencia del enamorado meloso que infantiliza a su noviecita para no afrontar el riesgo de poseerla, Pedro se las ingenió para convertir en madre a la mujer que ya no deseaba. Fue una forma sutil de decirle: entre nosotros ya terminó todo, resígnate a la ternura. María Luisa comprendió la indirecta, pues confiesa en sus memorias que "la doble personalidad de Pedro me orillaba, a ratos, a sentir una verdadera confusión que llegaba a la locura".

Hasta cierto punto, Pedro Infante recurrió a los balbuceos de niño adúltero sin tener plena conciencia de su significado. Pero cuando un poeta se deja vencer por la ternura prefabricada, sentimos que ha faltado a su compromiso con el lenguaje. Las cartas que Fernando Pessoa escribió a su enamorada Ofelia —secretaria de una casa comercial, a quien llamaba "mi bebecito"— han hecho lamentar a su biógrafo Joao Gaspar Simoes el descenso de una inteligencia tan encumbrada a los pantanos del lugar común. Anticipándose a los reproches de Simoes, Pessoa declaró por boca de su heterónimo Álvaro de Campos que todas las cartas de amor son ridículas porque de otro modo no serían cartas de amor. La frase ha conmovido a muchos de sus lectores, pero si se toma en cuenta que Pessoa fue un hombre asexuado y neurótico, las ternezas dirigidas al "bebecito" pueden interpretarse como una cobardía. Para Pessoa lo ridículo no eran las cartas de amor, sino el amor mismo, que sólo conoció por las tarjetas postales. Quien declara su amor en términos convencionales se traiciona a sí mismo y traiciona al verdadero amor, que es una turbulencia incomunicable. Creadas para uniformar un impulso tan personal como la muerte, las frases hechas devalúan la intimidad de una pareja al encerrarla en un cartabón de sensiblería manufacturada. Si es verdad que "el amor se calla cuando hablamos", como dice Tomás Segovia, la distancia entre lo dicho y lo sentido se agranda cuando las palabras que van ganando terreno a las emociones ni siquiera son nuestras. Hay más amor en un obsceno faje de camión —siempre y cuando sea silencioso— que en 50 años de convivencia endulzada con jarabe de pico.

Intelectuales con caspa

Es difícil encontrar a un intelectual mexicano —sea de primera, segunda o tercera división— que no tenga caspa. Tan característica del gremio ha llegado a ser esta secreción del cuero cabelludo que, al entrar en conversación con un desconocido de hombros nevados, uno puede preguntarle con absoluta confianza cuándo sale su próximo libro. En el peor de los casos responderá que todavía no escribe nada, pero que tiene varios proyectos en mente, porque la caspa no sólo es atributo del intelectual reconocido, sino talismán propiciatorio del intelectual en potencia. ¿Cuántos jóvenes de cabello grasoso abandonan la ducha, con riesgo de perder a la novia, creyendo que la seborrea trae consigo talento, publicaciones, beca Guggenheim, fama internacional y entrevistas con Ricardo Rocha? Son miles, quizá millones, y no se les puede culpar de nada mientras haya tanta celebridad bañada en su propio talco.

Signo de aislamiento y desdén a la vida mundana, la caspa complementa el aspecto desaliñado y sucio con que los intelectuales pretenden apartarse de la estupidez general cuando más inmersos están en ella. La tradición viene de la clerecía medieval, que se privaba del baño para combatir la concupiscencia: oliendo a cadáver, los monjes evitaban el riesgo de gustarle a las mujeres o gustarse entre sí. La clerecía moderna descuida su asco (o mejor dicho: cuida su desaseo) porque a falta del hábito y la tonsura utiliza la mugre como seña de identidad. Por lo menos los clérigos medievales eran humildes, mientras que un joven escritor peleado con el jabón es tan vanidoso como un actor de televisión. Cree que su caspa le da carácter, personalidad y un aire reconcentrado, cuando más bien lo uniforma con sus congéneres. En el zoológico intelectual de Coyoacán hay caspas comprometidas, caspas de crítico cinematográfico (gordas como palomitas de maíz), caspas rocanroleras, caspas que odian a Octavio Paz, caspas que lo defienden, altivas caspas graduadas en La Sorbona, caspas trasnochadoras de poeta maldito.

Pobre del que tenga una cabellera sedosa y quiera dedicarse a escribir en este país. En casi todas las editoriales hay un dictaminador casposo cuya misión es rechazar a todos los autores que no pertenecen a la mafia del polvo blanco. Su poder es tan grande que muchos escritores de cabello acariciable tienen que entrar al sindicato de la caspa sin tener vocación para ello. Se distinguen de los polvorones genuinos por sus escrúpulos para abrirse camino en el medio. El casposo de corazón, el nacido para blanquear sillones, elogia sin medida los peores libros de sus colegas, pues desea que el autor elogiado le pague más adelante el favor. Gracias a su red de complicidades puede obtener un prestigio de oropel pero interioriza la caspa hasta convertirla en una enfermedad del espíritu. Al llegar a este punto de nada sirven los disimulos: el que tiene caspa en el alma la espolvorea en su prosa, en su oficina, en sus pequeñas grillas y en sus profundos rencores.

Para la caspa superficial sí hay remedio, pero quienes la padecen tienen que poner algo de su parte. Basta ya de atacar a Vargas Llosa sólo porque es guapo y distinguido. ¿No es mejor imitar su pulcritud, empezando por tener un cabello limpio? Para el intelectual que se decida a dar este paso y mejorar su presentación acaba de salir a la venta el shampoo Triatop, un producto de Janssen Farmacéutica (la compañía más respetada por la comunidad médica mexicana) que destruye el hongo *Pitirosporum ovale*, causante de que se acumule seborrea en el cuero cabelludo. A diferencia de otros shampoos que sólo combaten la caspa temporalmente, Triatop la elimina por completo. No garantiza el Premio Cervantes, pero es más eficaz que Head & Shoulders en la batalla contra ese polvo enamorado que tanto persigue a los hombres de letras. Ilustrado amigo, no lo pienses más: con shampoo Triatop dile adiós al medio pelo literario (más patético aun cuando está cubierto de caspa) y atrévete a ser el intelectual posmoderno que las vuelve locas.

Aproximación a Sara García

Fue vieja desde siempre. Uno puede imaginarse la infancia de Matu-salén o las mocedades lecheras de Fidel Velázquez, pero los orígenes de Sara García se pierden en la noche de los tiempos: nació plantada en la tercera edad. Para ser justos con el mito que fabricó en la pan-talla, conviene iniciar el relato de su vida *in media res*, como en las epopeyas, y hacer de cuenta que llegó a la mecedora sin pasar por la cuna. Después de todo, los bebés tienen cara de ancianos y ella se esmeró como ninguna actriz del mundo en recobrar su aspecto de recién nacida. Los capítulos de su infancia y juventud tienen poco interés, a excepción del momento en que la niña Sara se quedó chi-muela por causas naturales. De ahí hay que saltar, haciendo una rápi-da elipsis, al punto clave de su carrera y de su biografía mítica: el día que decidió tumbarse los dientes para conseguir papeles de abuela.

Apenas iba entrando a la madurez cuando se condenó volun-tariamente a la dieta blanda. Todavía en *El Baisano Jalil* era la denta-da mamá del jovencito Gustavo Rojo. Envejeció veinte años en cosa de meses, previa extracción de la dentadura, y poco después fungía como abuela de los mismos actores que habían sido sus hijos. Los testigos del repentino viejazo cuentan que sacrificó los dientes para no perder oportunidades en los repartos de la época. Sara se había forjado en el teatro, donde la lozanía importaba menos que el talento y una actriz podía conservar su estrellato hasta retirarse. Pero en el cine las caras bonitas habían desplazado a las primeras actrices. No les quedaba sino una alternativa suicida: volverse villanas, mientras que las ancianas declaradas, pilares del cine familiar, tenían asegura-do el cariño del público. Una matrona desdichada, pero enérgica y saludable, resultaba menos conmovedora que una candidata al asilo, sobre todo cuando el guión le exigía coser a máquina, con riesgo de perder la vista, para salvar de prisión al hijo perseguido por deudas de juego.

La futura cabecita blanca tuvo que enfrentarse a una disyuntiva terrible: o la decrepitud anticipada o el retiro. En la dura contienda por el abuelato del cine mexicano, el maquillaje no podía competir con las genuinas ofensas del tiempo. Prudencia Griffel chocheaba espléndidamente, y para desbancarla necesitaba su instrumental histriónico: las mejillas hundidas, los labios de hojaldre, la pronunciación pastosa de una boca sin muelas. La combinación de fortaleza corporal y flacidez bucal tuvo el éxito aplastante que todos conocemos. A diferencia de la Griffel —tierna y adorable, pero débil de carácter— Sara García era una abuela impetuosa, dominante, y hasta cierto punto sádica. Sus demostraciones de fuerza tocaban la fibra masoquista del público masculino. A bastonazos disciplinaba a los tres García, y junto con ellos, al espectador nostálgico de las nalgadas maternales, que se sentía purificado por dentro al recibir el castigo de la Vieja Santa. Víctor Manuel Mendoza, uno de los tres García, cuenta que en la filmación de la película, sin autorización del director Ismael Rodríguez, Sara cambió el bastón de hule espuma que le había dado el utilero, por otro de fierro, para darle mayor realismo a la escena. Cruel como la Venus de las Pieles, y al mismo tiempo bondadosa efigie del chocolate Abuelita, la *mater admirabilis* del cine nacional podía ensañarse con cualquiera y hacerle creer que los golpes eran por su bien.

Hasta los productores doblaron las manos con ella. Antes de Sara García, las ancianas interpretaban papeles de cuadro, eran parte del *supporting cast*. Cuando la joven abuela (permíteme loarte) conquista el corazón de México, el cine se adapta a su recia personalidad. Llevaba el primer crédito en historias escritas a su medida y aún se daba el lujo de rechazar estelares cuando los productores no le llegaban al precio, lo que benefició de rebote a su compañera Emma Roldán, que hizo carrera de viejita ruda (*Los hijos de María Morales*) gracias al mercado abierto por Sara.

Sin demeritarla como actriz, creo que la base de su éxito fue habitar una burbuja de tiempo congelado. Era una institución moral sempiterna. El reloj corría de prisa para las actrices empecinadas en detenerlo. Ella tuvo la audacia de adelantarlo y se quedó 30 años estacionada en la misma edad. Su larguísima vejez produjo desconcertantes anacronismos. En las películas de los años 40 se veía más vieja que en *Mecánica Nacional*, cuando ya era anciana de verdad. Agotada la fuente de la eterna senectud, su envejecimiento real parecía un truco de maquillaje. Al final de su carrera quizá tuvo un arduo problema de restauración arqueológica: o preservaba una pátina de antigüedad admirablemente falsa, o las arrugas de segundo grado podían desmoronarla por completo. Como las pirámides de Teotihuacán, jamás volvió a sus ruinas originales, a su primer invierno. Cuando la realidad se entrometió en la actuación y los achaques de la vejez cobraron un deslucido realismo, le bastaba con ser ella misma en el escenario, situación difícil de soportar para una mártir del artificio que había deformado su cuerpo con tal de ser otra.

El mito de Sara García no puede ser reconstruido sin tomar en cuenta su vida sexual, objeto de rumores y habladurías que sólo pueden desprestigiarla a los ojos de las buenas conciencias. Cuando alguien escriba el equivalente mexicano de *Hollywood Babilonia*, su carrera quizá nos parecerá una genial tomadura de pelo. Por ahora me limito a señalar que hay una perfecta concordancia entre su renuncia a los dientes y el odio a la belleza masculina que hace medio siglo era típico del macho mexicano. En la época de los charros cantores, el mérito de un conquistador era inversamente proporcional a su atractivo físico. Ser "carita" casi equivalía a ser afeminado; los hombres de verdad nunca se veían al espejo. Si doña Sara tuvo el ímpetu viril que muchos le atribuyen, el hecho de ser fea, fuerte y formal debió proporcionarle una doble satisfacción cuando arropaba bruscamente a sus nietecitas.

Agustín Lara y el crimen pasional

Se ha discutido mucho si Agustín Lara fue o no un buen poeta. Quienes le regatean ese título arguyen que en sus canciones hay demasiados versos fáciles, demasiada retórica sentimental, un cúmulo de metáforas insulsas que en su tiempo ya eran lugares comunes. Juan José Arreola, uno de los admiradores más devotos de Lara, reconoce las caídas del músico poeta, pero las contrapone con sus hallazgos y observa que su gran mérito fue "alternar los refinamientos del espíritu con las más elementales chabacanadas, poniendo de por medio las medias luces, esos puentes que nos hacen ir de un lado a otro, desde el dicho popular hasta la imagen más experimentada del surrealismo".[1] Lara no fue un hijo del pueblo como José Alfredo Jiménez, que a duras penas sabía leer y escribir. Educado en el Liceo Francés de Coyoacán, había leído a los parnasianos y a los simbolistas franceses, aunque su verdadera escuela poética y sexual fueron los burdeles donde tocaba el piano desde los 14 años. En versos de alta escuela como "el hastío es pavorreal que se aburre de luz en la tarde" o "en tus ojeras se ven las palmeras borrachas de sol", Arreola nota la huella de Baudelaire, una huella más bien superficial y borrosa, pues aunque la vida de Lara transcurrió en medio de una atmósfera típicamente baudeleriana (tenía modales de dandy, se enamoraba de prostitutas, fue adicto a la cocaína), como persona y como amante siempre buscó despertar

---

[1] Juan José Arreola *et al.*, *Agustín Lara, reencuentro con lo sentimental*, México, Ed. Domés, 1980.

41

compasión. En esto hubiera defraudado a Baudelaire, que en *Las flores del mal* declara preferir que los cuervos hurguen en las heridas de su cadáver, a implorar una lágrima del mundo.

Por lo que sabemos de la vida de Lara (muy poco, por falta de una biografía documentada y creíble) estuvo cerca de ser un poeta maldito, pero se quedó en la orilla de lo imperdonable. Del mismo modo en que alternaba los versos fáciles con los versos de arte mayor, pasaba con facilidad de la transgresión al arrepentimiento. Conoció los abismos de la pasión, pero no al extremo de precipitarse en ellos, como se infiere por sus reacciones de amante despechado. Yolanda Gasca, su antepenúltima esposa, y la tiple Raquel Díaz de León, una querida ocasional, han contado que en sus ataques de celos, Agustín echaba mano de la pistola y les apuntaba con mano trémula, pero tras un momento de lucha interior soltaba el revólver deshecho en llanto. Con María Félix llegó un poco más lejos, cuando creía que ella lo engañaba con el magnate Jorge Pasquel: "Una mañana me levanté muy temprano —cuenta la Doña en sus memorias— porque a las cinco iba a llegar mi peinador y el llamado de *Río Escondido* era a las seis en Palacio Nacional. Entonces Agustín salió de su cuarto y vino a mi recámara. En un mueble estaban las trenzas que yo usaba en la película. Para recogerlas tenía que pasar por el cuarto de baño y ahí me siguió Agustín. 'Maruca', me dice. Yo estaba parada frente a la ventana y al voltear lo vi sacar una pistola. Instintivamente me agaché y en ese momento soltó un balazo que me pasó arribita de la nuca." [2]

Las vacilaciones de Lara al momento de jalar el gatillo revelan que se adelantaba con el pensamiento a la acción, como si previera el castigo que recibiría por su crimen antes de cometerlo. Espectador autocompasivo de una tragedia que él mismo convertía en melodrama, Agustín se quedó a medias tintas en el crimen y en la poesía, donde tampoco pudo ceñirse a una estética radicalmente amoral, a una visión del arte en la que según Baudelaire, "el crimen baila amorosamente en el vientre de la belleza". Un poco más de puntería, un poco más de ceguera pasional y México tal vez ha-

[2] María Félix, *Todas mis guerras*, México, Ed. Clío, 1994.

bría perdido a su máxima diva, pero hubiera ganado a un egregio poeta. Los frecuentes derrapones líricos de Lara, explicados por Arreola como una concesión a su vasto auditorio, que se habría desconcertado ante una poesía excesivamente compleja, pueden interpretarse, a la luz de este episodio, como una consecuencia de su miedo a obedecer los impulsos del corazón. Lara fue un gran cursi porque se detuvo a sollozar de impotencia en el umbral de los grandes crímenes y en el umbral de la gran poesía. En vez de las consabidas loas henchidas de retórica grandilocuente, la inscripción que deberían llevar sus estatuas en Tlacotalpan, Lavapiés y Polanco es una frase de Blaise Cendrars: "No era buen poeta, no sabía llegar hasta el fin."

Patología del estudio

Las personas que por mucho tiempo estuvieron sometidas a una férrea disciplina escolar, y de pronto se liberan de sus cadenas, desarrollan el temible síndrome de La Moñotes, una especie de añoranza del deber perdido —más terrible aún en el caso de los exalumnos aplicados— que les impide gozar de la vida y tener sueños reparadores. Por algo los pedagogos modernos prefieren a un estudiante flojo, pero desinhibido y feliz, que a un cerebrito neurótico. La obligación de almacenar conocimientos en modo alguno garantiza que uno sabrá utilizarlos más tarde, pero la pérdida de esa obligación deja un vacío en el alma del estudiante disciplinado hasta el masoquismo. ¿Cómo vivir a gusto sin el riesgo de tronar un examen final? El miedo a los temblores o al SIDA no basta para reemplazar la zozobra provocada por la amenaza de una expulsión, y ninguna mujer, por dominante que sea, puede suplir a la entrañable maestra regañona que nos traía de encargo. El matadito acostumbrado a estudiar en un clima de terror sale de la carrera con un título que no alivia su íntima necesidad de látigos y coerciones, en busca de otra cárcel (matrimonial o de trabajo), donde no será enteramente feliz, por extrañar el yugo que daba sentido a su vida.

La excelencia académica muchas veces puede ser una antesala del manicomio. Hay tantas pruebas de ello como exalumnos de escuelas jesuitas. En el Instituto Patria, donde yo hice la primaria, el sistema de enseñanza basado en una disciplina casi militar, creaba un ambiente de angustia competitiva muy a tono con los objetivos de la Compañía. Los mejores alumnos de cada grupo eran nombrados ediles, el más cretino de ellos ascendía a brigadier y el brigadier más destacado llegaba a regulador general. Por si fuera poco, el prefecto de primaria cumplía su policiaca función arrestando niños en un patio amurallado, formábamos filas oyendo marchas militares y el himno del colegio recomendaba el suicidio académico:

> Aprendamos constancia en Loyola
> y la fiebre fecunda en Javier,
> del amor que gozoso se inmola
> en las aras del sacro deber.

De un cuartel tan sórdido no es fácil salir mentalmente ileso. Cuando los periódicos anuncian que Fidel Castro tuvo a un millón de cubanos oyéndolo tres horas bajo el tórrido sol de La Habana, yo no pienso en Stalin, sino en los colegios de jesuitas donde Fidel estudió hasta el bachillerato. Castro pasó de sojuzgado a sojuzgador, cumpliendo el ideal de la educación jesuita, que apunta siempre a la conquista del poder. Sometidos al mismo régimen educativo, los débiles de carácter se aficionan al papel del alumno regañado y ya no pueden vivir sin la continua vigilancia del mandón que los obligue a hacer la tarea.

Un excompañero del Patria, sujeto a tratamiento psiquiátrico por más de cinco años, me contó hace unos días los orígenes de su enfermedad. Egresado de Arquitectura, donde se hizo famoso por haber aprobado todas las materias con puros dieces, empezó a sentirse culpable cuando triunfó en su profesión y dispuso de tiempo libre para huevonear a gusto. Tenía una pesadilla recurrente: por no haber oído la chicharra del fin de recreo, entraba tarde a clase y el prefecto lo encerraba en el patio amurallado, castigo que en el fondo anhelaba, pero que lo hacía despertar entre sollozos de pánico. En las pesadillas también se crece. Mi amigo repitió en sueños todo su periplo escolar, desde primaria hasta preparatoria, consciente de cumplir oníricamente una obligación que nadie le imponía. Buscó alivio en el psicoanálisis, en la sobrecarga de trabajo y en el Bacardí, pero cada noche retomaba el caminito de la escuela, donde sus compañeros de banca lo tildaban de fósil y le hacían la vida imposible. Con tal de no soportar sus burlas prefería quedarse despierto, leyendo novelones de Stephen King. A la tercera semana de insomnio crónico lo internaron en una clínica de reposo, adonde se empeñó en llevar mochila y útiles escolares.

Junto con los Valiums y los antidepresivos, el terapeuta le administraba ejercicios de álgebra, inglés y etimologías grecolatinas. Para vencer su férrea obsesión y tratar de convertirlo en un alumno indisciplinado, las enfermeras le ponían estrellita en la frente cuando no hacía la tarea, negligencia que le producía un atroz complejo de culpa. Al tercer año de terapia consiguió reprobar, y lo dieron de alta cuando empezó a meterle mano a las enfermeras, convertido ya en un bribonzuelo. Ahora es un hombre casi normal. Quemó sus diplomas del Patria y se ha resignado a la libertad, pero cuando sus hijos le llevan la boleta de calificaciones tiembla como un alcohólico frente a una botella de vino.

La psicosis de mi amigo se presenta bajo formas menos disparatadas, pero igualmente patológicas, en el caso de los estudiantes eternos ("si tu confidente soy y en la menopausia estoy") que a los 60 años siguen coleccionando títulos para posponer eternamente su confrontación con el mundo. La inútil sofisticación de muchos doctorados y posdoctorados induce a pensar que algunas lumbreras académicas han hallado en las universidades una incubadora existencial, un refugio para eludir los exámenes de la vida. Si de verdad tuvieran tanta sed de saber, estudiarían por su cuenta sin necesidad de grilletes. La evasión creadora es incompatible con la idea de una cultura reglamentada, pero la evasión erudita, estéril, calificada por sinodales, necesita certificados de autenticidad para sostener su mentira.

El especialista

Gerardo Alcántara ha descubierto que tiene una catarata en el ojo derecho. Se quiere operar en México, pero su mujer, obstinada en preservar y de ser posible mejorar el *status* de la familia, lo convence de operarse en una clínica de Rochester donde todo lo controlan por computadora: "Con la vista no se juega, mi amor." Resignado a gastar una fortuna en la extirpación de la catarata, Gerardo toma el avión a Rochester en compañía de su esposa, que desde la primera mañana se da vuelo haciendo turismo quirúrgico: envía postales a sus amigas, compra un equipo de sonido, videocasetera, botas para la nieve (por si vuelve a caer en el Ajusco) y un armario de aspirinas americanas "mucho mejores que las de México".

El Medical Center de Rochester es una Disneylandia de la medicina. Llevados por andaderas eléctricas, Gerardo y su consorte se encandilan viendo los televisores que dan información sobre los trasplantes de hígado, cerebro y colon realizados en el hospital, juegan con un robot que vende refrescos, se miden la presión en un aparato que funciona con dos *quarters*. Una bilingüe y guapa edecán los conduce a la sala de ingreso. Gerardo le cuenta la historia de su ojo enfermo y ella la traduce a un médico negro que sonríe y hasta coquetea con la señora Alcántara. De ahí los mandan a la División de Oftalmología, un rascacielos de 28 pisos con pasillos que huelen a salud y a bosque. Sesión de preguntas con otro médico encantador: edad, cuadro clínico, nacionalidad del paciente, volumen diario de cerilla y lagañas, hábitos sexuales, fecha de la primera vacuna contra la polio. El interrogatorio termina con un traslado a la sección de Oftalmocirugía. El siguiente doctor, menos simpático, pero de aspecto más profesional, examina con una linterna el ojo de Gerardo, murmura algo incomprensible y ordena a la edecán que lleve al paciente a la División Especial de Cristalinos y Córneas.

El nuevo médico habla español. Gerardo se siente aliviado, hace chistes sobre su enfermedad y pide tímidamente que lo dejen fumar. No se lo permiten y encima se lleva un regaño. La enfermera le coloca un sombrero metálico lleno de botones y cables conectados a una pantalla de computadora. El médico hispanohablante descifra los signos de la pantalla y ordena que lleven a Gerardo a la Subdivisión Latinoamericana de Cristalinos y Córneas. Cuatro exámenes más con distintos doctores. Gerardo empieza a fastidiarse de tantas preguntas y análisis. Cada nuevo médico pertenece a un departamento más especializado: Oftalmocirugía Mexicana, Sección Cristalinos; Oftalmología del Distrito Federal, Sección Cristalinos, Área de Adultos Mayores de 45 Años... Mareado y deshecho, pero gratamente sorprendido por la fabulosa sofisticación del hospital, Gerardo recorre pasillos y consultorios hasta llegar a un cubículo del piso 22 que según la traductora será la última escala del recorrido. Al entrar se queda paralizado: hay un retrato suyo en la pared. Un pelirrojo de gafas lo abraza efusivamente: "Soy Andrew McGregor, especialista en su ojo derecho. Me siento muy honrado en conocerlo."

Gerardo titubea: ¿Es una burla, un truco para sacarle más dinero? Notando su perplejidad, McGregor le muestra un diploma de la Universidad de Stanford donde consta que se doctoró en el ojo derecho de Gerardo Alcántara, *mexican citizen*. "¿Y el izquierdo quién lo estudia?", pregunta Gerardo, incrédulo. "Mi colega John Perkins, de South Dakota. Mire usted, aquí tengo un recuerdo del último congreso de especialistas en su organismo". McGregor le muestra una foto en la que 20 doctores brindan con champaña en el Hotel Mirage de Las Vegas. Gerardo mira la foto con un sentimiento de ultraje. ¿Cómo es posible que todos esos parásitos vivan de su cuerpo y jamás lo hayan curado de nada? ¿No debería exigirles una indemnización? Mientras McGregor lo examina se tranquiliza pensando que después de todo, por zángano que sea, McGregor es el médico mejor capacitado para operarlo.

El final de la historia es edificante: McGregor, teórico de un ojo que no conocía en la práctica, deja tuerto a Gerardo y recibe una pensión vitalicia por haber perdido a su objeto de estudio. Culpabilizada, la señora Alcántara se suicida tragándose un frasco de aspirinas americanas. Gerardo la medio llora.

Pinto mi librito de oro

Los niños tienden espontáneamente a martirizarse, de preferencia con golpes arteros que toman al agredido por sorpresa. La traicionera palmada en la nuca llamada zape me tuvo en continua zozobra durante los seis años de la primaria. En represalia contra el enemigo invisible que me atacaba por la espalda, yo torturaba con rodillazos en el culo a los niños que iban delante de mí en las filas. Archundia, mi víctima de cuarto año, acabó en el ortopedista con una fisura en el cóccix (o tal vez haya inventado el cuento para que lo dejara de molestar). En los recreos sólo había dos maneras de protegerse contra las pambas, las guerras de ligazos o el humillante *calzón*: el agandaye o la cobarde participación en el linchamiento de otro. La violencia nos ayudaba a descargar la energía que habíamos almacenado en clase, donde ganaba las medallas de buena conducta el neurótico en ciernes que se mantuviera más tiempo inmóvil y cruzado de brazos.

Las explicaciones de la crueldad infantil llevan a una encrucijada que no se ha resuelto y que sólo esbozaré en líneas generales, por exceder a mis alcances y a los fines de este artículo. En su ensayo *Árbol que crece torcido*, Isaiah Berlin sostiene que la semilla intelectual del fascismo fue la creencia en la perversidad innata del hombre, que para el filósofo conservador y monárquico Joseph de Maistre, abuelo ideológico de Baudelaire, explicaba los desmanes de la Revolución francesa y justificaba la adopción de la pena capital como instrumento de control político.

Según el psicoanálisis, la inclinación del hombre a la violencia es el resultado de reprimir la libido infantil, que tiende naturalmente a la bisexualidad. En 1931, cuando Freud publicó *El malestar en la cultura*, el nazismo ya empezaba a despuntar en Alemania y el furor nacionalista de las masas lo ponía frente a un dilema que se llevó a la tumba: si la represión sexual, necesaria para la vida en sociedad y la preservación de la cultura, engendraba un tipo de violencia que ponía en peligro a la humanidad, el fundamento de la civilización podía ser también la causa de su ruina.

Wilhelm Reich y Marcuse continuaron esa línea de pensamiento, pero negando la tesis más conservadora de Freud, que siempre fue partidario de refrenar la libido. Sus teorías rompen el círculo vicioso represión-violencia-represión (que en cierta forma daba la razón a Joseph de Maistre y a los fascistas católicos) al proponer una nueva cultura fundada en la ley del deseo. Lamentablemente, la organización escolar propuesta por Reich, en la que los niños debían ser apartados de sus padres para tener una sexualidad libre desde los cuatro años, tiene muy pocos adeptos en la SEP, y menos aún en los colegios particulares, donde la clase media panista impone su moral educastradora. Los maestros continuarán tolerando y hasta propiciando las pambas, el zape y el *calzón*, pero todo el rigor de la ley caerá sobre el niño pacifista y noble que se la mame a su compañero de banca.

Enfrascados en una guerra que tiene su origen en la represión del instinto, los niños protegen su maltrecha humanidad por medio de un recurso jurídico verdaderamente civilizado que deberían estudiar los expertos en Derecho Internacional de la ONU. Me refiero a las fórmulas mágicas de tregua como "pinto mi calaverita" o "pinto mi librito de oro", que evitan el derramamiento de sangre cuando la lucha del recreo amenaza convertirse en una carnicería. La acción defensiva de pintar una calaverita proviene sin duda de los letreros colocados en las barras electrificadas y en las torres de alta tensión. El niño se impresiona al ver esas calaveras, toma conciencia de la muerte y transforma la iconografía del peligro en amuleto verbal: "No me sigas pegando porque más allá de cierto punto nos podemos matar." El origen icónico de la expresión se transparenta en la ingenua pintura hecha de palabras.

Lo que sí es un misterio digno de estudio es la invocación del enigmático librito de oro. ¿De dónde sacaron los niños una imagen tan fabulosa y al mismo tiempo tan certera para declarar la paz? La literatura pacifista no sirve de nada, los libros con peso y volumen jamás han evitado una guerra, pero este librito incorpóreo actúa como un escudo que detiene los golpes en el aire. La frase puede tener alguna relación con las estampas religiosas en que los santos teólogos (Agustín, Jerónimo, Bernardo) parecen escudarse tras una Biblia dorada y resplandeciente. Pero más vale dejarla como está, sin profanar su misterio con una explicación racional. Lo importante es que al pintar su librito de oro el niño invoca el poder de la cultura en un ambiente donde impera la brutalidad. Agobiado por los zapes y las pambas, intuye que la escuela está dándole armas para detener la violencia inmotivada y gratuita, como si el librito imaginario redimiera de su fracaso a los libros de texto deshojados en el patio escolar.

Aire de últimos días

El verso de Rubén Bonifaz Nuño que tomé prestado para enca-
bezar esta nota no alude a la contaminación atmosférica del D.F.,
sino a la cercanía del Juicio Final. En los últimos días (que ojalá no
sean últimos de verdad) hemos visto por televisión espesos mares
de chapopote, gaviotas perplejas ante la vileza humana, el resplan-
dor de la muerte sobre las ruinas de Bagdad, la cobardía del tirano
que ve morir a su pueblo desde un hipogeo blindado, y por si esto
no bastara para sentir náuseas, los lloriqueos humanitarios de dos
blancas palomas —Juan Pablo II y Pérez de Cuéllar— que son
cómplices pasivos de los halcones Bush y Hussein, como Cham-
berlain lo fue de Hitler en la Segunda Guerra Mundial.

Salvo las víctimas, en la guerra del Pérsico todos somos te-
levidentes, incluso los operarios de los cohetes Patriot y los misiles
Scud, que tienen delante una pantalla de computadora y juegan
al Nintendo como niños de secundaria. Cuando un jugador da
en el blanco mueren iraquíes de carne y hueso, pero la matanza
transcurre en el plano de la irrealidad tecnológica, pues el operario
sólo ve puntos móviles en un diagrama. Quizá por esta deshuma-
nización del asesinato, los militares y políticos de ambos bandos
actúan como si la guerra fuera un simulacro del apocalipsis en el
que todos quieren ser la estrella invitada. De momento, mis candidatos al Oscar son el general del Pentágono que hizo una broma
sobre su baja estatura (*Yes, I'm standing up*) antes de leer un jocoso
parte de guerra, y el carismático alcalde de Tel Aviv, que aprovecha
cualquier desgracia para improvisar un discurso demagógico en
medio de los escombros.

Cuando la catástrofe se repite a diario, empezamos a considerarla parte de la rutina. El infierno ya es una querida costumbre, como diría Virgilio Piñera. ¿Quién estará escribiendo la telenovela del Pérsico? El repudio universal se ha dirigido contra Hussein y Bush, pero la deplorable conducta de muchos informadores —especialmente los corresponsales de la CNN— que intentan robar cámara a las víctimas de los misiles, y la morbosa reacción del público estadounidense, tan primitivo como el del Islam, hacen pensar que la psicosis del poder fue el detonante, pero no la última *ratio* de la carnicería. Desde comienzos de los años 80, el deseo de la muerte, que es la compulsión explotada por todas las religiones, había tomado las riendas del mundo. El fracaso del socialismo dejó al planeta sin utopías y no se vislumbra en el horizonte posibilidad alguna de justicia en la Tierra.

Tampoco el hedonismo funciona ya como sucedáneo del Paraíso. En los tiempos del sexo seguro, cuando el diploma de seronegativo se cuelga con orgullo junto al título universitario, saltar de cama en cama es una temeridad y el placer no hace buenas migas con la zozobra. Tanto en Oriente como en Occidente, los hombres que van al matadero tienen poco que perder. Su entrega en el combate depende de la recompensa ultraterrena que sueñan alcanzar con el martirio, y en ese renglón los musulmanes llevan amplia ventaja. *El Corán* promete a los caídos en una guerra santa "setenta y dos huríes de luminosa hermosura, floreciente juventud, virginal pureza y exquisita sensualidad". En el cielo de los musulmanes, un momento de placer dura mil años y las facultades sexuales del hombre aumentan 200 veces. La gloria prometida explica el arrojo de los iraquíes: ¡Cómo no van a querer morir por Saddam, si los pobres creen que una bala enemiga es el pase automático al frenesí!

Nuestro cielo, con sus ángeles rollizos y sus nubes de algodón de azúcar, no sólo es inferior en atractivos al musulmán, sino al propio infierno cristiano, como lo ha observado José Joaquín Blanco en su espléndido cuento "El otro infierno".[1] Desmotivados

---

[1] Antologado por Edmundo Valadés en *El libro de la imaginación*, México, FCE 1976.

por la insípida contemplación de Dios que les aguarda en el más allá, los marines de Bush prefieren volver a casa con vida para disfrutar la modesta felicidad del consumo, que tampoco es algo del otro mundo, si nos atenemos a los comerciales programados entre misil y misil. Para la teología publicitaria, enemiga de cualquier eternidad que dure más de 30 segundos, el cielo se reduce a una serie de alegres momentos Kodak.

El de mayor plenitud orgiástica es el momento en que papá, mamá y los niños juegan guerritas de agua en la playa. Los publicistas que han difundido hasta el empacho esta imagen vacacional de la felicidad no tienen un propósito deliberadamente maligno. Su trabajo consiste en tomarle el pulso al teleauditorio, y si la meta suprema del hombre occidental es jugar a las guerritas de agua, ¿por qué van a llevarle la contra?

El riesgo de abaratar la felicidad es que los horrores de la guerra pueden cautivar al espectador, por contraste con la insulsa imaginería de la paz. A mayor estulticia de los comerciales, más atractivas resultan las imágenes de la muerte, sobre todo las de bombardeos nocturnos, que son un espectáculo dantesco pero seductor, el espectáculo de la tecnología embriagada con su poder. Más allá de la pugna por el petróleo, la cobertura televisiva ha convertido la guerra del Pérsico en una confrontación cultural. Como trasfondo a la guerra de los ejércitos se libra una guerra no declarada entre Las Vegas y La Alhambra. Bush está destruyendo una idea del Paraíso mucho más elevada que la nuestra.

Cuando Estados Unidos gane la Madre de Todas las Batallas, quedará en el mundo un vacío espiritual que no podrán llenar los expertos de Madison Avenue. La drogadicción es un síntoma de que para muchos jóvenes de Occidente ya no vale la pena vivir. Y nadie podrá convencerlos de lo contrario mientras la máxima felicidad a su alcance sea jugar a la ruleta en un paraíso de utilería. En ese terreno, los triunfadores de la guerra están derrotados.

1990

Porfirio el malo

Si vieras qué terribles
resultan las gentes demasiado buenas...
Álvaro Carrillo

Hay una bomba de neutrones alojada en la mente del hombre contemporáneo: la creencia en la pureza del alma humana. Ciudadanos ejemplares como George Bush, que están en contra del aborto y jamás han probado la mariguana, ordenan sin remordimientos el asesinato masivo de civiles iraquíes para complacer a la masa que los llevó al poder, compuesta por otros padres de familia modelo que desconfían de los extranjeros, del vecino y hasta de su sombra, pero tienen la mejor opinión de sí mismos. Van a misa, dicen no a las drogas, votan por el Partido Republicano, ven el programa de Larry King, cuidan el himen de sus hijas. ¿Cómo admitir que también el mal está en ellos? Ni Bush ni Sadam Hussein son el Gran Satán: el Gran Satán es el narcisismo de la conciencia. Quien funda su autoestima en la ilusión de tener un alma pura está colaborando con los ejecutivos de la muerte, que a la hora de los bombardeos no hacen distingos entre burdeles y castillos de la pureza: desde el cielo todo se ve igual.

En México, el narcisismo de la conciencia es un deporte nacional que unifica posiciones políticas antagónicas. La Biblia está repleta de admoniciones contra los justos, pero no hay un solo alcalde panista que desconfíe de su moral justiciera a la hora de prohibir espectáculos que atentan contra las "buenas costumbres". La distinción teórica entre socialismo real y socialismo ideal se asemeja cada vez más al pacto entre Dorian Gray y su horrible retrato, pero cualquier enfermo de morralina cree que, puesto a la cabeza de un Estado totalitario, actuaría con más benevolencia que Pol Pot o Ceacescu. Ni siquiera los pacifistas están a salvo de asumir actitudes puritanas. Maldicen al Estado agresor cuando estalla una guerra, pero ninguno es capaz de admitir, como en su tiempo lo hicieron Kurt Vonnegut y Céline, que podría colaborar con un genocida si el destino lo pusiera entre la espada y la pared.

¿A dónde voy con esta reflexión sobre la importancia del relativismo en moral y política? A comentar, en mi calidad de individuo cobarde, mezquino, envidioso y degenerado, las reacciones provocadas por la entrevista de Carlos Salinas y Porfirio Muñoz Ledo. Ignoro cuáles puedan ser las consecuencias de su charla, porque desconozco los entretelones de la política mexicana. Lo que sí conozco es la intransigencia moral de la juventud universitaria que ve con recelo cualquier audacia del senador perredista. ¿Por qué lo perdonan, pero en el fondo lo condenan, como en el bolero de Álvaro Carrillo? Simplemente porque Muñoz Ledo, desde que rompió con el PRI, expone sus ambiciones en público y utiliza todos los medios a su alcance para conquistar el poder. ¡Oh, perfidia suprema!

Un somero análisis de todos los defectos que se le imputan basta para demostrar que no puede ser tan canalla como lo pintan sus enemigos del PRI, del PAN y del PRD. La egolatría es incompatible con el conformismo. Si Porfirio es un ególatra, y como tal ambiciona llegar a la presidencia, ¿cambiaría sus ambiciones por el plato de lentejas de una gubernatura obtenida mediante una defección vergonzosa? Eso está bien para los limpiabotas del PARM o del PPS, no para un político que ya tuvo los más altos puestos del gabinete, y todavía quiere llegar más arriba. Hasta los peores enemigos de Muñoz Ledo le reconocen inteligencia, capacidad de diálogo, cultura y un profundo conocimiento de las relaciones internacionales. Pues bien: yo no creo que sus virtudes puedan servirle de mucho en la tarea de lograr una transición a la democracia. Lo que me llena de optimismo son sus defectos.

Un verdadero ególatra, que además conoce a la perfección el arte de la zancadilla política, un profesional de la soberbia que no vacila en jugar sucio cuando la ocasión lo amerita y que se cree superior a todos los políticos de México; un villano de tal envergadura no habría dejado el PRI para volver al sistema por la puerta de atrás. Porfirio quiere todas las canicas para él y para su partido. Es malo, ni duda cabe, pero un ejército de arcángeles no va a romper el ostión del corporativismo. Suponiendo que Muñoz Ledo, valiéndose de golpes bajos y componendas inconfesables, lograra ensanchar el espacio democrático y en el futuro hubiera alternancia de partidos en el poder, sin duda querría gobernar el país, porque los grandes malvados nunca sacian su loca ambición, pero entonces ya no podría detentar el poder como a él le gusta —sin límites, a la manera de los presidentes con los que tuvo estrecho contacto—, porque tendría el freno de un poder legislativo independiente y una opinión pública siempre dispuesta a encarnizarse con las personas de su calaña.

Quizá estoy incurriendo en una bobería y sea tan ingenuo creer en el Mal como creer en el Bien. Pero cuando los campeones de la bondad en el mundo son el general Schwarzkopf y Fidel Castro —cada uno con su respectivo rebaño de justos—, no queda más alternativa que reivindicar la perversidad. En la coyuntura que dio lugar a la guerra del Pérsico, un monstruo de egoísmo como Muñoz Ledo hubiera hecho mejor papel al frente de la ONU que Pérez de Cuéllar, y no precisamente por amor a la humanidad (la humanidad es repugnante: nadie la quiere), sino por vanidad y amor propio, pues a leguas se nota su afán de figurar en los libros de historia. Muñoz Ledo se quiere a sí mismo con admirable sinceridad. Sus motivaciones son tan egoístas como las mías, las tuyas, y las de cualquiera que se conozca a sí mismo. ¿Por qué no concederle, al menos, el beneficio de la duda?

1990

Del melodrama a la neurosis

Contra lujuria, castidad; contra pereza, diligencia; contra gula, templanza; contra soberbia, humildad; contra avaricia, largueza... Para adaptar a los tiempos modernos la lista de pecados capitales y virtudes antónimas del padre Ripalda haría falta añadir una fórmula que no se propone salvar el alma de ningún pecador, sino establecer un principio de salud mental: contra el melodrama, neurosis.

Enemistado con la sociedad, el neurótico aparece ante los ojos de los demás como un sujeto irascible, solitario y tortuoso en el que no se puede confiar. Sin embargo, el neurótico tiene una ventaja sobre las personas normales que han entronizado el melodrama como el género más popular del globo terráqueo: no puede identificarse tan fácilmente con los paladines del bien, ya sean ficticios o reales, ni atribuir a los demás los defectos que no soporta ver en sí mismo, como la mayoría de la gente sensata, pues todo neurótico, por su propensión a verse con los ojos de otro, está en guardia permanente contra la zona oscura y perversa de su carácter. Según Jung, el neurótico asumido como tal aprende a neutralizar sus defectos con mayor eficacia que el hombre mentalmente sano, acostumbrado a verlos como algo distante y ajeno. En una de sus obras clásicas —*Energética psíquica y esencia del sueño*—, el gran discípulo de Freud advirtió que la psicosis de guerra se rige por la misma premisa: "Todo lo que hace la propia nación es bueno, todo lo que hacen las otras es malo. El centro de todas las infamias se encuentra siempre muchos kilómetros detrás de las líneas enemigas."

El método para convertir a un neurótico inconsciente en un neurótico asumido es el mismo que podría convertir a un espectador de telenovelas en lector de Dostoyevski: aceptar como propias las bajezas que más nos indignan en los demás, lo cual no presupone haberlas cometido, sino admitir que estamos hechos del mismo barro. Pero sólo una millonésima parte de la población mundial ha dado este paso y muchos de los que lo dieron se encuentran en el manicomio. La razón es muy simple: "Provoca gran irritación —dice Jung— desprendernos de las virtudes ficticias con que pretendemos mejorarnos frente a los demás. Muy pocos logran romper el puente ilusorio por donde transitan el amor y el odio." La neurosis es la oposición a uno mismo, el melodrama es autocompasión disfrazada de amor al prójimo. Creer que nos apiadamos de otros cuando en realidad sentimos compasión por nosotros mismos es desde luego una hipocresía, pero como el televidente promedio no ejerce la autocrítica al momento de identificarse con las víctimas de un melodrama, ignora que en el fondo es un egoísta. El neurótico lo sabe y se mantiene en estado de alerta para reconocer el origen de sus emociones, que no suele ser tan noble como creen los hombres "de una sola pieza".

Alfred Adler, el discípulo de Freud que más a fondo estudió los bajos fondos de la conciencia, atribuía la neurosis a un afán de supremacía provocado por el sentimiento de inferioridad que casi todos los hombres padecen en la infancia. Según Adler, el neurótico es un enfermo de poder que ve a la sociedad como un enemigo y utiliza todos los medios a su alcance para imponerse a los demás. El antídoto contra la neurosis es el sentimiento de comunidad, que obliga al hombre a ver como iguales a sus semejantes. Pero las personas sociables no siempre están a salvo de la neurosis. En muchos casos, el neurótico puede falsificar el sentimiento de comunidad para ocultar sus verdaderas intenciones. "No puede sino causar admiración —comenta en *El carácter neurótico*—, la sutileza que el aparato psíquico despliega para brillar con la modestia, vencer con la humildad y la sumisión, abrumar a los demás con el peso de las propias virtudes, hacer sufrir a otros con padecimientos propios, y en fin, engrandecerse empequeñeciéndose."

Adler llega al extremo de condenar todo brote de individualismo, por considerar que la voluntad de poder se incuba en el aislamiento. Desconfía incluso de la curiosidad intelectual y de la pasión por la lectura, pues para él sólo existen las virtudes comunitarias. En esto radica el punto flaco de su teoría. Ni el individualismo esconde necesariamente un deseo de predominio, ni el sentimiento de comunidad redunda siempre en el bien común. ¿Qué es la burocracia, sino un fenómeno de corrupción colectiva, en que una comunidad con lazos muy estrechos se apodera del Estado para vivir a expensas de la sociedad? Por momentos, y a pesar suyo, Adler parece un apologista de la neurosis. Si en la lucha por la supervivencia es inevitable tener que competir con otros, ¿quién puede culpar al neurótico por hacerlo mejor que nadie?

Bajo esta luz, el descrédito de la neurosis y la popularidad universal del melodrama parecerían formar parte de una conjura diabólica para engañar al hombre sobre su propia naturaleza. De hecho, son los propios neuróticos en el poder los que se benefician con la moral esquemática de la masa, pues ello les facilita el trabajo de sojuzgarla. Los idealistas creen que la difusión de los clásicos y el avance de la educación humanística pueden depurar el gusto del público masivo y alejarlo del melodrama. Pero algunos fenómenos recientes ponen en duda el poder redentor de la Ilustración. ¿Cómo explicar el éxito de las peores telenovelas mexicanas en Rusia, un país en bancarrota económica, pero con un alto nivel de escolaridad? Si los rusos, después de haber dado al mundo una novela como *Crimen y castigo*, donde el conflicto moral de Raskólnikov refleja en toda su complejidad el carácter antagónico y escindido del alma humana, se estremecen con *Los ricos también lloran* y *Simplemente María*, no es por falta de cultura, sino porque les complace volver al dualismo primitivo donde la bondad lucha contra el mal en términos absolutos. Sesenta años de propaganda maniquea no pasan en balde. Terminada la contienda entre comunistas buenos y capitalistas malos, la autodestrucción del mundo socialista no los llevó a cambiar de mentalidad, sino a invertir los términos del melodrama.

Otro motivo para desconfiar de la cultura como agente transformador del carácter es el sentido melodramático de la vida que prevalece en las opiniones políticas de muchos intelectuales.

Compárese el enorme interés que suscitó en México la guerra del Pérsico con la escasa atención prestada a la guerra civil de la ex Yugoslavia, a pesar de que esta última ha sido mil veces más atroz, prolongada y sangrienta. Cuando estalló el conflicto entre Irak y Kuwait, la intervención militar de Estados Unidos, héroe o villano según la tendencia ideológica del espectador, añadió un elemento melodramático a la guerra que los noticieros de televisión acentuaron con una cobertura más amarillista de lo normal. Desbordadas las pasiones, los intelectuales de la vieja izquierda publicaron severas proclamas antiyanquis que sus homólogos neoliberales respondieron con picahielo. En cambio, la guerra entre serbios y croatas ha sido una telenovela de bajo *rating* por carecer de un actor conocido que despierte identificación o rechazo. El público está confundido, no tiene claro a quién debe compadecer y nadie se molesta en aclararle el conflicto, porque el gallinero intelectual sólo se alborota cuando están de por medio los reflectores. Las guerras de malos contra ojetes que se han multiplicado desde el fin de la Guerra Fría exigen al hombre una compasión que trascienda la moral melodramática. La neurosis, entendida como doloroso conocimiento del hombre, nos permite aceptar los demonios de los demás sin pretender que toda figura de identificación sea un dechado de rectitud.

Se puede extraer una moral neurótica de las novelas de Patricia Highsmith, la gran continuadora de Dostoyevski en el siglo XX, pero han sido los poetas, con Baudelaire a la cabeza, quienes han formulado esa moral con mayor contundencia. La célebre dedicatoria al lector de *Las flores del mal* ("Hipócrita, hermano mío, mi semejante") propone una solidaridad entre canallas conscientes de serlo que la ONU debería incluir en su declaración de principios, como salvaguarda de la paz mundial, en lugar de tantas frases vacías rebosantes de buena fe, en las que ningún gobierno ha creído jamás. Y en cuanto a los grupos de rock, tan dados a exhibir su buena conciencia, ¿qué esperan para ponerle música a la *Oda marítima* de Álvaro de Campos, si es verdad que les importa la paz y no su *look* humanitario? Entre las toneladas de melcocha pacifista y ecologista que salen diariamente al mercado, los radioescuchas merecen oír cosas como ésta:

Pienso que resultaría interesante
ahorcar a los hijos a la vista de sus madres
(pero me siento, sin querer sus madres)
o enterrar vivas en islas desiertas a criaturas de cuatro años
ante sus padres llevados en barcas para verlos
(pero me estremezco al acordarme de un hijo que no⎤
                                   tengo y está⎦
durmiendo tranquilamente en casa).

El impulso homicida y el amor a la humanidad combaten en la mente del neurótico, pero su aparente locura es un radical examen de conciencia. Sin duda es peligroso cuando pierde el control de sus actos, pero la continua observación de sí mismo le da una sabiduría que no se puede adquirir en los libros. Un mundo gobernado por neuróticos inofensivos como Pessoa sería un mundo anárquico pero libre de fanatismos. El mundo que conocemos, regido por los valores del melodrama, es una pesadilla en que los héroes convencidos de su bondad suelen despertar bañados en sangre, como el pacifista iluminado de Lomas Taurinas.

1994

Por nuestros hijos

Hace unos meses oí en Filadelfia un mensaje radial del candidato a senador por el partido demócrata. El *speech* iba más o menos así: "Me llamo Wallace Broadhurst y quiero hablarle como padre de familia. Usted y yo tenemos algo en común: nos interesa el porvenir de nuestros hijos. Ha llegado el momento de preguntarnos qué estamos haciendo por ellos. No podemos cruzarnos de brazos mientras su salud física y mental está en peligro. ¿Sabía usted que en Pensilvania uno de cada tres jóvenes menores de 18 años ha probado la mariguana y que sólo en Pittsburgh 60 mil niños consumen *crack*? Mucha gente piensa que el gobierno debería combatir con más firmeza este cáncer social. Soy de la misma opinión, y en caso de resultar favorecido con su voto me comprometo a promover sanciones contra Bolivia, Colombia, México y otros países exportadores de droga. Luchemos contra la plaga del narcotráfico. Hagámoslo por nuestros hijos."

Como es obvio, la campaña se proponía explotar la fibra sentimental, y de paso, la xenofobia del electorado. Con sus estudios de opinión como guía, los publicistas del candidato demócrata (tenía otro nombre, pero merecía llamarse Wallace Broadhurst) no vacilaron en presentarlo como un baluarte del hogar estadounidense —isla de virtud acosada por la perfidia latina— en vez de promocionar sus cualidades políticas, poco vendedoras en términos de mercadotecnia. Hacer distingos entre las naciones productoras de droga, sus gobiernos y los hampones infiltrados en ellos hubiera confundido al hombre de la calle, acostumbrado a las simplificaciones del melodrama. Había que plantearle una alternativa de blanco o negro: o votaban por Broadhurst o dejaban a sus hijos en manos del diablo.

Las recientes detenciones de capos mexicanos han demostrado que el candidato a senador y los villanos de su mensaje radiofónico tienen la misma catadura moral. Salvo en el caso extremo de los narcosatánicos, los traficantes de droga no hacen el mal por intrínseca perversidad. A ellos también les preocupa el porvenir de sus hijos, y si entran al negocio del narcotráfico es porque, a semejanza de Broadhurst y sus votantes, la legalidad les importa un comino cuando está de por medio el bienestar familiar. El mundo del crimen está repleto de padres hogareños, devotos y conservadores en materia de sexo, como lo ha observado Martin Scorsese en sus películas de gángsters. La hagiografía del narco sinaloense Miguel Ángel Félix Gallardo, fundador del poderoso Cártel de Tijuana, no deja lugar a dudas sobre la nobleza de sus móviles. Hijo responsable que siempre llevó dinero a casa y nunca bebía más de la cuenta, padre de familia ejemplar, buen marido, hermano generoso, hombre de hogar a quien le gustaba departir con los suyos, Félix Gallardo sólo descuidaba a los seres queridos para exportar unas cuantas toneladas de coca a Estados Unidos. *Pecata minuta*, si tomamos en cuenta que arriesgaba la vida por sus bodoques. Los periódicos amarillistas lo presentaron como un monstruo sanguinario, pero es evidente que el capo tenía otra imagen de sí mismo. No le faltaban coartadas morales para justificar sus crímenes, y si algún día sufrió remordimientos de conciencia por asesinar a un judicial (a cualquiera le duele perder un empleado), sin duda pagó sus culpas regalando una máquina de coser a la madre del muerto.

El perfil psicológico del narco latino es el de un hombre que acepta la moral convencional pero tiene que transgredirla para cumplir con uno de sus preceptos básicos: velar por los seres queridos, darles lo mejor a cualquier precio. Los mafiosos de caricatura que despachan gente al otro mundo por el simple gusto de ver sangre sólo existen en las películas de Mario Almada. Los narcos pueden ser matones despiadados, pero el motivo que los lleva a delinquir es virtuoso a los ojos de cualquier cristiano. La Iglesia y los grupos conservadores creen que se puede combatir la drogadicción robusteciendo los vínculos familiares, cuando está comprobado que la familia, aparente víctima del narcotráfico, es en realidad la célula básica del crimen organizado.

La desintegración familiar, que tanto alarma al Vaticano, seguirá cundiendo en los países ricos de Occidente, donde la prosperidad favorece el individualismo, pero jamás llegará a Sicilia ni a Culiacán, pues la concordia familiar es indispensable para llevar los negocios de la mafia por buen camino. Un hermoso ejemplo de esta concordia es el cariño que se profesan Caro Quintero y su tío don Neto, a pesar de su aparente rivalidad. Desde que cayeron en prisión no han cesado de enviarse mensajes afectuosos. ¿Cuántos banqueros se llevan así con sus familiares? Televisa debería tomarlos en cuenta para la serie de promocionales "Lo mejor de la vida queda en familia". Desde otra celda y en su calidad de figura patriarcal con derecho a meter en cintura a los parientes descarriados, Félix Gallardo acusó a don Neto de haber echado a perder el negocio de la familia por hacerse adicto a la cocaína, lo que al parecer es pecado mortal entre narcos. Su comentario pone en evidencia la doble moral que sostiene en pie a la transnacional más grande del mundo. Cuando se trata de matar o envenenar al vecino hay indulgencia plenaria, pero cualquier extravío en el interior de la tribu amerita la excomunión.

En su afán por defender los valores familiares contra los embates de la modernidad, la Iglesia sólo ha conseguido ahondar el abismo entre la moral familiar y la moral cívica. Una cosa es la doctrina y otra el mensaje que reciben los creyentes. Para un alto porcentaje de católicos, la familia está por encima de las leyes y de las patrias. No debería sorprendernos que monseñor Prigione le haya invitado un té con galletas a los sobrinos de Félix Gallardo: entre aliados nunca está de más una cortesía. De esa gran familia que forman Caro Quintero y los miembros del Capitolio, los Arellano Félix y Juan Pablo II, sólo están excluidos los drogadictos, que al parecer no son hijos de nadie. Entre familias unidas por el narcotráfico y familias destruidas por la droga, vuelve a cobrar actualidad la imagen de Saturno, el Dios antropófago de la mitología griega. La diferencia es que ahora engulle a los hijos de otro por el bien de su prole.

Sara y Marcela

Desde que los zares y las zarinas del narcotráfico ingresaron a nuestro *jet set*, en los periódicos de México se ha borrado la línea divisoria entre la sección de sociales y la nota roja. Cada día es más frecuente que una persona retratada en un coctel inaugural o en una cena de gala, aparezca luego en la sección policiaca. La gente bien agotó hace tiempo su capacidad de asombro y por lo general ya no se conmueve con la caída en desgracia de los millonarios al vapor. Sólo hay golpes de pecho y estallidos de indignación cuando se involucra en el narcotráfico a una niña de sociedad, como en el reciente caso de Marcela Bodenstedt Perlick, la Mata Hari rubia que según las denuncias de Eduardo Valle protegía los intereses del capo Juan García Ábrego, y al mismo tiempo era amante de Joseph Córdoba, quizá para servir mejor a su jefe desde una posición estratégica.

Hace diez años hubo un escándalo similar al de Marcela, el de Sara Cosío Vidaurri, la sobrina del exgobernador jalisciense Guillermo Cosío Vidaurri, que se fugó a Costa Rica con el narco Rafael Caro Quintero, al parecer por su voluntad, aunque la judicial presentó el asunto como un secuestro. Caro Quintero sólo estudió hasta primero de primaria, pero Sara no advirtió ninguna diferencia entre su educación y la de otros jóvenes tapatíos de buenas familias que al mismo tiempo la pretendían, o esa diferencia no le importó. A pesar de haberse educado en un colegio suizo y hablar cinco idiomas, tampoco Marcela Bodenstedt parece haber tenido impedimentos culturales o de clase para ingresar a la organización de García Ábrego y vivir en unión libre con uno de sus capitostes. La conducta igualitaria de estas ovejas descarriadas resulta insólita si se piensa en el carácter excluyente y racista de la alta sociedad mexicana, que siempre se ha esmerado en erigir muros de contención para apartarse de la naquiza. ¿O será que esos muros no existen para un analfabeto funcional con cien millones de dólares?

Al grito de *naco is beautiful*, Sara y Marcela rompieron con su clase como dos heroínas románticas, aunque tal vez no hayan tenido conciencia de su ruptura, por la evidente afinidad cultural que existe entre los narcos y otros hombres de empresa igualmente zafios (comparado con José Antonio García o con el hijo incómodo de Hank González, García Ábrego debe ser un tipazo). Los empresarios que saben de pintura, van a la ópera y leen la última de Gabo en sus ratos libres, forman una minoría dentro de su propia clase, compuesta mayoritariamente por millonarios en bruto que ni siquiera se preocupan por tener un barniz cultural. En ese medio los narcos gozan de enorme aceptación —no en balde están entre iguales— y compiten con ventaja contra los *juniors* de carácter blandengue, que no pueden ofrecer a sus chavas ninguna emoción intensa, ni en el yate de papá ni en la cama.

El mundo del hampa adinerada tiene muchos atractivos para una joven con espíritu aventurero: viajes en *jet* privado, persecuciones automovilísticas tipo Schwarzenegger, balaceras, galanes que se juegan la vida en cada misión y regresan a coger como si se fuera a acabar el mundo, coca en abundancia, impunidad para disponer de la vida ajena, mansiones fabulosas con alberca techada y pavorreales en el jardín. Frente a la alternativa del orden burgués, que les ofrece como ideal de vida una estabilidad asfixiante, Sara y Marcela eligieron disfrutar lo prohibido sin renunciar a su *status* de niñas ricas. Ahora sufren el descrédito social pero lo bailado quién se los quita. Con ellas ha entrado en crisis un modelo de educación para señoritas casaderas enfocado a la cacería de millonarios, modelo que la clase media siempre ha visto con simpatía, a pesar de su semejanza con la prostitución. Las jovencitas educadas en la mística del alpinismo social tienen por delante un serio problema, pues ahora ya no basta con atrapar al millonario, sino que además es necesario investigar el origen de su fortuna, o de lo contrario pueden casarse con un mafioso.

Frente a esta situación, agravada por la escasez de buenos partidos en una época de jotería irrefrenable y escasa movilidad social, los escrúpulos de la gente decente empiezan a flaquear o han flaqueado por completo, como sucede en Sinaloa, donde la mayor ambición de toda niña bien es casarse con un narco, siempre y cuando sea por la Iglesia. Con bodas de este tipo, que lavan reputaciones como los bancos lavan dinero, los narcos están dejando de ser marginales y poco a poco se integran a la élite social, hasta fundirse con ella. Por eso ahora, cuando parece que le han declarado la guerra a los tecnócratas del gobierno, nadie puede combatirlos sin llevarse entre las patas a un ahijado o a una sobrina. ¿Cómo echarles el guante si ya forman parte de la familia?

Contacto en el Noche y Día

Cuatro de la mañana en el Noche y Día, el famoso restaurante de la calle Dinamarca, decorado como un lupanar elegante del porfiriato —candiles, alfombra roja, espejos con marcos dorados, meseras bostezantes que odian al cliente pero se resignan a darle servicio— donde sirven tragos a cualquier hora y que por ser el único abierto hasta el amanecer atrae a los borrachos de carrera larga, entre ellos a mucha gente sedienta de la farándula. Era jueves (o mejor dicho, viernes en la madrugada), los actores que salen a tomarse una copa después de la función ya se habían ido y el lugar estaba desierto.

Después de una fiesta donde habíamos bebido hasta por las orejas, mi esposa y yo cenábamos a solas, cuando invadió el restaurante un grupo escultórico de ninfas y efebos vestidos con ropa de playa, que parecían levitar a diez centímetros del suelo, envanecidos de su tez bronceada y de su perfección muscular. Los acompañaba un hombre mayor, calvo y de lentes, a quien rodeaban tres guaruras armados con metralletas. Por instinto de conservación apuré mi jaibol de un trago y pedí a Rocío que se comiera sus enchiladas en casa, pero cuando íbamos a pedir la cuenta nos sirvieron dos copas más por cortesía del pelón, que me sonrió desde lejos y nos invitó amablemente a su mesa.

Con dos botellas de whisky encima, ni Rocío ni yo sabemos declinar una invitación. Entre deslumbrados y temerosos fuimos a su mesa, la más grande del restaurante, donde nos tocó sentarnos junto a un exgalán de telenovelas que resultó ser el yerno del viejo. Conversaba con él sobre su actuación en una película de Isela Vega que me tocó anunciar a finales de los 70, cuando el pelón le dio una recia palmada en la espalda: "Este cabrón y yo somos los dos hombres más buscados por la justicia. ¿Verdad que la Judicial nos quiere vivos o muertos?" No fue una confesión sino una ostentación fanfarrona, como si estar en la mira de la policía lo colmara de orgullo. El exgalán asintió con una risilla servil que delataba su posición de subordinado. Rocío y yo nos volteamos a ver con perplejidad. ¿Con quién carajos estábamos?

Ocupaba la cabecera un gordinflón de bermudas y camisa hawaiana que tenía sentada en las piernas a una rubia imponente con el ombligo al aire. "Él es mi hijo —nos presentó el Hombre Más Buscado—, vinimos a festejar que sacó a esta muñeca de Cuba en una avioneta." A petición de su padre, que advirtió mi sonrisa de incredulidad, el gordo nos contó la historia de amor y los pormenores del rapto. La cubana se llamaba Nancy, la había conocido en un viaje a La Habana y le propuso que se fuera a vivir con él a Tampico, pero el gobierno de Castro no la dejaba salir, a menos de que se casara con un extranjero, y los dos estaban muy chicos para eso. De vuelta en Tampico, el cerdito acudió a papá, que tenía un jet privado, y le pidió ayuda para rescatar a Nancy. Impaciente por los rodeos de su narración, el viejo le arrebató la palabra para contarnos los pormenores del rescate: el vuelo a baja altura para eludir los radares del gobierno cubano, la comunicación con la muchacha por medio de un celular, el aterrizaje a medianoche en las afueras de La Habana, el regreso a México entre las turbulencias de una tormenta que azotaba el Golfo y no les había permitido aterrizar en Tampico. Fuera de ese contratiempo, todo había salido de poca madre. Por eso estaban festejando en el Noche y Día.

En un arranque de euforia, el pelón pidió champaña para todos y ordenó al capitán de meseros que no dejara entrar a nadie más, pues quería el restaurante para él solo. Rocío brindó con él y sin prestar atención a mis pellizcos de alarma le preguntó en qué trabajaba.

—Tengo una flota de barcos.

—¿No será usted narco?

—Pues a lo mejor sí, pero de algún modo hay que ganarse la vida, ¿no crees?

Para entonces ya tenía los huevos en la garganta, pero la curiosidad y el champaña me sujetaban a la silla. El riesgo era grande, pero se compensaba por la experiencia de conocer a un capo en persona.

Me sentí personaje de *thriller*: el típico ciudadano común y corriente que por azares de la fortuna acaba envuelto en una intriga criminal. Sólo faltaba que llegaran a acribillarnos los pistoleros de una banda enemiga. Dos de las muchachas que formaban parte del séquito juvenil resultaron bailadoras de flamenco, y a una orden del jefe se levantaron a taconear, acompañadas por un guitarrista que salió de la nada, como en un *play back* de película mexicana.

Los guaruras no cesaban de rondar por la mesa con las Cuernos de Chivo en ristre. Me pareció que su número había aumentado. ¿O con el pedo ya veía doble? Afuera estaba amaneciendo, pero nuestro anfitrión tenía cuerda para rato. Después del show flamenco pidió al guitarrista que tocara unos boleros y cantó a dúo con el actor de telenovelas. Entre pieza y pieza hacía llamadas de negocios por un teléfono celular.

—En unas horas voy a salir con toda mi gente para Miami —dijo—. ¿Quieren acompañarme?

Por su mirada me di cuenta de que Rocío le gustaba y pretendía ligársela en mis narices. Pero ni modo de echarle bronca con los guaruras al lado.

—Muchas gracias, pero no llevamos pasaportes —respondí.

—¡Y eso qué importa —insistió el pelón—, conmigo pueden viajar a donde sea y nadie les va a pedir papeles!

El siguiente paso era tomarle la palabra y entrar en el cártel del Golfo. Me vi convertido en su secretario a cambio de una mansión con alberca y un Porsche del año. Por supuesto, la organización trataría de aprovechar que mi nombre estaba limpio, para obligarme a introducir paquetes de coca en Estados Unidos. No me asustaba tener que arriesgar la vida por el jefe, sino verme obligado a festejar sus chistes de gallegos, como los lacayos que tenía alrededor. Rechacé amablemente la invitación, tomé a Rocío por el brazo y sin esperar la siguiente botella nos despedimos de nuestro amigo, que me dio su tarjeta para cuando quisiéramos visitarlo en Tampico. Al salir me sorprendió ver una Suburban atravesada en el cruce de Praga y Dinamarca. Por sus pistolas, el pelón no sólo había cerrado el restaurante, sino la calle entera. Adentro de la Suburban dormitaban dos guaruras armados. No se apartaron de la bocacalle hasta que bajé del coche y les mostré la tarjeta del mandamás. La conservo por si algún día flaquea mi vocación literaria. Nunca es demasiado tarde para empezar una nueva vida.

Cine de narcos

El mes pasado, los periódicos anunciaron la captura de un productor y director colombiano acusado de alquilar avionetas a narcotraficantes de su país que utilizaban pistas de aterrizaje clandestinas en México. La noticia no sorprendió a nadie, salvo a quienes conocíamos al detenido y pensábamos que su mayor delito era forjar churros en el sentido cinematográfico de la palabra. No daré su nombre, pues actualmente se hospeda en un reclusorio del Distrito Federal y sería inhumano echarle más tierra encima. Lo recuerdo con gratitud, porque además de ser amable y simpático —virtudes raras en un cineasta—, me pagaba con puntualidad y largueza las campañas publicitarias que escribí para el lanzamiento de sus películas.

El éxito de las campañas puede medirse por el hecho de que nadie vio las películas cuando se estrenaron en México. De lo contrario, los reporteros hubiesen descubierto que el narcotráfico no era sólo el *modus vivendi* del acusado, sino el tema de las coproducciones que filmaba con autores de México y Colombia. La más autobiográfica de todas fue *Oro blanco, la droga maldita*. Según recuerdo, narraba las andanzas de un grupo de aviadores veteranos de Vietnam que transportaban coca de Colombia a Miami, haciendo escala en México para cargar combustible. Entre ellos había un agente de la Interpol infiltrado en el cártel de Cali (Gregorio Casals), que trabajaba en colaboración con su ardiente esposa (Blanca Guerra) para obtener pruebas contra el capo de la organización (el higadazo Erick del Castillo).

Como en todas las películas del género, el dinero malhabido por los narcos no les traía la felicidad; al contrario, los hundía más y más en la podredumbre moral, hundimiento que se exteriorizaba en las carcajadas demenciales y en el sadismo del capo, un hampón gesticulante y agobiado por la culpa que organizaba reventones de varios días donde había de todo menos calor humano. Su carácter irascible contrastaba con la gentileza del ahora convicto, que teniendo una verdadera flotilla de avionetas transportadoras de coca —seguramente las mismas que sacó en la película— nunca le alzaba la voz a nadie ni parecía llevar una vida desordenada.

Cuando vi *Oro blanco, la droga maldita* en el noveno piso del condominio de productores (la sala de proyección, destartalada y mugrienta, es un emblema de la industria fílmica nacional) no podía sospechar que me hallaba frente a una obra maestra del cine verdad. Después de chutarme 30 o 40 películas de narcos, todas idénticas —coches desbarrancados, traiciones, venganzas, Rebeca Silva en pelotas y el infaltable *play back* de Los Tigres del Norte—, había llegado a odiar el género visceralmente y pedí a mi amigo el proyeccionista que se brincara la mitad de los rollos, para abreviar la tortura. Ni siquiera escribí frases originales para la campaña publicitaria. Saqué de mi archivo las de *Narcoterror* (que antes había utilizado en la campaña de *Los narcos de Texas*) y se las vendí al colombiano como si fueran nuevas: una broma inocente comparada con las que él se gastaba.

Más tarde, al descubrir las coincidencias entre los cargos que le imputaba la policía y el argumento de *Oro blanco*, pensé que mi cliente pudo haber hecho una gran película si en vez de retratar a sus cómplices como energúmenos hubiera filmado la historia de un productor de cine que hace una película de narcos y aprovecha el rodaje para meter en las avionetas un verdadero cargamento de coca.

La crueldad sobreactuada del villano ficticio, confrontada con la simpatía y el encanto personal de los narcos reales, pondría en evidencia cuánto los favorece la condena moral de sus aparentes enemigos y cómo se benefician explotando el horror de las buenas conciencias que por un lado hacen la realidad insoportable y por el otro quieren evitar que la gente se escape de ella.

Desde luego, mi cliente jamás hubiera filmado esa historia. Ni le convenía ni tenía talento para ello. Tal vez sólo había incursionado en el cine para lavar dinero, como otros productores mexicanos por los que no metería las manos al fuego. Pero aunque salga pronto de prisión —como es de esperarse, dada su fortuna y la venalidad de nuestro aparato judicial— seguramente no volverá a filmar, pues la maniobra financiera que dio origen al cine de narcos ha fracasado, a pesar de su enorme popularidad entre el público chicano. Al parecer, los productores vinculados con el hampa advirtieron que era una contradicción producir inmundicias para blanquear fondos, y ahora prefieren lavar en el narcotráfico el sucio dinero proveniente del cine.

1988

La bestia mansa

Juan Ruiz de Alarcón estimaba tanto al público de los corrales madrileños que lo llamó "bestia fiera" en el prólogo a la primera edición de sus *Comedias*. El epíteto resultaría benigno aplicado al público teatral y cinematográfico de nuestros días, que sigue siendo bestia, pero ya no da señales de fiereza. Los espectadores no sólo tienen miedo a expresarse: desearían que nadie lo hiciera. Domesticados al extremo de tolerar en silencio que se vaya el sonido de una película, sólo despiertan de su letargo cuando alguien que no fue al cine a comer palomitas exige una proyección correcta. Entonces sí protestan a gritos, pero no contra el cácaro, sino para callar al atrevido que alzó la voz.

Lo anterior me sucedió por enésima vez en el cine Bella Época durante la exhibición de *Cinema Paradiso*. Entrando a la sala vi a una rata enorme que se paseaba entre las butacas, y si no hice caso del mal augurio fue porque me habían recomendado la película en los términos más elogiosos. Vino después un artero cortometraje sobre la visita de Juan Pablo II a Estados Unidos (Operadora de Teatros cuida mucho la moral de sus ratas), que monseñor Prigione debería prohibir, pues funciona como propaganda indirecta al diablo. Valió la pena esperar.

Con los pies encaramados en el asiento de enfrente, para evitar un posible mordisco de rata, vi un estupendo melodrama sobre la decadencia del cine, que paradójicamente reafirma su vitalidad. También hubiera querido escuchar la música de Morricone, pero mis compañeros de función se conformaron con los subtítulos. ¿Para qué protestar por el mal sonido si los diálogos eran en italiano? Vencido en el duelo de mentadas a oscuras, la película se vengó por mí.

Homenaje al público bronco y respondón de un cinito de pueblo en la Sicilia de la posguerra, *Cinema Paradiso* es un relato nostálgico de los tiempos en que la "bestia fiera" iba al cine en busca de una catarsis, se identificaba visceralmente con los héroes de la pantalla y convertía la sala de exhibición en una especie de ágora emocional. Como Julio Castillo en la obra teatral *De película*, el director Giusseppe Tornatore crea un juego de espejos contrapuestos en el que los espectadores del presente cruzan miradas con el público de ayer. El *ping pong* visual puso en evidencia al ganado bovino del Bella Época: mientras ellos, indolentes y lerdos, veían una película muda sin atreverse a emitir una sola queja, los campesinos de *Cinema Paradiso* protestaban con silbatinas atronadoras las fallas del cácaro siciliano. El nuestro, si acaso estaba en la caseta, debe de haber celebrado la mansedumbre de sus compatriotas, que al parecer lo ven como una especie de tlatoani a quien sólo cabe rendir pleitesía. ¿Cómo explicar la psicología del espectador agachado? ¿Quién le infundió ese horror a hacerse notar en medio de la multitud?

Hay un tipo de indolencia que no tiene disculpa: la de la gente con recursos económicos para exigir un buen espectáculo a cambio de su dinero. En México, el público de clase media se deja pisotear por cualquier empresario ladrón. El único derecho que reclama el espectador es el derecho a comentar las incidencias de la película. Acostumbrado a platicar mientras ve las telenovelas, cree que el cine es una prolongación de su casa y se enoja cuando alguien lo calla. Televidente hasta la raíz de los huesos, identifica al cácaro o al administrador de un teatro con el inaccesible y todopoderoso programador de TV, a quien es inútil reclamar nada porque no tiene rostro ni toma en cuenta sus opiniones. La catalepsia de este público sin voz ni voto explica el éxito de fraudes teatrales como *Pecado en la isla de las cabras*, imbécil y misógino bodrio que va por las 300 representaciones en el Polyforum. Como la obra es fuerte ("pero no llega a lo vulgar", diría mi abuela), el espectador atribuye su aburrimiento a la excelsa calidad de la obra. Si bostezo, piensa, es porque esta cosa debe ser buena. El *kitsch* nacional no explota el esnobismo de la gente, ni su ambición de consumir alta cultura, sino la desconfianza del espectador en sus propios gustos.

Pero lo más desastroso para el cinéfilo es la mentalidad limosnera del rebaño más o menos pudiente que sale a divertirse con la secreta esperanza de no lograrlo. En 1982, cuando era publicista de películas mexicanas, me tocó participar, junto con muchos otros ingenuos, en un Foro de Consulta Popular sobre Exhibición Cinematográfica, donde la protesta más reiterada fue contra las exhibidoras que habían institucionalizado el intermedio arbitrario para multiplicar la venta de palomitas. Algo se logró entonces: la gubernamental Operadora de Teatros tuvo que restar ingresos a sus dulcerías, pero la Organización Ramírez (dueña de los nefastos multicinemas de Plaza Universidad, Plaza Satélite, Gigante Mixcoac, etc.) se mochó con algún funcionario y sigue lucrando con esta práctica ilegal, interrumpiendo películas que duran menos de noventa minutos.

El conformismo del público favorece a los gángsters del *popcorn*: hay gente que, a semejanza de los perros de Pavlov, empieza a secretar saliva en cuanto aparece la palabra "intermedio". Con una clientela así Ramírez y su banda son invulnerables. No sería extraño que su próximo atentado contra el cine sea crear un nuevo tipo de sala donde los asistentes a una inmensa dulcería puedan salir de vez en cuando a ver la película en un pequeño televisor. El intermedio arbitrario le gusta sobremanera al respetable, que así puede pastar dos veces en una sola función. Por algo han empezado a proliferar los cines *plus*, cuya única ventaja sobre los de "piojito" —donde la gente por lo menos faja y echa desmadre— es tener baños limpios. Bienvenidos sean: la bestia mansa los necesita para evacuar sus diarreas.

1989

Lucha libre y populismo intelectual

En los años 80 la lucha libre estuvo de moda entre los abnegados intelectuales que aman al pueblo mexicano con altavoces, pero no toleran que Raúl Velasco haga la misma demagogia para ganar auditorio. El mundo de los luchadores fue tema de crónicas, ensayos, documentales, exposiciones fotográficas y hasta de una obra teatral (*Máscara contra cabellera*), que trasladó a Cultisur el ambiente de la Coliseo. La lucha libre fue revalorada como espectáculo del pueblo y para el pueblo, como pantomima de la violencia y ficción catártica. Extasiado con la epopeya del ring, José Joaquín Blanco escribió en 1984: "El público —gente pobre, cuerpos débiles y desnutridos, extenuados por la semana laboral del sub-empleo, sucia y astrosa— se olvida de sí: cada quien en el tumulto se adjudica por segundos la prepotencia, la gloria, el triunfo[...] Al terminar la función, los niños tocan excitados las manchas de sangre de la lona y ensayan algunas llaves y cabezazos: ésos sí de a de veras. Pero la lucha libre los corrompe menos que la violencia tecnológica, armada, de caricaturas y series de televisión, y les da, a cambio, la experiencia de un gran teatro, completo y rugiente: un imaginativo sudadero popular." [1]

José Joaquín Blanco podrá querer mucho a la masa (Raúl Velasco le puso el ejemplo apapachando abuelitas), pero su elogio de la lucha libre deja traslucir un paternalismo cultural profundamente despectivo. No conozco a ningún intelectual de clase media que haya ido a la lucha libre más de dos veces. Comprendo su falta

---

[1] José Joaquín Blanco, *Un chavo bien helado*, México, Ed. Era, 1990.

de asiduidad: la lucha es un teatro guiñol deprimente y patético. Sin embargo, como se fijan más en las reacciones de la gente que en los luchadores, y como todo intelectual progresista debe compartir los gustos del pueblo, salen de la estúpida pantomima henchidos de gozo. Su enfoque populista de la realidad les hace olvidar el lema: "No quieras para el pobre lo que no quieras para ti." Compadecer al público de la lucha libre, y al mismo tiempo admirar su ingenuidad, equivale a menospreciarlo desde una posición aristocrática y falsamente piadosa: qué diversión más ramplona, pero está bien para esa pobre gente.

Los intelectuales que otorgan certificados de nobleza y autenticidad a cualquier espectáculo popular no contaminado por la TV corren el riesgo de que sus diplomas pierdan validez cuando la tele se adueña del espectáculo virgen. La lucha libre nunca lo fue. Se transmitía en los años 50, cuando la televisión estaba en pañales, y hace poco volvió a la pantalla chica. Blanco debería estar feliz, pues ahora todo México tiene acceso al "imaginativo sudadero popular". Televisa es una corporación satánica, pero no puede alterar la esencia angelical del deporte. Los niños corrompidos por las caricaturas violentas podrán admirar la convivencia pacífica del Vampiro Canadiense y el Perro Aguayo. Pero sospecho que Blanco y sus camaradas ya le perdieron el gusto a la lucha libre. Dirán que ahora es una falsificación, que la gente no suda viéndola en casa y que las llaves gringas han desplazado a las mexicanas. Todo con tal de negar que su amado pueblo, creador de maravillas como el huapango y la cerámica de Tonalá, también adora la brutalidad y se regocija con la basura, ya sea televisiva o genuinamente raspa.

La idealización de la cultura popular urbana tiene muchos adeptos en Coyoacán y Ciudad Universitaria, pero el pueblo no se deja idolatrar por esnobs, como lo demostró el fracaso comercial de *La leyenda de una máscara*, homenaje paródico al cine de luchadores que sólo duró una semana en el muy populachero cine Variedades. Yo la vi en el Bella Época, junto con diez o veinte personas que se fueron saliendo en el transcurso de la proyección. Para el público de clase media, el humor sociológico del director José Buil era muy sangrón, y para el público del Variedades quizá resultó insultante (ahí pasan todavía películas de luchadores que no se burlan del género). Los admiradores del Santo no aceptaron la tomadura de pelo, se produjo un desencuentro cultural y el resultado fue una cinta de hondas raíces populares que sólo podían comprender los *habitués* de la Cineteca.

Las interpretaciones de la lucha libre son tan prescindibles como las ediciones anotadas de los clásicos. Si no hacen falta las apostillas de un hispanista para disfrutar a Garcilaso, tampoco es necesario el enfoque antropológico de un cineasta para entender el ambiente de los enmascarados panzones. La mayor pedantería de Buil era insinuar a cada momento: "¿Ya se fijaron que México es un país surrealista?", lugar común que además de tener poca eficacia humorística, se presentaba al espectador como un gran hallazgo.

Si Buil hubiera hecho una película de luchadores convencional (no se puede parodiar lo que ya es una parodia), el público no le hubiera dado la espalda. Pero un director con sus pretensiones no podía filmar algo tan pedestre, aunque esa fuera la consecuencia lógica de su admiración por la cultura popular urbana. Warhol pintó latas de sopa Campbells sin estilizarlas. Buil tenía que mejorar la sopa para conservar su aureola de cineasta universitario. Por culpa de esta contradicción su película no tuvo público: era una falsedad por partida doble, ni popular ni elitista, llena de obviedades para la minoría ilustrada e incomprensible para los fanáticos de la lucha, que tampoco entenderían los elogios conmiserativos de José Joaquín Blanco. La retórica populista no llega ni a sus propios destinatarios, pero adorna la conciencia del intelectual bienpensante que se cree defensor de los débiles.

El naco en el país de las castas

De los años 70 para acá, el mote de naco se ha entronizado como uno de los calificativos más hirientes del español mexicano, en buena medida gracias a su ambigüedad. Empleado con un sentido a la vez racista, clasista y esteticista, funciona como una palabra camaleón que varía de color según el punto débil del injuriado. No está muy clara ni lo estará nunca la línea divisoria entre los nacos y la *gente bien*, quizá porque el mayor encanto de la discriminación consiste en practicarla veleidosamente, sin un criterio selectivo bien definido. El naco pertenece por lo común a la raza de bronce, pero los blancos no tenemos garantizada la aprobación de la casta divina, como lo sabe cualquier güero más o menos plebeyo que haya sido rechazado en una discoteca de moda, por no agradarle a un portero generalmente cobrizo. La naquez siempre es un atributo que nos llega del exterior. Ignoramos nuestra condición de nacos hasta que alguien viene a echárnosla en cara. Y de la misma forma en que un hombre es alto o chaparro según la estatura de quien lo juzgue, también hay una escala móvil de la naquez, que depende de las ínfulas raciales y sociales del agresor.

La gente acomodada tilda de nacos a los arribistas de clase media, que a su vez miran con desprecio a la chinaca popular, donde también existe la figura del discriminado discriminador, como lo han observado ya muchos novelistas y dramaturgos. De manera que en vez de provocar una corriente de afirmación racial y cultural, el racismo mexicano se propaga hacia abajo por un efecto de cascada, sembrando discordias y antagonismos entre la masa variopinta que debería oponerse al enemigo común. Hemos vuelto así a la situación prevaleciente en tiempos de la Colonia, cuando el castizo, el no-te-entiendo, el mulato y el saltapatrás competían entre sí por no descender al sótano de la escala cromática, mientras el hacendado español despreciaba a todos.

El vocabulario de la discriminación no cambia por capricho. Los ancestros del naco fueron los parias urbanos cubiertos con una sábana que la aristocracia pulquera del siglo XIX llamaba léperos. En su *Folklore mexicano*, Rubén M. Campos explica el tránsito de *lépero a pelado*: "El mote de lépero que se daba antaño a los del bajo pueblo, trocose en pelado, tal vez porque una ordenanza municipal mandó que el lépero fuera pelado al rape cada vez que caía en la cárcel." Durante un tiempo, lépero y pelado se usaron como sinónimos, pero nunca significaron lo mismo. Según Francisco J. Santamaría, autor del *Diccionario de mejicanismos*, lépero siempre tuvo una carga más despectiva: "No hay que confundir al lépero con el pelado —advierte—. El primero se tipifica por la condición moral baja, el segundo por la condición social humilde. El lépero puede no ser un pobre, el pelado puede no ser de malas costumbres." En cuanto a la sustitución de pelado por naco, generalizada a partir de los años 70, Carlos Monsiváis la atribuye al ennoblecimiento del peladaje suscitado por el éxito de Cantinflas y Pedro Infante.[1] La dignificación cinematográfica del pelado pudo ser determinante para que el mote cayera en desuso —ya no cumplía su función denigratoria y era necesario cambiarlo por otro más insultante—, pero no explica del todo la amplitud semántica de la palabra naco ni aclara por qué en determinado momento la alta sociedad tuvo que recurrir a un calificativo más humillante para nombrar a la chusma, incluyendo en ella a la clase media en ascenso. A mi modo de ver, Monsiváis sobrestima la influencia del peladito cinematográfico, sin prestar suficiente atención a la evolución del pelado real, que a partir de los años 60, en virtud de diversos factores —la emigración masiva del campo a las ciudades, la penetración cultural estadounidense, el poder inductivo del radio y la televisión— cambió de personalidad y se convirtió en otra cosa.

---

[1] Véase "Léperos y catrines, nacos y yupis", en *Mitos mexicanos*, compilación de Enrique Florescano, México, Ed. Aguilar, 1995.

Cuando el naco irrumpió en el escenario capitalino, México no era un país rico, pero había cierta movilidad social y el PIB crecía más aprisa que el índice demográfico. Los años 60 y 70, comparados con el derrumbe en cámara lenta que vino después, fueron una época de relativa prosperidad en la que había posibilidades de ascenso para la clase trabajadora. Los noctámbulos deambulaban por las calles de la ciudad sin miedo a los atracos, había una tasa de desempleo muy inferior a la actual, las colonias residenciales no estaban amuralladas ni existían los taxistas con título universitario. ¿Por qué se produjo entonces una oleada de racismo y animosidad contra el nuevo exponente del tipo popular, si en realidad no representaba ninguna amenaza para la minoría pudiente?

Quizá la discriminación del naco fue en sus orígenes una embestida contra la masa favorecida por el precario bienestar que empezaba a mitigar la desigualdad social. En los años 70, cuando el poder adquisitivo del salario alcanza su tope histórico (Muñoz Ledo era entonces Secretario del Trabajo), el naco adopta los modos de vestir, la cultura ondera y hasta los paraísos artificiales de los *niños bien*, como lo puso en evidencia el Festival de Avándaro. El castigo que recibe por igualado es un mote alusivo a su pasado indígena (según Santamaría, naco significaba hasta 1959 "indio de calzones blancos"), el estigma que había intentado sacudirse, de acuerdo con su ideal de superación. Al pelado se le echaba en cara su vulgaridad, pero al naco se le reprocha también su mimetismo agresivo. Por parte de la minoría discriminadora, el mensaje encerrado en el nuevo mote (para ser como yo no te basta con llevar zapatos de plataforma y pantalones acampanados) reflejaba una mezcla de indignación y temor: indignación por haber engendrado su propia caricatura, temor a perder un predominio social sustentado en la exhibición del *status*.

Quien sólo vale por su aspecto necesita defenderse con uñas y dientes cuando un sujeto al que considera inferior trata de imitarlo. De ahí que los nuevos catrines emprendieran una campaña tan sañuda contra el odiado advenedizo que al copiarles la ropa también les robaba el ser. Con sus ridículos trajes de Milano, el naco no podía competir con ellos en materia de modas importadas, pero su insolencia entrañaba una tentativa igualitaria. Por eso debían pisotearlo. Sin embargo, el carácter racista de la campaña era demasiado evidente, por lo que fue necesario reforzarla con un barniz cultural, convirtiéndola en una especie de cruzada para salvar a México de su vulgo. Indulgente consigo misma, la élite económica y la clase media que trataba de seguir sus pasos podían soñar con la anexión a Estados Unidos, irse de *shopping* a San Antonio o registrar niños del otro lado de la frontera, en previsión de futuras dificultades migratorias, pero cuidado con que el naco se atreviera a perder sus raíces, porque en su caso, la aculturación significaba una traición a la patria (recuerdo un furioso regaño de Margarita Michelena a los albañiles que llevaban camisetas con leyendas en inglés).

Hasta el momento, ni la derecha conservadora ni los ultras de izquierda pueden admitir que el antiguo peladito rebosante de autenticidad se haya convertido en un falso chicano. Su paternalismo los inclina a ver en ello una corrupción de la identidad nacional. A este respecto, un antropólogo de la ENAH piensa lo mismo que el Jefe Diego. Ambos desearían que el grupo Bronco no llenara estadios, que la cultura Tex Mex fuera un espejismo y que el pueblo se mantuviera "fiel a su espejo diario", como en las películas del *Indio* Fernández. Pero el naco quiere ser lo que es y no acepta cargar sobre sus espaldas el peso de una idiosincrasia pulverizada.

El naco no sólo se distingue del pelado por su fervor imitativo, sino por su movilidad territorial, que le permite circular por zonas de la ciudad anteriormente vedadas para los pobres. Como señalaba José Emilio Pacheco en un reciente *Inventario*, el metro llevó el ambiente de las fritangas y los perros callejeros a lugares como la Zona Rosa, que a mediados del siglo era una colonia elegante poco frecuentada por la gente del pueblo. El naco nace junto con el metro, de ahí que algunos escritores lo vean como un invasor. En el primer capítulo de *Pasado presente* (FCE, 1993), Juan García Ponce describe el Distrito Federal desde la perspectiva de un personaje que busca entre las ruinas de la ciudad las huellas de su pasado. Cuando el protagonista cruza la plaza de Coyoacán lamenta encontrarse "con gente cuyo aspecto en otra época hubiera considerado tan feo como desarrapado" y más adelante, después de sortear "una gran estación del repulsivo metro", desemboca en una avenida "infinitamente atravesada por los horribles habitantes de nuestra ciudad". Aunque no lo mencione por su nombre, es obvio que el autor se refiere al naco, que en los años 50 todavía no arruinaba el paseo de ningún esteta porque estaba confinado en el arrabal y sólo salía de ahí para ir al Centro, a la Villa o a La Merced. Testimonio de una generación y de una clase que ha visto como un despojo la democratización del espacio urbano, la novela de García Ponce contiene muchas claves para comprender el México actual, donde la clausura de calles y el acordonamiento de zonas residenciales, más que temor a la delincuencia. refleja disgusto por la omnipresencia del naco, a quien podría definirse, desde la parte discriminadora, como un pelafustán que nunca está en su lugar. Ante la proliferación del mexicano feo, la burguesía nostálgica de los tiempos en que México estaba menos revuelto asume una actitud políticamente correcta. No desea exterminarlo ni abriga rencor contra él: se contenta con dejarlo fuera de su campo visual.

Hasta los cineastas que buscan solidarizarse con el pueblo tienen dificultades para aceptar la existencia del naco. En las películas de María Novaro, por ejemplo, su imagen ha sido falsificada y adecentada con fines de exportación. El danzón ya es una reliquia musical, pero la Novaro lo convirtió en emblema de una cultura popular que sólo existe en su fantasía, por un afán de enaltecer en todo momento a los personajes que no comprende. Su visión del paria urbano o fronterizo no aporta nada al conocimiento de la población marginada, pero en cambio revela mucho sobre ella misma. Exponente de un tipo social que ha hecho estragos en la cultura mexicana —la niña rica politizada— la Novaro tiene conflictos de culpa y en cada toma intenta convencernos de que ella sí quiere a los miserables, como si filmara para su propia conciencia. Pero un espectador atento descubrirá que no quiere a todos por igual. En *El jardín del edén* distribuye su afecto entre los personajes con un criterio filantrópico-sentimental que linda con el racismo. Los braceros la conmueven, desde luego, pero no tanto como las indígenas zapotecas del restorán oaxaqueño, a las que dedica una larga toma en cámara lenta. Es decir, que los grados de pureza étnica determinan el cariño de la directora. Y como el naco es una especie de saltapatrás, un mestizo que no acaba de ser indio, sencillamente lo deja fuera de cuadro. Si la Novaro quisiera acercarse a la esencia de lo popular, le bastaría con observar a sus técnicos de sonido. Pero nadie en el extranjero debe saber que el verdadero representante del México actual es un ser impresentable y desarraigado que escucha cumbias horribles en un radio de transistores.

En realidad, el mexicano humilde juzga su posición en la sociedad con una escala de valores diametralmente opuesta a la que subyace en las películas de María Novaro. Los indígenas envidian la suerte del naco, por sentir que al menos ha logrado integrarse a la modernidad. Como la pureza étnica es el origen de todos sus males, —miseria, enfermedades, alcoholismo, caciques opresores de su propia raza— no vacila en canjearla por una vida mejor. A propósito de Benito Juárez, Enrique Krauze ha observado que desde tiempos de la Colonia, la tendencia dominante entre los indígenas mexicanos ha sido escapar de su condición: "El mestizaje fue un proceso de escape. Había que huir de las repúblicas indígenas a los obrajes, las minas, las haciendas, las ciudades blancas de españoles. No porque en ellas la vida fuese particularmente feliz, sino porque eran ámbitos más libres. Nadie lo sabía mejor que las indias, ansiosas de tener hijos con los españoles, no por amor, sino por instinto genésico de salvación"[2]. La discriminación del naco en las grandes ciudades revela que esta fuga sigue provocando escozor en las clases privilegiadas. Por supuesto, lo más deseable sería que el indio no tuviera que abjurar de sí mismo para obtener unas migajas de bienestar. Pero es la única alternativa que le han dejado, y lo seguirá siendo por mucho tiempo, aun si el país recupera el ritmo de crecimiento que tuvo en los años 70.

El día en que México empiece a salir del subdesarrollo, el primer síntoma de progreso económico será una mayor preponderancia del naco en la vida nacional. Pero la experiencia demuestra que en este país de castas, cuando hemos tenido barruntos de prosperidad, el mismo grupo impulsor del despegue capitalista repudia la incorporación de los marginados a la sociedad de consumo. Por buenas y malas razones (desdén aristocrático a la masa, horror a la subcultura populachera, esperanza en una quimérica revolución que

---

[2] *Siglo de caudillos*, México, Editorial Tusquets, 1994.

devolverá al pueblo su identidad perdida) los detentadores del poder cultural y económico han decidido que los nacos no deberían existir. El problema es que sin ellos tampoco existe el país. La guerra silenciosa contra el naco impide cualquier intento de modernización, pero además puede llevarnos a un suicidio cultural. En la actualidad se advierte ya un estancamiento creativo, lo mismo en el campo de la música popular que en el terreno de las Bellas Letras.

Contra lo que muchos creen, nuestro cine no está muriendo por falta de calidad, sino por el abismo entre el México primermundista y el México pobre. Las mejores películas de los últimos años no han llegado a su público natural por la sencilla razón de que ya no hay cines de barrio. *El callejón de los milagros* tuvo éxito entre la clase media (logro importante, sin duda) pero debió ser también un éxito popular, por la sensibilidad y el acierto con que refleja las pasiones del mexicano. Es lamentable y desalentador que una película tan importante para el país no pueda cumplir del todo la función de acercarnos unos a otros. Por falta de retroalimentación, los directores y guionistas interesados en comprender lo que somos tienen que intuir las respuestas del público en vez de entablar un diálogo directo con él. Su incomunicación reproduce en pequeña escala el enorme vacío existente entre la masa ninguneada y la élite colonizada que reparte equitativamente su ignorancia entre el español y el inglés. Se dice que México es un país en vías de colombianización, pero a juzgar por la distancia entre los guetos raciales también nos estamos peruanizando. Nuestros cholos tienen su país, los criollos el suyo y en medio están los creadores que buscan restablecer la cohesión social, ignorados por ambos grupos. Uno de los mayores obstáculos que deben sortear es la simulación oficial de una concordia social inexistente, que busca hundir al pueblo en su letargo, so pretexto de ennoblecerlo.

Compadecido en telenovelas, campañas gubernamentales y películas de festival, el naco ha sido víctima de un doble lenguaje: de dientes para afuera sus patrones lo quieren mucho, pero cada vez que intenta levantar la cabeza le dan un madrazo para que se vuelva a agachar.

El Correcaminos o la rutina persecutoria

Los mercaderes de Hollywood y sus émulos del Tercer Mundo están propiciando una mecanización del gusto masivo que se refleja, principalmente, en la decadencia del cine de aventuras, pero abarca también al género policiaco, reducido en los últimos años a lo que los críticos profesionales llaman "películas de fórmula". El infantilismo del público adulto no tendría por qué ser deplorable si el cine de entretenimiento estimulara el vuelo imaginativo de los mayores. Pero en la era del Nintendo, cuando la repetición se ha vuelto más rentable que la invención, los adultos con alma de niño han perdido la capacidad de soñar propia de la infancia, para adoptar la mentalidad de robot que ahora la sustituye.

Haciendo un cálculo conservador, un aficionado al cine de acción que ande por los 40 años debe de haber visto, desde la primera vez que su mamá lo llevó al cine hasta la actualidad, unas 500 mil persecuciones de automóviles. En el cine, como en la economía, hay recursos renovables y recursos no renovables. Los del barroco automovilístico pertenecen al segundo tipo. El repertorio de piruetas suicidas, choques aparatosos, trompos, atropellamientos cómicos (¿cuántos puestos callejeros ruedan por tierra en cada película de acción?), frenazos bruscos para burlar a la policía, etcétera, etcétera, se agotó hace mucho tiempo, cuando los pilotos infernales dejaron de sorprender al público. ¿A qué se debe entonces el éxito de las persecuciones por tierra, mar o aire? ¿Por qué la gente no se cansa de ellas?

La cultura de masas no siempre explota la pereza mental del público, ni todo el cine comercial es basura. A veces, el entretenimiento de buena calidad proporciona al espectador elementos de crítica para distinguir entre una diversión inteligente y una diversión mecánica. Los fanáticos del futbol, con un criterio estético surgido de su propia experiencia, repudiaron los sistemas defensivos implantados en el Mundial de Italia, que tendían a convertir un juego apasionante en un soporífero *video game*. La mezquina táctica de jugar con un delantero y cinco medios de contención fracasó gracias a la impaciencia del público. En el cine también hay gente que juega a no perder, defendiendo la taquilla sin arriesgar nada. El espectador menos intelectualizado puede contribuir a que se le proporcione una diversión más inteligente, aunque jamás haya pisado la Cineteca, si extiende la campaña "un día sin auto" a las pantallas de cine.

En el verdadero cine de aventuras, el guionista se fatiga tanto como el héroe de la película. Pienso en *Los cazadores del arca perdida*, en *E.T.* o en *Tiburón*. Spielberg no es sólo un derrochador de efectos especiales, como creen los productores privados de México (y eso que algunos *juniors* de la industria tomaron clases con él). Cuando plantea una situación de peligro, toma en cuenta la experiencia acumulada por el espectador para darle un giro imprevisto a la acción. Si un karateca se planta delante de Indiana Jones moviendo sus chacos como un rehilete, Spielberg no resuelve la escena con una pelea de kung-fu, como lo haría René Cardona, sino con un balazo inesperado que revitaliza el género al contrariar las expectativas del público. En cualquier cinta de aventuras, el suspenso tiende a diluirse por la certidumbre de que triunfará el bien. Spielberg lo sabe, y aunque no viola la regla del final feliz (el capricho le costaría millones de dólares) procura que los niños no puedan adivinar cómo se salvará el héroe metido en aprietos.

Spielberg se ha enriquecido lícitamente sin atrofiar la imaginación del público, pero los ingresos en taquilla (o el *rating* televisivo) no siempre guardan relación con la calidad del entretenimiento. El peligro convertido en tedio también deja enormes ganancias a la mediocracia de la industria cinematográfica. La mercadotecnia enemistada con el talento hace cuentas frías: diez coches destrozados, más una persecución aérea y otra en moto, más Goldie Hawn haciendo pucheros de niña boba y Mel Gibson enseñando las nalgas (receta del bodrio *Tiro al blanco*), dan el mismo resultado que un guión imaginativo. Lo peor ocurre cuando el guión sí vale la pena, pero los productores deciden jugar a los carritos locos por motivos idénticos a los del técnico brasileño que en Italia 90 tuvo a Romario sentado en la banca.

En la película *Sin escape alguno* (*No way out*), protagonizada por Kevin Costner, los automóviles aparecen dos veces: la primera en una sugestiva alusión a Madame Bovary, cuando el general en jefe del Pentágono (Gene Hackman) hace el amor con su amante en una limusina que va recorriendo los monumentos de Washington. La segunda escena de automóviles poco tiene que ver con la trama y mucho con el bolsillo del productor. Kevin Costner ha descubierto que Hackman es un asesino. Para desenmascararlo debe luchar con todos los polizontes del Pentágono, que aleccionados por su jefe intentan culparlo del crimen. A media película, mientras la policía intenta reconstruir una foto velada de Costner valiéndose de una computadora *high tech*, el héroe teme por la vida de una amiga suya (negra y buenísima) que puede hundir a Hackman con su testimonio. Los policías van a matarla, Costner lo sabe, y en vez de prevenirla por teléfono (lo menos que cabe esperar en ese ambiente de refinada tecnología)... ¡corre tras los villanos para hacerle un lugarcito a la estúpida carrera de coches!

En este caso, y volviendo al símil futbolístico, los guionistas dieron un pase al portero por instrucciones del entrenador. En el punto culminante de la acción, la rutina persecutoria suple a la verdadera intriga. Si el público no empieza a repudiar estas jugarretas defensivas, el cine del futuro será tan variado y "trepidante" como las caricaturas del Correcaminos. Hay capitalismo para rato y los magnates de Hollywood no cambiarán sus recetas para hacer dinero mientras el pobre coyote los persiga con la lengua de fuera.

En defensa del lugar común

La vida sería insoportable si estuviéramos obligados en todo momento a expresar ideas originales de la manera más novedosa posible. Muchas actividades cotidianas, desde viajar en taxi hasta emprender una seducción, serían atrozmente complejas si no pudiéramos acudir a un almacén de frases hechas para iniciar una charla tonta. El lugar común no sólo es obligatorio en infinidad de situaciones (nadie da un pésame sin recurrir a él) sino que cumple la función de acercar a los desconocidos, cuando nadie sabe cómo romper el hielo. ¡Cuántas guerras se han evitado gracias a un lugar común pronunciado a tiempo! Los enemigos del pensamiento fósil deberían meditar adónde nos conduciría erradicarlo del trato diario. ¿Acaso han olvidado que son lugares comunes preceptos universales como no matarás? Pero si este argumento no los convenciera del todo, bastaría con invitarlos a imaginar un mundo antilugarcomún donde estuviera prohibido repetir las fórmulas elementales de cortesía:

—¡Qué tal! ¿Cómo estás?

—Ni bien ni mal, porque mis estados de ánimo no admiten definiciones simplistas. Sencillamente estoy. ¿Y a ti, cómo te va?

—No me puede ir. Estoy anclado en la fijeza del ser.

Si la única virtud del lugar común fuera salvarnos de ser filósofos improvisados y perpetuos inquisidores del lenguaje, sólo por eso tendríamos que erigirle un monumento. Pero tiene una virtud más preciosa: gracias a su opacidad sobresalen los verdaderos chispazos de inteligencia, que pasarían inadvertidos en un mundo habitado por seres pensantes. Por conveniencia propia, los intelectuales deberían ser los más enérgicos defensores del lugar común en vez de combatirlo contra viento y marea, pues la victoria de la lucidez y el espíritu crítico sobre la inercia verbal acabaría con la notoriedad que disfrutan. Pero por más que porfíen en su guerra suicida, jamás lograrán imponer a la sociedad la fatigosa tarea de pensar. La amenaza viene por otro lado: los verdaderos enemigos del lugar común son los opinantes de toda laya que intentan privatizarlo. Doy como muestra varios botones oídos en un noticiero de radio:

—Creo que el espíritu navideño debería preservarse todos los días del año, bueno, esa es mi opinión personal.

—Desde mi punto de vista, la única vía para resolver los conflictos electorales es la política de la concertación y el diálogo.

—Pienso, y ésta es una opinión muy particular, que el problema del futbol mexicano está en la mala planeación y en la falta de trabajo con las fuerzas básicas.

—Mi opinión personal es que las universidades no deberían ser teatro de actividades políticas.

He aquí un ramillete de lugares comunes malogrados por la gandayesca táctica de presentar como propia una opinión que ya forma parte del dominio público. Los inventores del hilo negro que frecuentan páneles y dan entrevistas de banqueta no siempre actúan de mala fe. Son el producto de una sociedad librepensadora donde la uniformidad del pensamiento se sustenta en el más radical individualismo. Libremente atado al modo de pensar que le embuten en el cerebro las grandes cadenas televisivas, el ciudadano medio de Estados Unidos, y el mexicano que aspira a serlo, reclaman la propiedad intelectual de los lugares comunes que utilizan para calificar lo útil, lo normal y lo hermoso. Contra más desdibujada sea su personalidad, mayor es la ilusión de haberse forjado un criterio propio. De ahí el éxito arrollador de una canción como *A mi manera*, caballito de batalla de las orquestas que amenizan bodas y bailes de graduación.

Insípida como la crema de champiñones que sirven los meseros vestidos de frac en el salón de banquetes del Camino Real, ramplona como el grito de "queremos pastel, pastel, pastel", coreado por los invitados al final de la cena, *My way* aporta a la familia mexicana una filosofía de la existencia que ignora la fuerza aplastante del lugar común y glorifica el estilo personal de fracasar. Los ruquitos que se ponen románticos al oírla, de verdad creen haber vivido a su manera. Pero si todos fueron albañiles de su propio destino, ¿por qué se parecen tanto? Como el soneto *En paz* de Amado Nervo, la canción de Paul Anka es un himno a la capacidad de elección de la gente que eligió no elegir. Antídoto contra el reconocimiento de la propia mediocridad, su función es disipar en el falso individualista la terrible sospecha de que no hizo nada como él quería, de que toda su vida obedeció a un poder invisible, de que ni siquiera en la tumba se pudrirá a su manera.

En las poblaciones rurales, compartir una manera de pensar con el resto de la comunidad puede ser hasta un motivo de orgullo, no así en las grandes ciudades, donde existe la misma adoctrinación colectiva —por algo funcionan tan bien las encuestas—, pero la gente se avergüenza de ella y procura disimularla. El ciudadano que aspira a la singularidad se siente obligado a tener ideas propias, pero al huir de la fe religiosa y la tradición heredada queda atrapado en el lugar común. Los más ingenuos nunca lo descubren y viven felices con su personalidad prestada: entre ellos podemos contar a las reinas de belleza, a los futbolistas, a los lectores de Alfonso Lara Castilla y Carlos Cuauhtémoc Sánchez. Otros han tomado ya conciencia de su robotización —y por lo tanto podrían superarla—, pero en vez de ejercer la duda y emprender una búsqueda intelectual propia, se conforman con estamparle su firma a las ideas que les endilgaron desde la infancia. Contra ellos debemos alzar la voz. Hace falta una cruzada nacional de salud para detener el síndrome de *A mi manera* o llegará el día en que nadie podrá usar abiertamente y sin tapujos personalistas un patrimonio de frases hechas que nos pertenece a todos.

El pantalón de mezclilla roto

La moda es un punto de encuentro entre la cima y el subsuelo de la sociedad. Para defenderse de los advenedizos que imitan su indumentaria, la crema y nata del *Hola* tiene que renovar guardarropa cuatro veces por año, esté de acuerdo o no con las ocurrencias de los modistos. Un imperativo excluyente determina los cambios de estilo: la clase media con ganas de trepar debe quedar fuera del juego, siguiendo el vaivén de la bolita desde los grandes almacenes, a la caza de novedades que dejarán de serlo cuando estén a su alcance. Condenados a estrenar modelos de antier, los clasemedieros padecen año con año la misma frustración, y sin embargo, por fidelidad a Tántalo, su dios tutelar, continúan luchando por sincronizarse con el Gran Mundo, en pos de la liebre que nunca se deja atrapar, porque no le conviene a los dueños del galgódromo.

Del odio a la clase media arribista nació el gusto aristocrático por los andrajos. El cronista estadounidense Tom Wolfe rastreó los orígenes de esta afectación en su delicioso ensayo *Radical Chic*, titulado *La izquierda exquisita* en la versión española de editorial Anagrama. Según Wolfe, la idealización de las almas primitivas que los románticos franceses llamaron *nostalgie de la boue* (nostalgia del fango), sirvió a los nuevos ricos del siglo XIX para ver por encima del hombro a la clase media. "Los mundanos de la sociedad londinense —cuenta Wolfe— adoptaron durante la Regencia las flamantes capas y los estilos desenfadados de los cocheros. Las mujeres llevaban vestidos transparentes y provocativos corsés de mozas de taberna, y todos se entregaban a un nuevo baile desconocido: el vals. Afirmaban así la arrogante superioridad de la aristocracia frente a la obsesión del competidor de clase media por la propiedad y por mantener las apariencias."

En México, la nostalgia del fango se practica desde los años 50, cuando los *niños bien* que Carlos Fuentes retrató en *Los caifanes* iban a empaparse de pueblo en los tugurios del Centro. A principios de los años 80, la moda resucitó con las escapadas de chicos Ibero al León de Oro, que hicieron millonario al músico Pepe Arévalo (su nuevo cabaret, el Gran León, ha resultado un chasco: le faltan putas decrépitas y quemaduras en los manteles). En una crónica de *Amor perdido* publicada en los años 70, Carlos Monsiváis detectaba ya la existencia de un *radical chic* mexicano, cuya influencia sobre el resto de la sociedad ha crecido con los años, como lo sugiere la fama de la discoteca *gay* Espartaco, el único lugar de Neza frecuentado por la "gente bonita", donde los guías de celebridades han llevado de paseo a cineastas como Volker Schlondorff y Pedro Almodóvar.

En la actualidad, la imitación aristocrática del estilo de vida lumpen se manifiesta a escala internacional en la moda juvenil de usar pantalones de mezclilla rotos. Como se sabe, los *punks* de Inglaterra llevaban agujereados los pantalones por auténtica miseria, y en segunda instancia, para desafiar a la sociedad. Algún modisto aficionado a vagabundear por los barrios bajos de Londres aceptó su desafío y decretó que lo chic de lo chic era desgarrar la mezclilla. Ni tardos ni perezosos, los advenedizos de clase media se adhirieron a la nueva moda, y ahora en Europa, los *jeans* horadados cuestan más que los de mezclilla normal. A estas alturas, la minoría dorada del *jet set* tal vez haya renegado de su propio capricho, porque ya no sirve para excluir a nadie, pero la fiebre del agujero se ha extendido al Tercer Mundo, con variantes cada vez más grotescas.

Entre los parias adolescentes de Tánger, que necesitan prostituirse en las calles para estar a la moda (no conozco ciudad en el mundo, incluyendo el Vaticano, donde haya más chichifos por metro cuadrado), el pantalón de mezclilla roto es una prenda codiciable que denota ascenso social siempre y cuando la rotura sea deliberada. Pero en un ambiente de miseria extrema, la sofisticación que entraña la nostalgia del fango es difícil de comprender. Para el común de los marroquíes, un pantalón de mezclilla roto es un pinche pantalón roto, como el de todos los pordioseros, de manera que los efebos de Tánger tuvieron una grave complicación: ¿cómo diferenciar sus elegantes andrajos de los andrajos involuntarios que la mayoría del pueblo viste por necesidad? Resolvieron el problema inventando una joya del absurdo: el pantalón roto que se niega a sí mismo. En vez de horadar la mezclilla, le ponen parches en forma de agujero para evitar que la simulación de su deterioro se confunda con los genuinos estragos de la miseria. Tras una vuelta de campana, la nostalgia del fango se muerde la cola, convertida en nostalgia de lo inmediato.

Frente a la evidencia de que la moda puede engendrar aberraciones de insospechada complejidad, la imaginación se extravía en un dédalo de conjeturas. ¿Qué veleidades nos depara el futuro? ¿El calzón que viene cagado de fábrica? ¿La gotera perforada a propósito? ¿Piojos de utilería? ¿Camisetas que huelen a sudor de obrero? Carolina de Mónaco lo decidirá.

1991

Contra las relaciones públicas

Entre la amistad y la indiferencia existe una vasta zona del trato social donde operan los agentes de relaciones públicas. Profesionales de la simpatía, maestros en el arte de economizar los afectos, saben que un exceso de franqueza puede echar por tierra una complicidad o un negocio, pero tratan de que su cordialidad no sea del todo superficial. Se trata de imprimirle cierta calidez al trato mundano, pero sin llegar al exabrupto emotivo, lo que exige una fuerte dosis de autocontrol, sobre todo cuando hay tragos de por medio. Un buen agente de relaciones públicas nunca le lleva la contraria a nadie, tampoco suele hacer confidencias ni acepta que un extraño se las haga, a pesar de que previamente haya simulado entrar en confianza con él. Los más ocupados no pueden darse el lujo de tener amigos: tendrían que borrar "conocidos" de su directorio. De hecho, por su exigencia tiránica de franqueza, la amistad les resulta una carga insoportable y hacen todo lo posible por evitarla.

La vida de Proust es un ejemplo de que el cultivo de la amistad y el éxito social son incompatibles. Desde muy joven se dedicó a frecuentar los salones del gran mundo, conoció a varias generaciones de aristócratas, siempre tuvo la agenda repleta de compromisos y sin embargo detestaba la amistad, porque le parecía un sucedáneo insípido del amor. Proust no aceptaba medias tintas: quería el máximo grado de intimidad o el máximo grado de lejanía, la cama compartida con su cochero o el salón de moda repleto de *socialités*, pero le parecía ridículo y cursi tener que abrirle el corazón a un amigo. A los neuróticos antisociales nos ocurre justamente lo contrario: queremos la amistad o el amor, nunca las relaciones públicas. Cuando tenemos que hacerlas, o nos pasamos de cautelosos o nos pasamos de extrovertidos. El punto intermedio, la tibieza humanoide, está fuera de nuestro alcance. La consecuencia es un comportamiento social desastroso que acarrea incontables desventuras personales y profesionales. Quien haya fracasado en sus intentos de "portarse como la gente" sólo tiene dos alternativas: visitar a un psicoanalista o sublevarse desde su cueva de solitario contra el imperio de las relaciones públicas.

En primer término, debemos protestar contra un hecho alarmante: ya existen profesionales del ramo con título universitario. La carrera es tan popular que aun los tímidos quieren estudiarla. Pronto habrá una generación de publirrelacionistas fracasados que jamás podrán aplicar sus conocimientos porque les dará pena iniciar una conversación. Terminarán dando clases de lo que nunca supieron hacer. Su libro de texto probablemente será el *Manual de relaciones públicas* de Vanessa Forastieri (Kapeluz, 1987), que acabo de leer en un Sanborns, donde se afirma en tono doctoral que "dentro de una sociedad variada y compleja como la nuestra hacen falta personas capaces de crear vínculos entre individuos a los que un encuentro amistoso puede beneficiar mutuamente". Hasta aquí la autora se mantiene dentro de la alcahuetería comercial, pero más adelante se pone sublime y asegura que su disciplina "humaniza el trato cotidiano", cuando lo cierto es que las relaciones públicas jamás hubieran prosperado si no fuera necesario ennoblecer una actividad esencialmente innoble.

Los agentes de relaciones públicas son diplomáticos en pequeño. Prestan su voz y su presencia a las entidades abstractas que en la jerga fiscal se conocen como "personas morales", mediante una encarnación alegórica de la sociedad anónima que representan. Si en los autos sacramentales un actor interpreta al Espíritu Santo y otro a la Providencia, ellos asumen la identidad de Pemex, Bancomer o Pepsicola, porque ninguna empresa tiene cara para hacerlo. Cuando se reúnen a comer dos ejecutivos, en realidad comen dos membretes. Para dar un cariz humano a la suplantación de personalidades, los representantes de Pemex y Bancomer deben fingir que de verdad se interesan como personas, al margen de las empresas que les pagan por renunciar a su identidad, a sus ideas y a su tiempo. Es en esta contradicción, más que en el trato comercial encubierto, donde reside la doblez inhumana de las relaciones públicas. Según Pessoa, en una factura cabe toda la poesía del universo. Quizá tenga razón, pero la poesía se vuelve teatro del absurdo cuando hay que fabricar una amistad desechable para revestir de calor humano el pago de una factura.

El teatro conocido como relaciones públicas plantea dificultades insuperables para un mal actor de sus emociones. La principal consiste en guardar las distancias con el amigo-cliente, y al mismo tiempo mantener la ficción de que nos une con él una profunda amistad. El roce de mejillas que se conoce como beso de tía, practicado especialmente por las mujeres, pero también por los hombres en sus discreteos con el sexo opuesto, es la manera más popular y amable de fingir cariño en el trato social. Ni el beso húmedo ni el apretón de manos podían cumplir esa delicada tarea de relaciones públicas. Uno es demasiado efusivo, el otro demasiado frío. Fue preciso inventar un saludo intermedio que pareciera emotivo sin comprometer al simulador de afecto. El beso de tía satisface nuestra necesidad de tratar a los demás con una mezcla de simpatía y desconfianza. Damos el beso al aire, pero lo sonorizamos con un ridículo chasquido labial, como queriendo engañar a un hipotético inspector de gesticulaciones que probablemente se llame Judas.

Comparados con el beso de tía, los mordiscos del antropófago Aníbal Lecter, el protagonista de *El silencio de los inocentes*, resultan admirables por su honestidad. No se trata de un psicópata cualquiera, sino de un romántico enfebrecido: Aníbal muerde a celadores y enfermeras para evitarse un largo preámbulo de charlas banales que de todos modos culminará en violencia cuando la gente sociable saque a relucir sus colmillos. Lecter tiene un hermano en todos los antisociales del mundo. Más que una figura emblemática, es nuestro líder moral. Si todos imitáramos su conducta, si entráramos a los cocteles de sociedad, a los bautizos y a los funerales repartiendo mordidas a diestra y siniestra, la humanidad ya se hubiera librado de sus cadenas.

En la vida social —y más aún en la microsociedad literaria— decirle no al beso de tía equivale a crearse una reputación de energúmeno. Decirle no a la sonrisa de circunstancias, decirle no a la charla previsible o aquiescente, significa perder prestigio, publicaciones, premios, ligues. En cambio, los magos de las relaciones públicas obtienen el aplauso unánime del *establishment*, y algunos logran cotizarse muy alto en el mercado del talento, en un efecto de ilusionismo que sólo se desvanece cuando alguien los lee. Como en los periódicos mexicanos la sección de sociales no se distingue casi de la sección cultural, derrochan encanto y desenvoltura para lograr que su nombre "suene" en un medio donde el tráfico de favores propicia la confusión entre escritores genuinos y agentes literarios que promueven un producto sin valor: el de su propia cosecha.

Pero no hace falta ser un profesional del engaño para incurrir en la falsificación del carácter que exigen las relaciones públicas. Todo saludo tiene un ingrediente de hipocresía, no tanto por ser una formalidad mecánica, sino por la carga emotiva que se le imprime. "Siempre fueron menester precauciones para acercarse a esa fiera con veleidades de arcángel que suele ser el hombre", dice Ortega y Gasset en un capítulo de *La rebelión de las masas*, donde examina la evolución del saludo en Europa y Asia, y concluye que está ligada a la densidad de la población: "Donde los hombres viven nariz contra nariz, en compacto hormiguero, el saludo y el trato se han complicado en la más refinada técnica de la cortesía; tan refinada que al chino le produce el europeo la impresión de un ser grosero e insolente, con quien sólo el combate es posible". Si fuera cierto que a mayor hacinamiento, mayor necesidad de cortesía en el trato, el metro capitalino sería una escuela de diplomacia, y yo nunca he visto pasajeros que se hagan caravanas japonesas. La explicación de Ortega es válida, en cambio, para las relaciones con los compañeros de trabajo a los que saludamos todos los días por obligación, sin llegar nunca a romper el hielo. Es angustioso convivir por años con una persona a la que sentimos lejana y hostil. Cuando la indiferencia mutua va sumando años de antigüedad, se produce una tirantez más incómoda que los apretujones del metro. No podemos ignorar al extraño de siempre como si fuera un transeúnte al que no volveremos a ver, porque las oficinas reproducen el infierno comunitario de los ambientes pueblerinos: hay intrigas de comadres, chismorreos, tribunales de la decencia y una desesperante pérdida del anonimato. En ese mundillo reconcentrado en sí mismo, las animadversiones declaradas pueden ser muy peligrosas. El sentido común nos ordena actuar como si tuviéramos una estrecha amistad con la recepcionista que apenas conocemos después de saludarla quince años, o con el insufrible contador que puede escamotearnos la quincena si se siente ofendido. Es entonces cuando el protocolario beso de tía puede evitarnos que la mala vibra pase a mayores.

Lleva mucho tiempo aprender a impostar la sinceridad, a sonreír cuando se tiene ganas de morder, a establecer con los demás una relación semejante a la de un diputado con su clientela política. Sería maravilloso conservar la admirable libertad de los niños que miran hacia otra parte cuando su mamá les ordena saludar a una visita indeseable. Pero la rutina diaria exige un mínimo de falsedad sin el cual es imposible sobrevivir. Mientras la sociedad nos imponga cadenas, empezando por las familiares, y mientras la ley prohíba el humanismo carnívoro de Aníbal Lecter, el saludo seguirá siendo un juego de esgrima donde la regla de oro es no tocar al contrario ni permitir que nos toque.

Bósforo de estrechez tu cerebro

La comunidad académica de Estados Unidos ha recibido con escándalo y preocupación un estudio reciente del pedagogo Irving A. Koestler, investigador del Instituto Tecnológico de Massachussets, quien asegura que la obsesión por el ejercicio y el hábito de consumir alimentos bajos en calorías han reducido en un 18% el rendimiento escolar de los estudiantes estadounidenses.[1] Koestler hizo una encuesta sobre nutrición y cultura física entre dos mil estudiantes universitarios de distintas clases sociales, comparó los resultados con el nivel académico de los informantes y confirmó lo que algunos sospechábamos desde hace tiempo: que la estrechez de la cintura, convertida en obsesión generacional, trae aparejada la estrechez del cerebro. "Lo que más ha disminuido el aprovechamiento de la juventud universitaria —precisa Koestler— no es el ejercicio, que practicado en una medida razonable estimula el trabajo intelectual, sino el excesivo tiempo que los jóvenes dedican a él". Dos terceras partes de los entrevistados declararon levantarse a las cinco de la mañana, hacer ejercicios respiratorios durante 45 minutos, tomar un desayuno ligero (jugo de apio, media taza de leche con germen de trigo o pan de centeno sin mantequilla) y luego correr entre 40 y 50 millas o bien realizar una extenuante rutina de aerobics frente al televisor. Algunos no se dan por satisfechos con este calvario y por las tardes recorren largas distancias en bicicleta.

"Es comprensible que nuestros jóvenes atletas lleguen a clase

[1] *Pedagogic Bulletin*, diciembre 1987, pp. 36-79.

exhaustos, ebrios de oxígeno, saturados de tanta salud y desatiendan las lecciones de sus maestros", apunta Koestler, que concluye su artículo con una reflexión hiriente para el espíritu competitivo del país de las barras y las estrellas: "Una nación en la que los jóvenes consagran entre dos y seis horas diarias a cuidar de sus cuerpos debería tener los mejores deportistas del mundo. Sin embargo, en los últimos juegos olímpicos no boicoteados, la Unión Soviética y las dos Alemanias aventajaron claramente a nuestros atletas en el cuadro de medallas. Lo anterior significa que el auge del ejercicio y los alimentos naturistas en Estados Unidos, además de amenazar nuestro liderazgo en la ciencia, está creando una generación narcisista y un nuevo estilo de vanidad que no consiste sólo en jactarse de la propia figura, sino en presumir la pureza de los pulmones o el bello funcionamiento del hígado. El espejo en que se mira nuestra juventud esbelta y hueca es una radiografía."

¡Pobre jumentud! El triste panorama descrito por Koestler revela hasta qué punto la ofensiva puritana y conservadora en la era de Reagan ha tenido éxito en su cruzada contra las fuerzas libertarias de la sociedad estadounidense. Si algún modelo de conducta juvenil prevalece hoy en los Estados Unidos, habría que buscarlo en las películas de surfeadores californianos protagonizadas por Trini López y Frankie Avalon a finales de los años 50. El falso candor de aquellos muchachos bronceados y deportistas que se divertían sanamente, sin ofender a papá, la marítima estupidez de sus novias, el revoltijo de sol, twist y plástico chamuscado que formaba la atmósfera de aquellos churros, no sólo ha vuelto al cine (*La Bamba* resucitó el género), sino a la realidad.

La década de los 80 se ha caracterizado por la sacralización de la cultura física y el menosprecio de la sensibilidad. Entre Jane Fonda, Reagan y el SIDA, la existencia se volvió una pesadilla. Está prohibido fumar, está prohibido beber, está prohibido coger sin el sambenito de hule... ¡y encima de todo hay que hacer *jogging*! Si en los años 60 los adjetivos "grueso" y "pesado" expresaban admiración (entre los pendejos del momento, era motivo de orgullo pertenecer a la "onda gruesa"), en los 80 la Pepsi *Light* desplazó al ácido lisérgico. Escarmentados en cabeza ajena por el antiejemplo de una generación que forzó al máximo la materia gris, a menudo con resultados funestos, pero que al menos estaba inconforme con lo que la realidad le ofrecía, los atletas de los 80 eligieron una manera más cómoda de matar neuronas: no usarlas jamás, poner el pensamiento en la belleza y no bellezas en el pensamiento, como diría Sor Juana, que de haber vivido a finales del siglo XX hubiera probado los hongos alucinógenos (en *Primero sueño* se quedó a la mitad de un viaje), pero nunca la *Diet Coke*.

En México, la consigna de estar buenísimo y rebuznar tiene cada día más adeptos. Entre ellos destaca el exgalán de cine Jorge Rivero. Desde muy joven se dedicó a los abdominales, a las pesas, al jugo de apio, y ahora que ya es un hombre maduro acaba de mostrar el fruto de tanta disciplina en su desempeño como maestro de ceremonias de la Reseña Internacional de Cine, cuando pidió a la paralítica Gaby Brimmer, tras la exhibición de su película, que hiciera favor de subir al estrado a decir unas palabras. El mismo tacto y la misma inteligencia exhiben, cada vez que abren la boca (y tienen que abrirla muy seguido, pues los obligan a cantar sonriendo), los integrantes de Menudo, Flans, Timbiriche, Magneto y Fresas con Mota. Con ese material humano, Televisa tiene asegurada la medalla de oro en la próxima Exposición Nacional Ganadera.

Bajo la consigna de recobrar el orgullo nacional desinflado por la guerra de Vietnam, Reagan quiso infundir un espíritu neofascista en los jóvenes de su país. Afortunadamente sólo consiguió crear una caricatura de la juventud espartana. Rambo, al igual que Leónidas, es fuerte, patriota y marcial, pero su guerra es una guerra contra la báscula. En los países del Tercer Mundo, la guerra de Rambo es una veleidad que no tiene demasiados adeptos, aunque los promotores de la cintura infinitesimal pretendan exportarla. Gracias al Fondo Monetario y a sus empleados con disfraz de presidentes constitucionales, nosotros no corremos peligro de engordar.

1987

Himno a la celulitis

Deja la carne dura
para el recio colmillo de las fieras
y cata la blandura
de las asentaderas
que tiemblan como líquidas esferas.

Ignora las mudanzas
del gusto popular y rastacuero.
Sigue las enseñanzas
de Rubens y Botero
en materia de busto y de trasero.

Si un vulgar desatino
al firme glúteo codiciar te incita,
vuelve al recto camino:
¿acaso no te excita
la trémula cadera de Afrodita?

¡Oh encanto de la gorda
pierna de robustez elefantina
que en grasa se desborda!
¡Oh majestad divina
del muslo rebozado en gelatina!

¡Oh esponjas del deseo,
colchón para los huesos de la amada,

de los ojos recreo,
de los dedos almohada,
sebosa invitación a la nalgada!

Mueran las saltarinas
esclavas del aeróbics y las dietas,
Jane Fonda y sus cretinas
desnalgadas atletas,
sin garbo, sin sabor, sin sal, sin tetas.

Vivan las adiposas
adoratrices del esfuerzo nulo,
que dejan las odiosas
fatigas para el mulo
y comen todo lo que engorda el culo.

II

Ruta crítica

La función decorativa de la cultura

Los catadores de transpiraciones ilustres que la semana pasada, hartos de meterse coca, pagaron 750 mil pesos por un placer nasal más intenso —oler de cerca las axilas de Luciano Pavarotti— asistieron al concierto en el Palacio de los Deportes (puedo jurarlo, aunque no estuve ahí), vestidos con la más exclusiva ropa de firma. La ropa de firma se distingue de la ropa plebeya por el prestigio que añade a la prenda el nombre del diseñador. Es la misma diferencia, imperceptible pero gigantesca en términos de valor monetario, que hay entre una pintura original y una buena falsificación. El objeto artístico es idéntico, suscita en el espectador la misma reacción, pero no tiene la marca de exclusividad que la élite del dinero exige como factura al apropiarse del arte. Si un modelo de alta costura pierde vigencia cuando ya no sirve para excluir a nadie, una falsificación carece de valor porque defrauda al cliente ansioso de vestirse con ella. Por consiguiente, los falsificadores desempeñan una función altruista: libre de su prestigio, inservible para la ostentación filistea, la obra que ha perdido su valor de cambio, pero conserva intacto su valor de uso, vuelve a estar en condiciones de comunicar algo.

La ropa exclusiva, la cocaína, los conciertos para damas encopetadas y la especulación financiera con obras de arte son negocios que explotan el deseo de singularidad de una clase cada vez más uniforme en sus gustos y fobias. El millonario promedio de nuestra época es un hombre masa en el sentido que dio a esta expresión Ortega y Gasset. A falta de una personalidad propia, compra la creatividad ajena para sentirse original, irrepetible y único. Su preferencia por las artes decorativas y su desdén por las artes menos susceptibles de convertirse en mercancía delatan un ridículo afán de hacerse exquisito a golpes de billetera. La literatura todavía no es un artículo de lujo y por lo tanto le interesa poco, pero en ese campo también hay firmas y prestigios, lo que le permite pisar tierra firme cuando se decide a reunir una biblioteca de aparador.

Por desgracia, la mayoría de los escritores contemporáneos le hacen el juego a los nuevos ricos de la cultura, y hasta los imitan en su escala de valores. En la actualidad, la mayor obsesión de un joven poeta o de un joven narrador es prestigiar su obra, incluso antes de haberla escrito. El valor estimativo que sólo el tiempo y el consenso de los lectores pueden conceder a una obra se quiere obtener *a priori* por medio del alpinismo cultural, que es una variante del alpinismo social. Hay una gran urgencia por obtener espaldarazos de autores consagrados, una lucha casi rastrera por publicar en editoriales que los muertos hicieron respetables, y en contraste, un desinterés absoluto en el público ajeno al cogollo literario. Los trepadores de las bellas letras no aspiran a ser leídos por nadie, se conforman con hacerle creer a sus colegas que son importantes. Entre compradores de libros encandilados por el prestigio y escritores que se desviven por él, la literatura pronto formará parte de las artes decorativas. Ya es un dato consternante que, según la Cámara de la Industria Editorial, por cada 100 libros comprados sólo se lean 50. La otra mitad sólo sirve para adornar bibliotecas. Para impedir que la gente se vista con la literatura en vez de alimentarse con ella sería necesario desprestigiar la búsqueda del prestigio.

Alfonso Reyes y Dick Tracy

Si queremos que la literatura del próximo milenio siga cumpliendo una función comunicativa, el canal de transmisión entre los libros y sus posibles lectores debe quedar libre de interferencias. La utilización del prestigio como petición de principio para inhibir el juicio crítico del lector debería ser combatida incluso por los autores más prestigiados, no por un prurito de humildad, sino para devolverle su pureza al acto de leer. Esa fue una de las enseñanzas que nos dejó Alfonso Reyes. A pesar de haber sido el Sumo Pontífice de las letras mexicanas, Reyes pensaba que el escritor no debía ostentar su prestigio para evitar que su fama y su renombre opacaran su obra. En *La experiencia literaria* distinguió cuatro tipos de lectores en los que va deteriorándose progresivamente la capacidad para disfrutar la lectura:

1º. Abajo está el sencillo pueblo. La lectura se le vuelve vida. El hombre humilde lee con fruición y se queda con la sustancia, con el asunto y con las mejores palabras: nada más. Puesto a la prueba del recuerdo, sólo ha conservado las esencias.
2º. Aquí aparece el lector de medio pelo, creación paradójica de la enseñanza primaria, cursada obligatoriamente y de mala gana. Éste ya recuerda los títulos de los libros y aquí empieza a enturbiarse el gusto. A esta clase pertenecen los que andan por los museos viendo, no los cuadros, sino los letreros de los cuadros. A este lector se le han olvidado las peripecias, conserva los nombres, sustituye la posesión por el signo.
3º. Ahora el semiculto, el pedante con lecturas. Éste se acuerda de autores, no de libros.
4º. Y al último viene el mal bibliófilo, flor de las culturas manidas; el que sólo aprecia ya en los libros el nombre del editor, el formato, la pasta y sus yerros.

En la clasificación de Reyes, populista y aristocrática al mismo tiempo, un lector se embota y pierde espontaneidad a fuerza de centrar su interés en elementos ajenos a la obra literaria. El colmo de la ramplonería es valorar un libro por su cubierta (es decir, por su valor decorativo), pero la impostura comienza en el segundo círculo del infierno, cuando el lector sustituye la posesión por el signo. He aquí el vicio predilecto de los fariseos y de los escritores que les hacen el juego. El signo (la marca, la firma) les obsesiona por igual, sea para lucirlo en la sala o para darse lustre asociando su nombre con el de una pléyade. Si el prestigio no está de por medio, ni la lectura ni la escritura tienen sentido para ellos.

Quienes han observado con mayor agudeza los efectos devastadores de la obsesión por el prestigio son los autores de géneros desprestigiados (el *comic*, la telenovela, el cine de entretenimiento), donde todavía puede haber una comunicación franca y directa con el lector: la de primer grado en la escala de Alfonso Reyes. Hay mil definiciones de la posmodernidad, pero si lo que lleva ese nombre es la crítica del comercio cultural viciado por el prestigio, el posmodernismo sería un movimiento subversivo tan importante como las vanguardias de principios de siglo, que también se propusieron restablecer la función comunicativa del arte. En *Dick Tracy* hay un sarcasmo posmoderno que refleja la situación relativamente privilegiada del escribidor con respecto al escritor de Alta Literatura. El malo de la película, interpretado por Al Pacino, expele frases de Séneca, Nietzsche, Voltaire y Ovidio a la menor provocación, mientras da instrucciones a sus esbirros sobre la mejor manera de matar al detective que le hace la vida (y la cita) imposible. Doblemente abyecto, por su crueldad y por su esnobismo, el villano representa la interferencia del prestigio en un género que no lo necesita para cautivar al espectador. ¿Qué hace un humanista como él metido en un *comic*? Lo mismo que los "pedantes con lecturas" colocados por Alfonso Reyes en el tercer peldaño de la ignominia: reducir la cultura literaria a una retahíla de grandes nombres. Los guionistas de películas como *Dick Tracy*, limitados por un opresivo aparato de mercadotecnia, saben que su trabajo tiene al menos una dignidad: la de no recurrir a las tretas de Pacino, que son las mismas de todo escritor "serio", para vender su película como obra de arte.

Octavio Paz en televisión

Octavio Paz es quizá el único escritor del mundo que ha buscado hacerse impopular con sus apariciones en televisión. Cuando atacó en *24 Horas* al régimen de Fidel Castro, sabía que sus lectores naturales (los jóvenes interesados en la poesía, mayoritariamente de izquierda) iban a comérselo vivo. En esa época —finales de los años 70, principios de los 80— la UNAM era un soviet académico donde sólo había cabida para la vulgata marxista en sus distintas modalidades: althusseriana, trotskysta, gramsciana, maoísta. Al oír las opiniones de Paz, los estudiantes menos ideologizados de la Facultad de Ciencias Políticas, donde yo estudiaba periodismo, pensamos que la CIA lo había reclutado en sus filas a cambio de una buena dolariza. En su manifestación más temprana, la imbecilidad se mitiga con el cruce de informaciones. Hay fanáticos que, aun estando seguros de su verdad, procuran conocer los argumentos del enemigo. Quienes pertenecíamos a ese subgrupo leímos los ensayos políticos de Paz entre gruñidos de cólera. No le creímos del todo, pero nos había sembrado una duda que fue el comienzo de un desengaño.

Si la antipromoción televisiva de Paz tuvo un efecto positivo en la opinión pública, incluso dentro de la misma izquierda, no puede afirmarse lo mismo de sus posteriores apariciones en la pantalla chica. Me refiero a los programas "culturales" en que ha divulgado su obra literaria en flagrante contradicción con su idea de la poesía como arte de minorías. En 1973, Paz todavía era un enemigo declarado de la publicidad, como puede constatarse en "La mirada interior", un ensayo sobre Carlos Castañeda incluido en *In/mediaciones*: "Hace unos años me dijo Henri Michaux: Yo comencé publicando pequeñas *plaquettes* de poesía. El tiro era de unos 200 ejemplares. Después subí a 2 mil y ahora he llegado a los 20 mil. La semana pasada un editor me propuso publicar mis libros en una colección que tira 100 mil ejemplares. Rehusé: lo que quiero es regresar a los 200 del principio. Es difícil no simpatizar con Michaux: más vale ser desconocido que mal conocido." Y enseguida Paz apuntaba un riesgo que, según parece, ya no le importa correr o se ha resignado a sobrellevar: "La degradación de la publicidad es una de las fases de lo que llamamos consumo. Transformadas en golosinas, las obras son literalmente deglutidas, ya que no gustadas, por lectores apresurados y distraídos."

A diferencia de Alfonso Reyes, Paz cree que sólo los entendidos pueden apreciar su poesía, y sin embargo, a partir de los años 80, se prestó gozosamente a ser deglutido por la masa iletrada. Ahora goza de tanta publicidad como un cantante pop o una estrella del deporte y al parecer no le molesta mucho, pues podría retirar del aire cuando quisiera los *spots* de televisión que anuncian sus homenajes y exposiciones antológicas. ¿Qué lo llevó a romper su pacto con las minorías? Si el propósito de Paz fue acercarse al público incontaminado y noble que Reyes admiró desde su torre de marfil, en su primera serie de programas la vanidad le tendió una trampa mortal.

Las *Conversaciones con Octavio Paz* (que en realidad eran monólogos, pues nunca dejó hablar a nadie) empezaban con una solemne presentación en que un posgraduado temeroso de parecer locutor leía la extensa ficha bibliográfica del poeta, incluyendo premios internacionales y doctorados *honoris causa*. Frente a un auditorio compuesto en su mayoría por gente que no se ha iniciado en la lectura, y probablemente nunca lo hará, Paz lanzaba por delante su glorioso currículum, como si estuviera dando una conferencia en Harvard. Toneladas de prestigio para el espectador que veía por primera vez a un señor desconocido y se reservaba el derecho de aceptarlo o no por lo que dijera en el programa, sin tomar en cuenta sus diplomas de sabiduría. Suponiendo que los laureles de Paz hayan impresionado, pongamos por caso, a una lavandera de Azcapotzalco, lo único que logró con ello fue corromperla como lectora. Sus conversaciones consigo mismo ahuyentaron al público masivo de la lectura, pero iniciaron a mucha gente en el vicio de sustituir la posesión por el signo.

Con más tablas y menos temor a dañar su imagen, Juan José Arreola jamás ha pretendido imponer su jerarquía intelectual ante las cámaras de televisión. Por eso, y por su talento histriónico, el público lo aceptó sin saber quién era, mientras que Paz, con diez años de brega televisiva, se ha convertido en una estatua de sí mismo: la autoridad cultural que todo mundo respeta pero nadie escucha. Su gloria no es precisamente la que buscaba en 1972, pues ahora amenaza con opacar a los clásicos de la literatura universal: "En un concurso infantil dirigido por un adulto —cuenta en una crónica Guillermo J. Fadanelli—, la primera pregunta fue: ¿Quién escribió *La Divina Comedia*? 20 manos se levantaron al mismo tiempo. El conductor no tuvo más remedio que elegir una. El niño contestó con un grito: ¡Octavio Paz! La injusticia fue que no le dieron el premio. Primero los educan dentro de una cultura monolítica y luego les piden matices."[1] Se ha ridiculizado a Arreola porque, a juicio de algunos periodistas, adopta maneras de bufón y ofrece una imagen caricaturesca de los intelectuales. A esto yo respondería, en princi-

---

[1] Guillermo J. Fadanelli, *El día que la vea la voy a matar*, México, Ed. Grijalbo, 1992.

pio, que el gremio intelectual mexicano ha hecho hasta lo imposible por dibujar su propia caricatura, de manera que Arreola difícilmente puede desprestigiarlo más, y en segundo lugar, que para competir con series policiacas o telenovelas, el intelectual está obligado a montar un espectáculo para no hablar en el vacío. Por otra parte, si Arreola actúa como payaso, se limita a continuar una vieja tradición literaria, la de François Villon y el Arcipreste de Hita, que de haber vivido en el siglo XX también hubieran aparecido en televisión, de preferencia en programas cómicos.

La serie *México en la obra de Octavio Paz* significó un avance notable respecto a las *Conversaciones*. El currículum quedaba en segundo plano, había una traducción visual del lenguaje literario y se procuraba iniciar al espectador en los temas tratados por Paz, de modo que los programas, en la medida de lo posible, creaban su propio contexto referencial. Persistía, sin embargo, el pasmo sacralizador en torno al clásico de lujo. Por la insistencia de Paz o de sus productores en deslumbrar por medio del prestigio, su imagen es la del poeta marmóreo a quien es obligatorio y por ende fastidioso leer. Este es el motivo por el cual un alto porcentaje del auditorio le tiene antipatía. Si Octavio Paz, en otra etapa de su vida, prefería tener 200 lectores atentos que 100 mil distraídos, y ahora, con el mismo interés en preservar la función comunicativa del arte, se dirige a 20 millones de personas (perderse en la multitud es una forma de recobrar la intimidad) comete un despropósito queriendo trasplantar su renombre literario a la televisión, pues en ese medio, para evitar que la gente cambie de canal, hay que forjarse un prestigio de otra índole a partir de cero.

La institución del padrino literario

Lo que se ha llamado el *boom* de la literatura hispanoamericana fue una orquestación publicitaria en la que coincidieron, por un lado, seis o siete narradores de calidad indiscutible, más algunos colados, y por el otro, el editor Carlos Barral, tan certero en la apreciación literaria como en los negocios. En la actualidad, muchos escritores latinoamericanos que buscan darse a conocer fuera de sus países, desearían que hubiera un segundo *boom*. Pero si el *boom* lanzó a la fama a un pequeño grupo de escritores, para la literatura en su conjunto no fue tan saludable como lo pintan. Juzgando el fenómeno desde la posición artepurista de Alfonso Reyes, creo que la técnica de propaganda empleada en el *boom* falsificó el gusto literario de toda una generación de lectores.

Comparado con las artimañas publicitarias de Barral, el mecanismo para vender novelas policiacas o novelas porno es mucho más limpio en cuanto a que se abstiene de seducir al lector con elementos ajenos al texto. Francia es el país de las academias, el principal promotor de la cultura dirigida, que se transmite de arriba abajo, desde los cenáculos hasta los kioscos, y el *boom* se hizo imitando la tradición francesa de prestigiar antes de vender, opuesta a la estadounidense, donde primero un libro seduce a los lectores y más tarde, si lo merece, recibe la bendición de la crítica. Barral inventó su premio Goncourt —el Biblioteca Breve— y se dedicó a explotar esa mina de oro con un tino asombroso para enganchar lectores en proceso de aculturación (proceso que puede abrirle grandes horizontes al lector receptivo, cuando no degenera en el autoengaño). Como Barral tenía un olfato estupendo para descubrir el talento, el *boom* fue una manipulación exitosa, pero manipulación al fin y al cabo.

¿Qué ocurre cuando un editor sin sus luces intenta repetir el *boom*? Ocurre que, en vez de anticiparse a los historiadores de la literatura, marcándoles pautas de calidad, enturbia y degrada la comunicación del escritor con su público. En México, donde hay una total desconfianza en los premios literarios, como reflejo de la nula credibilidad en la crítica, nadie puede jactarse de imponer sus gustos como un decreto. Bendito sea Dios. El público, mal que bien, compra libros a su leal saber y entender. El descreimiento generalizado en las marcas de calidad es una respuesta a la proliferación de editores que buscan prestigiar antes de vender. Un fraude se puede cometer dos o tres veces, pero no toda la vida. Al tropezar en una solapa con la manida frase "una de las voces más importantes de la narrativa mexicana", los lectores de más colmillo saben ya que se les pretende endilgar una novelucha.

Sin embargo, y esto ya linda con lo grotesco, los autores

continúan empeñados en salir al ruedo con la bendición de uno o varios padrinos literarios, contra más importantes mejor, que intentan avalar la calidad del libro "a la francesa", cuando resultaría más eficaz y honesto vender libros a la norteamericana, o sea, promoviendo el contenido del libro sin el aval de ningún autor consagrado. El vilipendiado *best seller* podrá ser subliteratura, pero se dignifica por contraste cuando la infraliteratura usurpa el lugar de las Bellas Letras. El escritor comercial pone su libro en los anaqueles diciendo, como el Quijote, "soy el que soy". Su honestidad contrasta con la taimada presunción del escritor "culto" que busca entrar por la puerta grande a costa de sus padrinos. Desde luego, la trampa de la mercadotecnia editorial consiste en imponer fórmulas a los autores, y por consiguiente al público. Pero la trampa contraria, en la medida en que aleja al lector de los libros, perjudica a todos los escritores que no buscan complacer a la masa sino decir su verdad. Tenga o no prestigio, el escritor moderno debería evitar ambos extremos. Un libro sin valor decorativo, que deja al lector en total libertad para juzgar su valor literario, significa un respiro en medio de tanta basura galardonada.

1991

Tesoro moral para el crítico joven

Evita leer antes de emitir un juicio.

Nunca digas que un libro "se lee de una sola sentada". Podría pensarse que lo leíste en las piernas del autor.

Adula con moderación al novelista funcionario que te dio un puesto de aviador. Hazle sentir que no escribirá su obra maestra hasta que te suba el sueldo.

No te quejes de las mafias sólo porque la tuya tiene poco poder.

Abstente de atacar al odiado examigo que te negó el saludo en la calle. Un elogio tuyo es mucho más nocivo para su carrera.

Si elogias al compañero de página que te cubrió de gloria la semana pasada, llámalo por su apellido, no por su nombre de pila. Hay que cuidar un poco las apariencias.
El amigo imitador es un maestro del diálogo intertextual. Los demás imitadores plagian.

Lucha por congraciarte con las grandes figuras, pero no amontones en media cuartilla veinte citas de Octavio Paz. Elimina dos.

Cuando tengas que buscarle méritos a un libro inmundo,

piensa en los pepenadores. Ellos encuentran joyas en la basura. *Why don't you?*

Si empiezas a perder credibilidad, miente con más descaro. También el público es una ficción.

Antes de vitorear a una joven promesa, exígele que te devuelva el favor. Los principiantes no conocen el medio.

Para demostrar que tienes una cultura tan abrumadora como exquisita, exhibe con elegancia tu erudición. Ejemplo: si reproduces un fragmento de *Las mil y una noches*, que sea de la noche 976. Dará la impresión de que ya leíste las anteriores.

Cuando vayas a fusilarte el texto de una solapa, estropea la sintaxis para que parezca escrito por ti.

Llama por teléfono a tu mejor amigo y avísale, falsamente compungido, que un canalla lo atacó en una revista de circulación clandestina. Guarda silencio, en cambio, cuando se gane el premio más codiciado del año. Ese día no compraste periódicos.

Si acabas de vapulear a todos los poetas de México, no publiques enseguida tu insulso haikú. Espera tres meses para consagrarte.

Cuida tu presentación. El libro que te pongas en el sobaco para salir a pasear, debe hacer juego con el color de tu suéter.

Es de buen tono llevar a la Cineteca un libro de Gilles Deleuze. Lo incorrecto es seguirlo leyendo cuando ya empezó la película.

Avatares del cuento cruel

De un tiempo a esta parte se ha puesto de moda emplear con un sentido laudatorio los adjetivos "demoledor", "implacable", "feroz", "corrosivo" y "despiadado" en las reseñas de libros. Un amplio sector de la crítica valora por encima de todo la agresividad y la mala leche de un escritor, en detrimento de otras virtudes que antaño estaban mejor cotizadas, como la calidad humana y el amor al prójimo. El triunfo de la crueldad en la literatura moderna confirma el diagnóstico que André Breton formuló a mediados del siglo xx en su famosa *Antología del humor negro*: "La concepción poética y artística de hoy, en la medida en que está sobredeterminada por las necesidades de su tiempo, ha conferido al humor negro un lugar que antes no tenía. Toda la sensibilidad actual se manifiesta viva en este punto."

Entre los narradores mexicanos de la generación posterior a la mía, deslumbrados por la estética *dark* y por las técnicas narrativas del videoclip, existe una marcada predilección por las situaciones grotescas y una tendencia a festinar la degradación humana entre carcajadas nihilistas de dudosa autenticidad. La época de angustia y desesperanza que les ha tocado vivir justifica plenamente su rencor escéptico. Sin embargo, podría ocurrir que una saturación de crueldad, especialmente si se trata de una crueldad impostada y tonta, produjera en el próximo siglo una reacción en sentido contrario, un regreso a la literatura edificante y conmovedora que empezó a decaer en la segunda mitad del xix, cuando el sentimentalismo y la sobreactuación de las emociones en la poesía, la novela y el drama, provocaron una rebelión terrorista del espíritu que tuvo su mejor expresión en los *Cuentos crueles* de Villiers de L'Isle Adam, en el satanismo de Baudelaire, en las sátiras de Thomas De Quincey y en el *Ubu Rey* de Alfred Jarry.

El humor negro prestó un servicio invaluable a los hombres del siglo XX, porque les ha permitido bromear con el dolor y apartar de la realidad lo que tiene de excesivamente aflictivo. Su manifestación literaria más acabada es el cuento cruel, un género que me atrae desde la adolescencia por su capacidad de subvertir la realidad y provocar emociones encontradas, pues muchas veces el lector no sabe si se ríe de lo que está leyendo o se ríe de sí mismo. La trivialización de lo grotesco, propiciada en gran medida por la escatología barata del cine *gore*, amenaza con desacreditar una veta literaria que a mi juicio todavía puede seguir dando frutos. Los cuentistas de la nueva ola interesados en explotarla deberían tener presente, en primer lugar, que no están inventando el hilo negro ni han escogido un género fácil. Más que plantear una situación escabrosa o regodearse en la podredumbre física, el cuentista cruel recrea el sufrimiento, la desesperación, la culpa y la ansiedad como un bufón sobrehumano que parte del dolor para trascenderlo. Su misión no es despertar el morbo del lector ni mucho menos intimidarlo, sino exhibir la insignificancia de nuestros dramas, o como diría Breton, "ayudarnos a superar los accidentes del ego". Quien trate de hacerse el maldito sin trascender la mera descripción de horrores y escenas escatológicas podrá espantar a algunos ingenuos o caer en un sentimentalismo invertido, pero se quedará muy por debajo de lo que han conseguido los principales exponentes del género.

Para situarnos en la coyuntura que atraviesa el cuento cruel en este fin de siglo, hace falta entender cómo nació el género y hacia dónde va. A pesar de su fama, Villiers de L'Isle-Adam no fue un malvado gratuito que gozara haciéndole daño a sus personajes. Por el contrario: su crueldad consistió en denunciar la falsificación de los sentimientos, la insensibilidad burguesa y la explotación artística del dolor humano. Los personajes más memorables de Villiers son estetas que han perdido de vista la línea divisoria entre el arte y la vida. El melómano aficionado a estrangular cisnes para oírlos cantar por última vez, el dramaturgo que asiste a un duelo donde muere su mejor amigo y se deleita con la teatralidad de la situación, o el actor sin emociones propias que incendia una guardería para sentir por primera vez un remordimiento genuino son representaciones simbólicas del público al que Villiers se proponía cuestionar: la "gente decente" apoltronada en el bienestar que iba al teatro a ver dramones o leía una novela romántica para solazarse con su propia compasión, por medio de un autoengaño que el crítico teatral Eric Bentley describe con lucidez en *La vida del drama*: "No puede negarse —dice Bentley— que la piedad es una reacción virtuosa frente al dolor. Pero de la virtud emana un vicio: como sentimos que nuestra piedad es loable, empezamos a congratularnos de ello. Luego nos ponemos a buscar posibles objetos de nuestra piedad. Y esos objetos se convierten en nuestras víctimas. Es por esto que la piedad ha seguido un extraño curso en la historia de nuestra civilización. En general, no ha perdido su reputación de cosa benigna, pero se recela de ella."

El cuento cruel nació cuando la piedad provocada por las ficciones conmovedoras empezó a despertar suspicacias entre los escritores que buscaban un conocimiento más profundo del hombre. Villiers descubrió un tumor de la conciencia que hasta la fecha, por comodidad o higiene mental, la mayoría de la gente se niega a reconocer en sí misma y en los demás. Pero sus contemporáneos y los escritores de genio que vinieron tras él advirtieron la importancia del hallazgo y llevaron el cuento cruel a mayores alturas. En *El spleen de París* hay algunas narraciones que se acercan mucho al espíritu de Villiers, por ejemplo "Assomons les pauvres", donde un caballero que acaba de leer todos los tratados para alcanzar la igualdad social entre los hombres encuentra a un viejo *clochard* a la salida de un cabaret, y en vez de regalarle unas monedas como harían los burgueses de buena conciencia, le propina una golpiza para que la rabia lo haga salir de su postración.

Aunque la agresión parezca dirigida al vagabundo, en realidad Baudelaire satiriza la caridad limosnera de las clases acomodadas. Su posición moral puede parecer inhumana y frívola, pero lo que se propone no es presentarse ante el lector como un defensor de los menesterosos —papel que dejaba a su contemporánea George Sand—, sino darles el remedio de sus males, a costa de aparecer como un desalmado. El sacrificio de la fama pública en nombre de la verdad es una constante de los escritores que utilizan el humor negro como piedra de toque para explorar los móviles de la conducta.

Oscar Wilde tuvo muchas coincidencias con Baudelaire —el dandysmo, la visión aristocrática del arte, el gusto por la provocación—, pero su principal afinidad se dio en el terreno de la moral literaria. Wilde comprendió que tras un siglo de piedad autocomplaciente, la misión del escritor consistía en desilusionar a los hombres de la manera más brutal posible. Con *El ruiseñor y la rosa* logró uno de los cuentos crueles que mayor conmoción han causado en el público universal, sobre todo entre niños y adolescentes. Conmovidos por el sacrificio del ruiseñor que se clava una espina en el pecho para teñir de rojo la rosa que un joven enamorado debe llevar a su novia, creemos que la inmolación del ave logrará unir a los amantes y todo terminará como en un cuento de hadas. Pero de pronto la realidad enturbia la sublime atmósfera del cuento y el desenlace cae sobre nosotros como un balde de agua helada: el estudiante resulta un cretino incapaz de comprender el sacrificio del ruiseñor y su novia tira la rosa a un arroyo, porque esperaba un regalo más caro. Wilde pensaba que el cinismo era el día de descanso del sentimentalismo y había observado en el público victoriano el proceso por el cual la compasión degenera en narcisismo. "Podría complacerte con un final feliz —parece decir al lector— pero mi deber es abrirte los ojos y mostrarte de qué estás hecho." Como Villiers, Wilde no es cruel por capricho, sino por fidelidad a su tiempo. Su aportación al género consiste en haber revolucionado el cuento de hadas al ubicarlo en un mundo deshumanizado y pragmático.

En la misma línea de Wilde y Villiers se inscribe el brasileño Joaquín María Machado de Assis, quizá el mejor narrador latinoamericano del siglo XIX, autor de *Don Casmurro*, *Memorias póstumas de Blas Cubas*, *El alienista* y de un puñado de cuentos extraordinarios. En "La causa secreta", Machado de Assis llevó a su máximo refinamiento el tema del caballero exquisito que goza con el dolor ajeno. El protagonista de su historia, Fortunato Gómez de Silveira, es un millonario aficionado a las tragedias del teatro y de la vida real que siempre se las ingenia para estar en los accidentes donde corre la sangre, tortura gatos y ratones en el sótano de su casa y patrocina un hospital para ver con delectación las llagas de los enfermos. García, el mejor amigo de Fortunato, está enamorado en secreto de su esposa María Luisa, una mujer de buen corazón que no soporta las crueldades del marido. Arrepentida de su matrimonio, María Luisa enferma de tisis y muere al poco tiempo de casada. En el velorio, García se queda a solas con ella y se pone a llorar ante su cadáver. Fortunato lo descubre y sospecha que su amigo tuvo una relación adúltera con María Luisa, pero en vez de molestarse o exigirle cuentas lo contempla sin hacer ruido, experimentando el mayor placer de su vida. El narrador se sitúa al margen de la historia sin emitir un juicio moral, fascinado quizá por la retorcida enfermedad del alma que ha escudriñado, y al final del cuento se limita a describir su mezquino placer: "Desde la puerta, donde se había quedado, Fortunato saboreó aquella explosión de dolor, que fue larga, muy larga, deliciosamente larga."

Para Machado de Assis, la tarea del escritor interesado en descifrar la condición humana consistía en descubrir la crueldad bajo sus disfraces más nobles. Muchos escritores han seguido esa línea con diversa fortuna en el siglo XX, pero a partir de la Primera Guerra Mundial, cuando la humanidad empieza el periodo más sanguinario de su historia, el humor negro desborda los estrechos límites del realismo. De Kafka para acá el cuento cruel tiene dos vertientes: la psicológica, centrada en la observación del carácter, y la fantástica, en donde la crueldad es una pesadilla omnipresente. Antes de Kafka los escritores fantásticos trataban de sorprender al lector con la irrupción de lo sobrenatural en la vida cotidiana. Kafka no lo necesita, porque su visión del mundo supera a cualquier horror imaginario. En la obra de Kafka no hay personajes crueles: la crueldad es la fuerza motriz de un mecanismo que los hombres deben aceptar con resignación cuando les toca recibir un castigo, sin averiguar siquiera por qué son culpables. En la cima del poder no hay un tirano sino un expediente en el que está cifrado su destino. El efecto cómico en la obra de Kafka se produce por la actitud impasible con que refiere sus historias atroces. En *La metamorfosis*, el lector queda sorprendido cuando Gregorio Samsa acepta con pasividad su existencia de insecto, pero más aún por la frialdad y la indiferencia del narrador, para quien la transformación de Gregorio es mucho menos grave que su falta a la oficina.

Muchos mexicanos hemos visto la realidad como un cuento de Kafka y se nos hace fácil imitarlo cuando empezamos a escribir, sin tomar en cuenta la organización interna de sus pesadillas. Lo de menos es crear situaciones kafkianas: el reto consiste en desarrollarlas y en lograr que la ficción respete su propios márgenes de coherencia. Entre los cuentistas latinoamericanos que lo han logrado destaca el cubano Virgilio Piñera (1912-1979), la figura más importante de las letras cubanas después de Carpentier y Lezama Lima, cuya obra de narrador y dramaturgo se empezó a conocer internacionalmente en los años 80, cuando la editorial Alfaguara lo sacó del congelador al que lo había confinado el régimen de Castro.

La poética de Piñera está sintetizada en una frase de su novela *Presiones y diamantes* que también es una declaración de principios: "A los escritores de este siglo —dice Piñera— las hadas les otorgaron en la cuna el don de horrorizar a sus semejantes, demostrando de paso que sus semejantes son horrorosos." Pocos escritores han practicado el autoescarnio con tanta dedicación. En la obra de Piñera, el masoquismo y la escatología de raíces quevedianas son una válvula de escape, una fuga chocarrera que aligera su visión de la existencia como una farsa trágica. Místico del absurdo, hasta en el más amargo de sus cuentos procuró no tomarse el sufrimiento demasiado en serio. Tenía una propensión natural a crear infiernos de bolsillo. En su juventud imaginó la natación en seco. Llegado a la vejez inventó el deporte de perseguir a 100 kilómetros por hora un talismán que nadie puede poseer sino después de la muerte. A tres personajes que por desgracia coinciden en un cuarto les impone la dictadura de un psicópata que no permite guardar silencio a nadie, pero tampoco hablar. En el mundo de Piñera, las nociones más elementales de justicia y dignidad han desaparecido como resultado de la complacencia general ante la tortura y el crimen, pero en vez de rasgarse las vestiduras o pregonar el Bien a la manera de Tolstoi o Zolá, el narrador se limita a constatar lo que ve con una sonrisa provocadora.

Si me propusiera hacer una antología del cuento cruel, debería incluir en ella a muchos otros autores aparte de los que he mencionado, empezando por nuestro Julio Torri, cuyo humor helado y perverso ha tenido una brillante continuidad en las ficciones de Salvador Elizondo. Pero mi objetivo no es elegir a los mejores cuentistas crueles de la historia —tarea que debería emprender alguien más preparado que yo— sino bosquejar las tendencias más significativas de un género literario en plena vitalidad. Como espero haber demostrado, el cuento cruel nada tiene que ver con la crueldad gratuita y sanguinolenta de los escritores inspirados por la saga de Freddy Krueger, que han degradado la literatura hasta convertirla en un ejercicio de coprolalia. Paradójicamente, la mejor narrativa cruel de nuestros días, la que constituye el antídoto más eficaz contra el sufrimiento, ha sido escrita por los autores que en vez de humillar a sus personajes logran una total empatía con ellos, a pesar del distanciamiento emocional con que narran.

Pienso en Raymond Carver, por ejemplo. ¿Existe algún escritor que haya sido más cruel con la clase media norteamericana? ¿Y alguno que la conozca mejor? Con Carver, el cuento cruel, que siempre tendió a la deformación grotesca de los caracteres, adquiere una transparencia fotográfica y una fidelidad absoluta a su objeto de escarnio. Es indudable que Carver quiere a sus personajes, pero el tratamiento que les da me recuerda la respuesta que un famoso novelista mexicano dio a su primera esposa, cuando ella lo acusó de haberla destruido emocionalmente: "Así es, mi vida, el amor hace daño." La obra de Carver, fundador de un género que podría llamarse la sátira sentimental, pone de cabeza nuestras nociones de compasión y crueldad, al fundir ambos sentimientos con una maestría sin fisuras. A pesar de su aparente modernidad, el videoclip literario que prodiga la sangre y el vómito es una antigualla puritana que sólo busca propagar el miedo a los cuerpos. A partir de Carver, quien aspire a preservar la función analgésica del humor negro deberá hacer a un lado las herramientas tradicionales del género —la caricatura, el tipo grotesco, la figura esperpéntica— para alcanzar una comunión espiritual con los personajes que se proponga despellejar.

Lubricidades tristes

La mayor limitación de los poetas modernistas, especialmente de Amado Nervo, fue no haber llevado su esteticismo al extremo de la subversión moral. Cosmopolitas en literatura, pero terriblemente provincianos en materia de moral familiar y sexual, renovaron el lenguaje poético y combatieron el estancamiento del gusto, no así el estancamiento de las conciencias. El párroco de aldea que llevaban dentro les impidió pasar de la audacia expresiva a la transgresión de un código moral obsoleto que sus contemporáneos europeos ya empezaban a cuestionar, no sólo en la escritura, sino con su propia conducta. Cuando no tropieza con la censura voluntaria o impuesta, el culto a la forma puede conducir al escritor a una ruptura con su medio social, como le sucedió a Oscar Wilde, que en buena medida llegó a la cárcel por fidelidad a sus ideales de belleza. En el caso de los modernistas esta ruptura nunca se produjo, quizá porque la conducta libertina de Verlaine o Rimbaud les parecía tan seductora, pero tan alejada de su realidad tercermundista, como los fastos del lejano oriente o el esplendor de los grandes salones parisinos.

Darío modernizó la lengua española expropiando la opulencia descriptiva de Gautier y la orquestación sinfónica de Verlaine, sin importarle que el primero fuera opiómano y el segundo homosexual. Sin embargo, cuando su honra estaba de por medio se comportaba como un hidalgo español de la Edad Media. El libertinaje podía apoderarse del Viejo Mundo mientras respetara las fronteras de Nicaragua. Es una paradoja que Rubén haya emprendido su primer viaje a Europa amenazado de muerte por la familia de su segunda esposa, Rosario Murillo, a quien repudió tras enterarse de que no era virgen. Un prejuicio retrógrado, o para decirlo en sus propias palabras, un arrebato de "mulatez intelectual", lanzó al modernizador de nuestra expresión a su primera aventura internacional. Desde luego, esta paradoja no afectó a su poesía, que está por encima de cualquier accidente biográfico, pero en poetas menos dotados que él, como Amado Nervo, la contradicción entre arcaísmo moral y modernismo estético tuvo efectos devastadores.

En su búsqueda de perfección, Darío muchas veces rebasó los límites del decoro burgués: "El reino interior", el poema más atrevido de sus *Prosas profanas*, es un himno alegórico a la bisexualidad. Nervo admiraba a Darío, pero quizá le profesó esa admiración a medias (bien por el poeta, mal por sus licencias) que resulta ofensiva para cualquier escritor, pues trivializa el contenido de su obra. "Verso, o nos condenan juntos, o nos salvamos los dos", decía Martí. Con las mismas palabras, Darío pudo haber descalificado la censura del ambiguo y exaltado soneto que dedicó a Nervo en una noche parisina "de inquerida bohemia". Transcribo los dos cuartetos en su versión original, censurada gazmoñamente en las *Poesías completas de Rubén* editadas por el Fondo de Cultura Económica:

Amado es la palabra que en amar se concreta,
Nervo es la vibración de los nervios del mal.
¡Bendita sea y pura la canción del poeta
que lanzó sin pensar su frase de cristal!

Fraile de mis suspiros, celeste anacoreta,
que tienes en blancura la azúcar y la sal,
muéstrame el lirio puro que sigues en la veta
y hazme escuchar el eco de tu alma sideral.

Gracias a las investigaciones de Ernesto Mejía Sánchez conocemos los pormenores del caso. En 1900, Darío y Nervo coincidieron en París y se fueron de parranda a la taberna del Hotel Continental, donde años antes Rubén había tenido un encuentro con Oscar Wilde. Según el testimonio de Amado Nervo, el nicaragüense compuso el soneto, "en cinco minutos de una de esas noches en que una prematura alba azul de estío da un tinte pensativo al oro loco del champagne... A las tres de la mañana todavía se empeñaba en seguirla. Yo le dije que era una mengua que dos tan grandes poetas como él y como yo la corriéramos sin dinero y convencido se metió a su casa, adonde estaba empeñado en que me quedara".[1] A esas alturas, Darío ya era una leyenda en Latinoamérica y un elogio suyo significaba la gloria. Nervo tenía en la bolsa un poema consagratorio, su problema era que Darío le había manifestado un cariño demasiado vehemente. Entre la tentación de publicarlo en la *Revista moderna* y el temor a comprometer su reputación, optó por una solución intermedia. En el primer endecasílabo hizo una enmienda sanitaria ("Amado es la palabra que en querer se concreta") con lo que arruinó su significado, y en el quinto verso cambió "fraile de mis suspiros" por "fraile de los suspiros", no fuera a pensarse que Darío estaba enamorado de él. Nadie puede saber hasta qué punto Darío se entusiasmó con el perfil nazareno del anacoreta mexicano, pero es indudable que Nervo, con sus precavidas correcciones, quedó exhibido ante la posteridad como un pobre diablo. Quizá el soneto sólo expresa un deseo sublimado, pero es un hecho que a Nervo le quedó grande la amistad platónica de Rubén. Moraleja: nunca suspires por un imbécil.

Además de adecentar las pasiones que provocaba, Nervo ejerció contra sí mismo su vocación de censor. El tema de la autocastración lo atormentaba en más de un sentido. En la novela corta *El bachiller* (1907) narró la historia de un seminarista que para no sucumbir a la concupiscencia prefiere cortarse el miembro. En un sentido metafórico él también cortó por lo sano, al reprimir sus impulsos como antídoto contra los "nervios del mal". Entre los contados poemas eróticos de Nervo que rescatan los antologadores del modernismo sobresale "Andrógino", el primer soneto del binomio "Lubricidades tristes", donde se permitió un aparente desliz:

> Por ti, por ti clamaba cuando surgiste,
> infernal arquetipo, del hondo Erebo,
> con tus neutros encantos, tu faz de Efebo,
> tus senos pectorales, y a mí viniste...

[1] Amado Nervo, *Prosa y verso*, México, Ed. Patria, 1984.

Tras haberse rendido a esa "floración malsana del Viejo Mundo" (Nervo se curaba en salud responsabilizando a Europa de sus calenturas tropicales), el sujeto lírico sufre una crisis de arrepentimiento:

¡Aléjate! Me invaden vergüenzas dolorosas...
Déjame solo y triste llorar por mis gloriosas
virginidades muertas entre tus muslos blancos.

El poema cuenta la historia de una mutilación psicológica. Al condenar las aberraciones de la modernidad (el andrógino es "síntesis rara de un siglo loco") Nervo renunciaba también a su hiperestesia maldita, negándose a emprender una aventura poética sin ataduras. El autor de "Andrógino" fue un alma gemela de Gustavo Aschenbach, el protagonista de *Muerte en Venecia*. Escritor de gloria oficial, cuyo estilo servía para educar niños en las escuelas, Aschenbach "había renegado de toda bohemia y de todo extravío" cuando sucumbe a los encantos de un adolescente y al deletéreo ambiente de Venecia. Nervo no se dejó arrastrar al abismo por sus demonios, pero alcanzó a entrever, como Aschenbach, que "inocencia y forma conducen a la embriaguez y al deseo, dirigen quizá al espíritu noble al delito de humillar la moral bajo el ceño despótico de la belleza".

La fama póstuma de Nervo como poeta de un misticismo blandengue, ideal para secretarias y declamadores de pueblo, fue la corona de hojalata que recibió en recompensa por su buena conducta. De su obra, prematuramente envejecida, nos quedan los momentos en que sintió simpatía por el diablo. ¿Escuchará la risa del andrógino en la Rotonda de los Hombres Ilustres?

Manuel Puig:
La conquista de una realidad paralela*

El quinto aniversario de la muerte de Manuel Puig, fallecido a los 57 años en la tierra de Malcolm Lowry, es una buena oportunidad para revisar algunas interpretaciones reduccionistas de su obra, precisar en qué consistió su aportación a la narrativa hispanoamericana y liberarlo de algunas etiquetas que hacen poca justicia a su enorme talento. También puede servirnos para hacer un llamado de atención a los editores de Puig, que tienen fuera del mercado mexicano la mayoría de sus libros, incluyendo *La traición de Rita Hayworth*, como acabo de constatarlo en un recorrido por las principales librerías de la ciudad. Es verdad que ningún autor soporta el peso de sus obras completas, como decía el maestro Mejía Sánchez, pero lo menos que se merece un clásico moderno de la talla de Puig es una buena distribución de sus grandes novelas, que lo mantenga vigente y cercano a las nuevas generaciones.

Se ha vuelto un lugar común de la crítica presentar a Puig como un crítico de la clase media argentina enajenada por el cine de Hollywood, la canción popular y el folletín radiofónico. Desde que apareció *La traición de Rita Hayworth*, Emir Rodríguez Monegal advirtió que la madre del Toto era una versión moderna de *Madame Bovary*, "alienada por el radioteatro y la televisión comercial".[1] En la misma tesitura, Ángel Rama consideró a Puig "descubridor de un nuevo bovarysmo compuesto por los fantasmas alienantes que

---

[1] Emir Rodríguez Monegal, "Tradición y renovación ", en *América Latina en su literatura*, compilación de César Fernández Moreno, México, Ed. Siglo XXI, 1978.

acarrea toda transculturación".[2] Sin duda, Puig observó la alienación y la reflejó en el lenguaje coloquial de sus primeras novelas con un humor deslumbrante. Pero eso no quiere decir que lamentara la influencia del cine, el bolero y el tango en la conformación de la psique social argentina. Hubiera sido incongruente con sus propios gustos, pues sabemos que fue un fanático del cine hollywoodense, en especial de sus grandes divas, y una enciclopedia de la canción popular que se sabía de memoria todas las canciones de Agustín Lara, Alfredo Le Pera y José Alfredo Jiménez. Más bien, lo que Puig deploraba era la impotencia del público enajenado para estar a la altura de sus evasiones, la incapacidad del hombre para convertirse en protagonista de su existencia.

Es indudable que para Puig, como para tantos novelistas contemporáneos, *Madame Bovary* fue un punto de partida. ¿Pero cuál fue su punto de llegada? ¿En qué se distinguen las jóvenes casaderas de *Boquitas pintadas* de la famosa devoradora de folletines románticos? En que la lectura, en el caso de Emma Bovary, es una catapulta hacia lo imposible, mientras que para las mujeres de Coronel Vallejos, víctimas de un contexto social que reprime cualquier intento de rebeldía, el radioteatro es un amargo premio de consolación, la pequeña dosis de fantasía tolerada en un ambiente de frustración y parálisis. Nené y Mabel, las dos novias desdichadas de Juan Carlos Etchepare, el Don Juan pueblerino que muere de tisis en plena juventud, pierden su única oportunidad de amar por negarse a sí mismas la libertad que le conceden a sus heroínas de melodrama.

Condenadas a la infelicidad por la acción combinada de la represión familiar y el machismo de su galán, al entrar en la madurez asumen como una fatalidad los prejuicios que les arruinaron la vida. En su último encuentro, después de escuchar por radio la historia de una heroína romántica que se entrega a su novio fuera del matrimonio —el paso que Nené nunca se atrevió a dar con Juan Carlos— Mabel sale a una calle de Buenos Aires "donde los árboles crecían inclinados, tanto por el día como por la noche" y el paisaje

[2] Ángel Rama, *Novísimos narradores en Marcha: 1964-1980*, México, Marcha Editores, 1981.

le suscita la única reflexión de la novela donde se filtra la voz del autor: "Qué inútil humillación. ¿Habían olvidado esos árboles toda dignidad y amor propio?" Sustitúyase árboles por mujeres y se tendrá una clave para entender el bovarysmo pasivo y tortuoso al que Puig contrapuso más tarde la desesperada frivolidad de Luis Alberto Malina, el homosexual cinéfilo de *El beso de la mujer araña*, capaz de llegar hasta el heroísmo con tal de vivir una pasión de película.

Nacido en General Villegas, un pueblo de la Pampa seca, a catorce horas en tren desde Buenos Aires, Puig atribuía su afición por el cine a su inconformidad con el triste lugar donde pasó la niñez. En el prólogo a los únicos guiones que escribió para el cine mexicano (*La cara del villano* y *Recuerdo de Tijuana*, Seix Barral 1985) esbozó una escueta autobiografía donde explica el rumbo que tomó su necesidad de evasión: "Mi instinto de supervivencia me llevó a inventar que existía otro punto de referencia muy cercano; en la pantalla del cine del pueblo se proyectaba una realidad paralela ¿Realidad? Durante muchos años así lo creí. Una realidad que yo estaba seguro existía fuera del pueblo y en tres dimensiones. La primera prueba negativa me la dio Buenos Aires [...] Allí encontré variaciones del machismo desaforado de la Pampa. Lo que daba prestigio era siempre detentar la autoridad [...] Me costó salir de mi país y al poco tiempo de vivir en Roma descubrí que tampoco ahí existía la realidad apetecible de la pantalla." Se podría decir que Puig, tras haber buscado por todo el mundo una realidad paralela, comprendió que sólo podía conquistarla en la escritura. Y si al principio su tema fue la dificultad del hombre para liberarse de sus cadenas psicológicas y sociales, más adelante advirtió el peligro de convertir esa realidad alterna en una pesadilla, cuando en vez de soñar con una felicidad en *technicolor*, el hombre anhelante de libertad queda atrapado en su propia neurosis, que a veces puede tomar un sesgo ideológico. La bizantina justificación de Pozzi, el macho suicida de *Pubis angelical*, un paramilitar que milita en el peronismo sin tener ninguna simpatía por ese partido, delata su retorcido afán de poder, que lo lleva a preferir la muerte antes de quedar en una posición de inferioridad frente a los demás. En esa novela, al igual que en toda su obra, Puig utiliza el diálogo como un detector de mentiras para guiñarle un ojo al lector sin hacerse presente en la narración. Su objetividad irónica separa al verdadero Pozzi de la identidad que se ha fabricado, compuesta por una compleja mezcolanza de psicoanálisis y marxismo.

Tal vez no se haya reparado lo suficiente en la paradójica relación de Puig con el cine. Estudió en los estudios Cineccitá con Cesare Zavattini, ganó el Oscar a la mejor película extranjera por *El beso de la mujer araña*, su cultura cinematográfica era apabullante, y sin embargo fue un escritor completamente ajeno a las imágenes preciosistas, a las descripciones detalladas y a todo lo que la literatura suele tomar prestado del cine. De hecho, su vocación literaria nació a contrapelo de la imagen en movimiento: "Yo no decidí pasar del cine a la novela —confesó en el prólogo ya mencionado—. Estaba planeando la escena de un guión en que la voz de una tía, en *off*, introducía la acción en el lavadero de una casa de pueblo. Esa voz tenía que abarcar no más de tres líneas del guión, pero siguió sin parar unas 30 páginas. No hubo modo de hacerla callar." No sólo nació como escritor al divorciarse del cine, sino que mantuvo una sana distancia del lenguaje visual (salvo en las técnicas de montaje), tal vez porque lo conocía demasiado bien. Puig despojó a sus narraciones de cualquier efecto que pudiera ser mejor logrado con una cámara, y esa depuración lo condujo al relato coral o polifónico, a pintar bocas en vez de atmósferas. Maestro del relato dialogado, nos dejó personajes inseparables de su expresión, vidas habladas o voces vivientes que se independizaban de su autor al tomar cuerpo en la página, como las lenguas de fuego del Evangelio. Con él renació en lengua española un género híbrido —la novela dramática— olvidado desde *La Celestina*.

Pero en las novelas de Puig no sólo hay voces y diálogos sino cartas de amor, partes policiacos, inventarios, fragmentos de agendas, recortes de periódico, álbumes de quinceañeras y todo tipo de materiales aprovechables en la confección de un relato falsamente documental. Como buen heredero de Flaubert, a Puig le gustaba esconderse detrás de sus narraciones, como testigo de una novela que se escribe sola, donde el papel del autor se reduce a la transcripción de conversaciones y documentos.

En *Boquitas pintadas*, la recopilación de testimonios biográficos sobre Mabel, Juan Carlos y Nené, deferencia tradicionalmente reservada a los personajes históricos, subraya por contraste la insignificancia de los personajes, como si el autor hiciera una larga caravana a un mendigo. Por medio de constantes alusiones a la fosa común del pueblo, donde van a parar los huesos de Pancho, se establece una analogía entre los despojos físicos de los personajes y los despojos verbales que el narrador va recogiendo en archivos públicos y privados. La novela se nos presenta así como un osario de palabras, como un largo epitafio escrito con cenizas humanas, que deja en el ánimo del lector la sensación de asistir a una exhumación y un desasosiego similar al que se experimenta al terminar "Los muertos" de Joyce.

En obras posteriores, Puig logró el mismo efecto valiéndose de otros medios, como sucede en *Sangre de amor correspondido*, donde los tiempos de la narración y las voces de los personajes involucrados en una historia de amor se yuxtaponen en un diálogo de sordos, de tal manera que el desencuentro de María y Josemar queda reflejado en la estructura misma de la novela, hecha de preguntas que no empalman con sus respuestas. Por la mezcla de habladurías y opiniones contradictorias que parecen venir de ultratumba, *Sangre de amor correspondido* tiene cierta semejanza con *Pedro Páramo*. Pero Puig no cuenta una historia de fantasmas, ni trata de dar voz a los muertos, sino que sitúa las voces de los vivos en un plano intemporal, donde María y Josemar quedan ligados para toda la eternidad.

Desde *Boquitas pintadas* hasta *Cae la noche tropical*, el tema del amor malogrado que pervive en la memoria de los personajes fue una recurrencia de sus novelas. El máximo premio de los amantes no es la felicidad en la tierra, sino alcanzar una plaza fija en el pensamiento de la persona amada, como ocurre en *El beso de la mujer araña* cuando el guerrillero, en su desvarío final, confunde la voz de Molina con la de Martha, su novia, que le susurra al oído: "No tengas miedo, creo que ya nadie nos va a poder separar, porque nos hemos dado cuenta de lo más difícil, que vivo adentro de tu mente y así te voy a acompañar siempre, nunca vas a estar solo." Tratándose de un escritor como Puig es difícil saber si esta idea le vino de Platón o de un compositor de tangos, y tal vez no importe mucho averiguarlo. Lo significativo de esta obsesión por seguir la trayectoria de un amor desde su nacimiento hasta su consumación ideal es que lo obliga a narrar en retrospectiva, como un investigador que va reuniendo testimonios del pasado hasta componer un rompecabezas. Esa era su forma natural de novelar, el terreno donde se sentía más cómodo. En cambio tuvo serias dificultades para convertir la acción pretérita en acción presente, lo que explica la poca fortuna de sus obras teatrales —*Bajo un manto de estrellas*, *El misterio del ramo de rosas*— donde la fluidez del diálogo no puede compensar la falta de tensión dramática. Y es que el novelista coloquial puede ser muy hábil para narrar en distintas voces lo que ya sucedió, pero el oficio de dramaturgo consiste en capturar el vaivén emotivo de lo que está siendo.

En la obra de Puig, la reflexión política nunca ocupó el primer plano, pero tampoco fue un escritor ajeno a las luchas de su tiempo, ni dejó de alzar la voz para condenar a los gobiernos militares de su país, que en el periodo comprendido entre 1976 y 1982, so pretexto de exterminar a los grupos guerrilleros, se propusieron liquidar a sangre y fuego toda forma de disidencia. Expatriado junto con miles de intelectuales, padeció en carne propia la censura del gorilato cuando sus obras fueron retiradas de las librerías argentinas. Eran tiempos en que la izquierda latinoamericana estaba muy ideologizada y la literatura comprometida muchas veces caía en el panfleto. Desde una posición heterodoxa, pero combativa, Puig vio la escalada fascista como una consecuencia lógica del "machismo desaforado" que había conocido desde la infancia en los colegios de Buenos Aires. En respuesta al clima de terror desatado por los militares escribió dos memorables novelas de tesis, *El beso de la mujer araña* y *Pubis angelical*, donde establece una analogía entre la subversión política y la liberación sexual.

La tesis del *Beso* es que ambas formas de rebeldía deben ser conciliadas para combatir el fascismo no sólo en la actividad política, sino en el interior de la mente humana. Por medio de una extensa nota a pie de página, en donde expone las ideas más avanzadas sobre la conducta sexual del hombre, desde Freud hasta la doctora danesa Anelli Taube (seudónimo del propio autor), Puig coloca al lector dentro de un contexto en el que la entrega de Arregui a Malina cobra un carácter simbólico. No se trata ya de un simple encuentro homosexual, sino de una liberación interior en que el guerrillero acepta su componente femenino (identificado con el humor, la ternura, la capacidad de soñar) sin que ello le represente perder la hombría. El éxito mundial de la novela, adaptada al cine, al teatro y a la comedia musical, se debe sin duda al carácter arquetípico de los protagonistas, pues aunque la acción transcurre en la Argentina de los años 70, Malina y Arregui representan al homosexual perseguido y al revolucionario de cualquier lugar y época. En un plano más abstracto, su relación amorosa logra conjugar en un mismo impulso libertario la necesidad de evasión con la urgencia de transformar el mundo. No está mal soñar con historias maravillosas, parece decirnos el autor, lo grave es quedarse cruzado de brazos y no hacer nada por llevarlas a la realidad. Después del escapismo cinematográfico de su infancia y tras haber estudiado a fondo la conducta humana en la madurez, Puig parece haber concluido que la realidad paralela está dentro de nosotros, siempre y cuando seamos capaces de convertir el sueño en acción.

"Si todos los hombres fueran como mujeres no habría torturadores", dice Malina en una discusión con Arregui. Invirtiendo los términos de la frase tendríamos la tesis de *Pubis angelical*, una de las novelas más complejas de Puig, cuya protagonista es una mujer sometida que sólo puede enamorarse de un hombre cuando lo cree superior. Acorralada entre un peronista conservador que desea esclavizarla y un peronista de izquierda empeñado en utilizarla como carnada, Ana se queja de sus verdugos pero les hace el juego al aceptar pasivamente el papel de víctima. El hecho de que esté postrada en una cama de hospital desde el principio hasta el final de la novela es muy significativo, puesto que se trata de uno de esos "árboles inclinados", a quienes Puig había descrito ya en *Boquitas pintadas*. La diferencia es que Ana llega a tomar conciencia de su condición y rompe las cadenas que la atan al macho, al igual que la agente W218, su doble simbólica en uno de los relatos entreverados con la historia central. Se trata de la novela más feminista de Puig y también la más ambigua, por la oscura conexión entre el plano fantástico y el plano realista del texto, que no es fácil elucidar a primera vista. ¿Cuál es el punto de contacto entre las tres mujeres que tienen el don de adivinar el pensamiento y la historia de Ana? ¿Qué tienen en común la esposa prisionera en una isla amurallada y su bisnieta W218, trabajadora sexual al servicio de un Estado totalitario? Como el Faulkner de *Palmeras salvajes*, quizá Puig se propuso ejemplificar el caso de Ana con una serie de alegorías paralelas que ilustran la lucha entre los sexos y el temor del macho a que la mujer desarrolle plenamente su inteligencia. En el diálogo de Ana con Pozzi hay muchas alusiones a la guerra sucia de la dictadura argentina, pero más bien, la novela es una crítica del fascismo doméstico, donde se incuba el embrión de un régimen autoritario. "¿Qué diferencia hay entre Hitler y un marido histérico que llega a la casa borracho y maltrata a la familia?", se pregunta Ana en un momento de lucidez. Para Puig, la dependencia femenina del macho, la proclividad de la mujer a valorarse en función del hombre que la posee refleja en un microcosmos lo que sucede a escala nacional en un país sojuzgado por los militares. En ambos casos, el error estriba en depender de una figura de autoridad por el miedo del ser social o individual a elegir su propio destino.

El tiempo se encargará de juzgar el conjunto de la obra de Puig, no siempre bien acogida por la crítica. Tras el brillantísimo arranque de su carrera pudo haberse cohibido al extremo de no escribir más, pero tuvo la valentía de arriesgarse a los altibajos de un escritor prolífico. Sus hallazgos ya están siendo explotados por los novelistas de las nuevas generaciones, sobre todo en la utilización de la cultura popular como sistema de referencias para encuadrar la vida sentimental de los personajes, y actualmente se le estudia en muchas universidades del mundo a despecho de la crítica miope que tiende a verlo como un escritor ligero. Desde que salió de Argentina a los 23 años, Puig llevó una existencia nómada. Vivió en Roma, en Nueva York, en México, en Barcelona, en Río de Janeiro y por último en Cuernavaca, donde pensaba sentar raíces. Murió en plena gloria, cuando estaba por estrenarse en Broadway la versión musical de *El beso de la mujer araña* (un triunfo que para él debió ser equivalente a la obtención del Nobel), pero todos podemos visitarlo en su residencia definitiva: la de sus libros, donde tiene asegurada la supervivencia.

El último lector

Hace poco, José Emilio Pacheco lamentaba en uno de sus *Inventarios* que el número de lectores esté disminuyendo a una velocidad alarmante, mientras la nómina de escritores aumenta en igual proporción. Philippe Sollers ha expresado la misma inquietud en una conversación con Marc Fumaroli publicada en *Vuelta*, de donde se infiere que el problema es mundial, aunque resulte más dramático en países como el nuestro, donde el año pasado quebró 23% de las librerías y en lo que va de 1994, las ventas de libros cayeron 70%, según datos del editor Fernando Valdés.

La escasez de lectores generalmente se atribuye a la crisis o a los malos profesores de literatura, que ahuyentan a sus alumnos de los libros al imponerles como deber un hábito que deberían inculcarles por persuasión. Investida de un prestigio cultural que a los ojos del niño y a los ojos del público masivo es incompatible con el entretenimiento, la literatura queda en desventaja frente al cine, la televisión y el comic. Para revertir esta situación sería necesario, en primer lugar, derribar la muralla de pedantería y elitismo que convierte a la literatura en algo parecido a la ópera, pero cuando alguien se atreve a proponerlo en voz alta, de inmediato cunde el pánico entre los defensores de las Bellas Letras, obstinados en mantener una ilusoria superioridad sobre el vulgo, cuando el vulgo ni siquiera sabe que existen.

Si la escasez de lectores tiene causas bien localizadas, nadie se explica en cambio por qué la contracción del mercado editorial ha incrementado el número de autores con obra publicada, en un fenómeno que contradice las leyes de la oferta y la demanda. ¿La falta de público ha coincidido paradójicamente con una explosión de talento? Más bien ocurre lo contrario: el *boom* cuantitativo de escritores ha ocasionado una sobreoferta de mala literatura. Si no hay demanda, ¿quién sostiene a tantos escritores malos y poco leídos? La mercadotecnia editorial publica basura de éxito asegurado, pero no hace obras de caridad, ni subsidia la literatura de autoconsumo. Por fuerza deben existir muchos literatos "del montón" que disfrutan de una situación económica holgada o bien se han agenciado alguna forma de patrocinio estatal —becas, premios, aviadurías— que les permite escribir para las bodegas o hablar consigo mismos en letras de molde.

Probablemente en Francia predomine la primera especie de literatura y en México la segunda (de ahí la coincidencia entre Pacheco y Sollers). Ninguna de las dos hubiera podido existir en el siglo XIX, cuando el Estado no intervenía en tareas de difusión cultural y el oficio de escritor estaba mal visto por los burgueses, que preferían dedicarse a la equitación o a la esgrima. La proliferación de malos escritores con diplomas de excelencia literaria es un fenómeno del siglo XX que se da en sociedades donde la élite cultural contrae los vicios de la élite económica, empezando por el más nocivo de todos: la valoración de un escritor por su buen o mal desempeño en sociedad, que en México ha producido generaciones enteras de expertos en relaciones públicas.

Entre la gente dedicada a las Bellas Letras se produce la misma cantidad de basura que en el ámbito de la mercadotecnia editorial, como bien saben los correctores de galeras obligados a leer la producción de nuestros escritores paraestatales. Pero sería demasiado esperar que nuestra élite cultural, con su infinita soberbia, reconozca la parte de culpa que le toca en la sobresaturación del mercado. Lo más probable es que siga colaborando con la mercadotecnia editorial en la promoción de mediocridades que sólo hacen bulto en las librerías, pero cierran el paso al verdadero talento. Y si nadie hace nada por evitarlo, en un futuro cercano los escritores deberán mendigar la atención del último lector que haya quedado sobre la tierra, un tirano veleidoso y cruel, con facultades casi divinas para dar sentido a la página escrita, que impondrá sus gustos como dogmas, cobrará millones por un elogio y en los cocteles de Bellas Artes tratará con desdén a los autores que se disputen su autógrafo.

Bajo el signo de la iguana

Amarrada de la cola y las patas, la iguana se retorcía en el suelo como un pescado cogido en la red. Sosteniendo el machete en alto con las dos manos, el niño Carlos Olmos Morga escuchó estremecido el grito de su abuela: "¡Mátala de una vez o le digo a tu papá que eres un collón!" El patio era un brasero, el sol de Tapachula casi fundía la hoja del machete, pero Carlos temblaba de frío. La degollación de la iguana no era sólo un deber doméstico sino un rito de iniciación, el baño de sangre exigido por la tribu como prueba de hombría, el pasaporte para entrar al mundo de los mayores. Había visto a su abuela matar iguanas con el pulso firme, como si al descargar el golpe las viera ya cocinadas en salsa de cacahuate. Pero él sentía que la iguana era una prolongación de su cuerpo. ¿Cómo podía matarla sin hacerse daño a sí mismo? Se vio atado en el suelo del patio, con cabeza de niño y cuerpo de iguana, como la mujer serpiente que había visto en la feria, condenada a reptar por una maldición de sus padres. "¡Que la mates ya, tarugo!" Las convulsiones de la iguana levantaban una nubecilla de polvo. Trató de envalentonarse pensando en las películas de vaqueros. Era tan fácil matar. Pero no cuando el verdugo estaba metido en la piel de su víctima, sintiendo el tajo inminente en el cuello. "¡No puedo, no puedo!" Entre sollozos dejó caer el machete y resistió sin una queja la paliza de su abuela, que por ser injusta le dolió el doble. Esa noche no quiso probar la cena.

Carlos Olmos nació bajo el signo de la iguana, una figura tutelar que lo ha perseguido desde la infancia, tanto en su vida como en su obra. Cuando éramos redactores en Procinemex (la agencia publicitaria del cine estatal en tiempos de Margarita López Portillo), dejó escapar varias iguanas en un vuelo de Puerto Vallarta a México, para dar un susto a los pasajeros, la mayoría turistas gringos que en su vida habían visto al saurio, y provocó un desconcierto que puso en peligro la estabilidad del avión. Pero entre todas las iguanas de su vida, la más significativa es la que no pudo decapitar de niño, en un acto de rebeldía que fue un presagio de su vocación literaria.

Faltaban muchos años para que Olmos fundara el grupo Teatral Debutantes 15 en Tuxtla Gutiérrez y escribiera *Juegos fatuos* —la primera de sus obras y una de las más precoces en la historia del teatro mexicano—, pero la sensibilidad del futuro dramaturgo se anunciaba ya en su simpatía por las víctimas, en su disposición a compartir el sufrimiento ajeno, en la crueldad sublimada que se vuelve celebración de la vida. Simbólica o explícitamente, el episodio de la iguana se refleja de distintos modos en la dramaturgia de Olmos. Su teatro oscila entre la farsa y el melodrama, entre el humor negro y el compromiso emocional con los personajes, dando como resultado un género híbrido que en sus manos alcanza un sorprendente equilibrio dramático. El escenario es una piedra de los sacrificios donde los personajes muestran lo peor de sí mismos, el error, la vileza o la cobardía que arrastran por el mundo como un peso muerto, pero cuando el autor parece dispuesto a darles el tajo definitivo, la piedad que involuntariamente despiertan los redime ante el espectador, que observa su lado humano entretejido con su lado grotesco.

Carlos Olmos empezó a cobrar conciencia de su propio talento hacia 1969, cuando envió a Salvador Novo el manuscrito de *Juegos fatuos* y obtuvo su primera beca en el Centro Mexicano de Escritores. Tenía apenas 21 años, pero ya dominaba el lenguaje teatral como un dramaturgo experimentado, quizá por las tablas que adquirió previamente con su grupo tuxtleco, donde fungió como director y actor. Junto con *De perfil* de José Agustín, *Juegos fatuos* marca un hito difícil de superar en la literatura joven de México. La historia de Carmen y Tila, dos viejas condenadas a repetir noche tras noche la misma representación de su tragedia amorosa, en un juego a la vez perverso y nostálgico, patológico y sentimental, significó una ruptura con el teatro costumbrista de autores como Carballido y González Caballero, que habían retratado a las solteronas de pueblo como personajes chuscos en comedias ligeras donde predominaba la nota de color local. Por la inversión de los papeles entre el ama y la sirvienta, y por los diálogos con los invitados imaginarios que llegan a la fiesta, *Juegos fatuos* tiene cierto parecido con *Las criadas* de Genet y con *Las sillas* de Ionesco. Pero se trata de recursos que el autor utiliza para agilizar la acción, sin traicionar la compleja psicología de sus personajes, que no obedece a ningún esquema prefabricado en fuentes literarias.

Estrenada en 1972 por María Douglas y Virginia Manzano, bajo la dirección de Xavier Rojas, *Juegos fatuos* representa el mejor momento del periodo juvenil de Carlos Olmos, que abarca dos obras más, *Juegos profanos* y *Juegos impuros*, escritas a principios de los años 70, cuando ya vivía en la capital y era secretario de Hugo Argüelles, con quien colaboró en algunos guiones de cine. Olmos reunió las tres piezas en el volumen *Tríptico de juegos* (INBA, 1975), en el que llevan como subtítulos "La gloria", "El purgatorio" y "El infierno", quizá como reflejo inconsciente de su actitud hacia los personajes, dominados por una voluntad superior que los condena o absuelve de antemano.

Danza macabra, diatriba incendiaria contra la familia, incursión lúdica en el terreno de la suplantación psicológica, *Juegos profanos* narra el descenso al infierno de dos hermanos incestuosos que juegan con los esqueletos de sus padres en una noche de Navidad. A pesar del tono corrosivo y de las bromas procaces, la farsa pasa del tono ríspido al tono emotivo cuando la pareja protagónica recuerda con nostalgia la pureza encarnada en sus padres, como si la profanación de los esqueletos fuera una forma de pedirles perdón. En *Juegos profanos*, la vulgata freudiana que manejan los parricidas tiene un aire de familia con el humor de Hugo Argüelles, que ya desde entonces acostumbraba psicoanalizar a sus personajes con fines paródicos. Pero fuera de esta pequeña deuda, la obra significa un paso adelante por parte del autor en la invención de un mundo propio, pues en ella aparece por primera vez el tema de la transgresión culpable, uno de los ejes principales de su dramaturgia, que en términos generales plantea la necesidad de la liberación social y sexual, pero también estudia las resistencias a las que se enfrenta en el seno de la familia y en el interior de cada hombre.

A partir de *Lenguas muertas*, estrenada en 1975, Olmos empieza a escribir un teatro ceñido a un contexto geográfico más preciso —el del sureste mexicano—, que rebasa la mera descripción de lo pintoresco y exhibe con tintes de ópera bufa la maraña de intereses, mezquindades y cobardías que componen el tejido social de la provincia mexicana. Parábola sobre un iluminado que tiene el don de soñar la muerte de los demás y lo emplea para convertirse en un cacique explotador de su pueblo, *Lenguas muertas* actualiza un viejo tema del teatro del Siglo de Oro, la predestinación, dentro de una atmósfera de realismo mágico, donde la ignorancia actúa como una fatalidad paralela a las predicciones letales del soñador y nulifica el libre albedrío de los hombres que tratan de sobornarlo. Junto con *El presente perfecto* (1979) y *La rosa de oro* (1980), *Lenguas muertas* forma parte de una trilogía sobre la corrupción en la sociedad mexicana, no solamente aquella en la que incurren los funcionarios y los políticos sino también sus cómplices pasivos, el rebaño aquiescente y servil dispuesto a bailar al son que le toquen los poderosos. El protagonista de *El presente perfecto*, un joven ingeniero de brillante porvenir y turbios antecedentes, recomendado por el gobernador de su estado para asumir la dirección de una escuela técnica, tiene su contrapartida en el poeta laureado Homero Villagrán, protagonista de *La rosa de oro*, que a pesar de las tentaciones del poder mantiene intacta la pureza de sus ideales, pero termina siendo víctima de un mundo vulgar y opresivo, donde la poesía sólo encuentra cobijo entre los teporochos de un parque público y en el burdel donde Homero empeña su rosa para acostarse con una puta. Inspirada en la vida del poeta chiapaneco Raúl Garduño, fallecido a temprana edad, *La rosa de oro* es un homenaje ambiguo, pues si bien Olmos recuerda con afecto la rebeldía exaltada de su amigo, al mismo tiempo satiriza la figura del poeta iconoclasta y bohemio que claudica frente a la realidad y se abandona a la autodestrucción. Quizá el poeta Garduño no haya quedado muy satisfecho con su retrato, pues cuando Carlos me leyó la obra en su departamento de Parque España, se nos cayó una lámpara sobre la mesa del comedor, accidente que al calor de las copas nos pareció un mensaje de ultratumba.

En *La rosa de oro* y *El presente perfecto*, Olmos alcanzó un virtuosismo técnico que se advierte, sobre todo, en su admirable capacidad para hacer hablar a los objetos que aparecen en escena. Sus acotaciones con frecuencia dicen más que los diálogos, pues el lenguaje escénico no sólo subraya o comenta irónicamente la acción dramática, sino que muchas veces la desencadena. El jardín botánico de *El presente perfecto*, punto de encuentro de Alba y Gabriel, es un espacio cargado de significación porque representa la fuerza del deseo, el llamado de la vida que los dos examantes han desoído por negarse a elegir su destino. De igual modo, la camisa vieja del marido de Alba que termina poniéndose Arturo, el doble adolescente de Gabriel, simboliza una transferencia generacional de la frustración, como si el matrimonio infeliz de la maestra quedara adherido a la piel del muchacho. Mientras los personajes discuten las motivaciones de los líderes embozados que han hecho estallar la huelga de la escuela técnica, la camisa de Arturo nos remite al verdadero conflicto de la obra, que subyace bajo la sordidez de las intrigas burocráticas.

Por su compleja estructura, que apela a la creatividad del espectador pero permite distintos niveles de comprensión, el teatro de Olmos deja un amplio margen para la inventiva del director, pero también le exige una profunda comprensión del texto, que puede ser traicionado si la puesta en escena parte de una lectura equivocada o parcial. Como se sabe, desde los años 60 empezó a cobrar fuerza en México un movimiento de directores talentosos (Héctor Mendoza, Gurrola, Julio Castillo, Luis de Tavira, entre otros) que se han tomado la libertad de adaptar a su antojo las obras más disímbolas del repertorio clásico y moderno. Los dramaturgos de la vieja guardia, especialmente Emilio Carballido, han tenido fuertes querellas con los creadores escénicos, al grado de que muchas veces prefieren dirigir sus obras. Olmos pertenece a una generación más dispuesta a colaborar con los directores, pero el temor a las tergiversaciones lo ha obligado muchas veces a dirigir desde el texto. Su colaborador en esa tarea no ha sido ningún director sino el público teatral, con quien sostiene una relación de amor-odio que lo ha obligado a reescribir escenas completas cuando la gente no reacciona como él esperaba.

A lo largo de su carrera, Olmos ha tenido varios públicos: el de televisión, el de teatro, el público radioescucha (en los años 70 escribió una radionovela de 800 capítulos titulada *San Martín de la*

Piedra) y el de los lectores que agotan sus libros. Con todos ha establecido una comunicación distinta sin menospreciar ningún género. Sabe prever con exactitud las reacciones del espectador, pero no trata de complacerlo a cualquier precio. Al contrario: muchas veces ha sacrificado la taquilla por impugnar los prejuicios morales o la esclerosis ideológica de la clase media, como le sucedió en *El brillo de la ausencia* (1982), una sátira de la intelectualidad acomodada que disimula su ambición de poder y su neurosis bajo el disfraz del compromiso político. Pero incluso cuando ha escrito en contra de su público natural, Olmos busca siempre que el espectador se involucre en el drama. Tal vez por eso se ha mantenido fiel a la poética aristotélica y ha evitado el distanciamiento brechtiano, prefiriendo asumir los riesgos del melodrama. El público de nuestros días, "distraído de la distracción", como diría Eliot, no requiere de ningún distanciamiento para desligarse de lo que ocurre en el escenario: se ríe de todo a la menor provocación, aunque la obra sea una tragedia. Desde que Olmos alterna el oficio de guionista con el de dramaturgo, los trucos que aprende o inventa en la televisión le han servido para combatir la pereza mental de las hienas.

En su teatro, la diversión puede servir como señuelo para atraer al espectador, como guiño irónico o dulce envenenado, pero nunca se agota en sí misma. Si los dramaturgos del Siglo de Oro o los del teatro isabelino usaban los enredos de los graciosos como gancho para que el público se tragara un soneto barroco o una disquisición teológica, Olmos recurre a los *gags* o a los chistes de doble sentido para hipnotizar al público y obligarlo a aceptar la confrontación consigo mismo. *El eclipse*, la más exitosa de sus obras y la más aplaudida por la crítica, empieza con situaciones propias de una comedia de puertas, después la atmósfera se va enrareciendo con la irrupción de un conflicto perturbador (Mercedes, la dueña de la posada playera, descubre que su hijo Gerardo es amante del huésped chilango en un final de acto muy telenovelero) y las tensiones de la familia estallan en medio de un apocalipsis doméstico que adquiere proporciones cósmicas desde la modesta perspectiva de los personajes, cuyo universo se desmorona cuando el emisario del exterior destruye un orden fundado en la simulación. De este modo, el público renuente a concentrarse en el drama es llevado a un terreno que nunca hubiera pisado si la intención del autor se transparentara desde el principio.

A finales de los años 70, cuando Carlos empezó a escribir telenovelas didácticas, le advertí en una discusión violenta que su talento se podía malograr si continuaba por ese camino. Me equivoqué y ahora le pido excusas. No sólo me parece formidable lo que ha hecho desde entonces en la televisión mexicana, sino que su manera de utilizar el medio sienta un precedente para otros escritores, pues ha logrado sacar a la telenovela de su marasmo creativo. En un país donde los intelectuales sólo aceptan estar delante de las cámaras en soporíferas mesas redondas, pero nunca detrás, y mucho menos en programas de entretenimiento (el reflector les encanta, siempre y cuando permanezcan tiesos en su pedestal), la exitosa trayectoria televisiva de Olmos resulta casi un desacato a la autoridad. No es raro ni censurable que los hombres de letras busquen aprovechar el potencial de la televisión para llegar a un público más amplio: el problema es que casi nadie se ha molestado en aprender el lenguaje televisivo, por una mezcla de fatuidad y horror a lo nuevo.

Olmos no ha escrito telenovelas "de autor", ni el aparato industrial de Televisa se lo hubiera permitido, pero sí ha contribuido a renovar el género con intrigas de alta tensión dramática, pinceladas de humor corrosivo y estudios de carácter que trascienden los esquemas del melodrama folletinesco. Para ello contó con la ayuda del fallecido productor y director Carlos Téllez, egresado del teatro universitario, que por vergüenza profesional y a contrapelo de la línea mercadotécnica de Televisa logró conjugar el decoro artesanal con el *rating*. La primera telenovela en que hicieron mancuerna fue *La pasión de Isabela* (1982), un homenaje al cine de rumberas y a los melodramas del *Indio* Fernández, en el que se da un tratamiento naturalista a los personajes prototípicos de la época, entre ellos La Peregrina, una mujer con doble vida que de día es enfermera en un hospital y por las noches ejerce la prostitución en el cabaret Kumbala. La telenovela sorprendió por la frescura de los diálogos, que rompía con los clichés heredados de la radionovela cubana. En *La pasión de Isabela*, Olmos todavía era un advenedizo en el reino del Fab Limón: estructuraba los capítulos como pequeñas obras teatrales y se demoraba más de la cuenta en el desarrollo de las escenas, pero a partir de *Cuna de lobos*, con mayor dominio del suspenso y un ritmo narrativo más ágil, se convirtió en el padre fundador de la telenovela negra.

Estudiada en las universidades como fenómeno sociológico, parodiada en las carpas, discutida con asombro en los cenáculos intelectuales, *Cuna de lobos* produjo una reacción insólita en el teleauditorio, pues en vez de identificarse con la víctima de la historia, la gente simpatizó con Catalina Creel, la siniestra pero seductora Coatlicue de las Lomas, caracterizada espléndidamente por María Rubio, en una actuación que rozaba el terreno de la parodia (recuérdese el parche que cambiaba de color haciendo juego con su vestido, idea del director Carlos Téllez, inspirada en el lenguaje visual del comic). Sólo la esposa de Gutierritos había causado anteriormente un impacto similar, pero se trataba de una villana a la que la gente odiaba y escupía en la calle. Con la Creel ocurrió lo contrario: el televidente sucumbió al influjo de su autoridad, y deseaba que siguiera matando. La multihomicida no sólo causó furor en México, sino en todos los países donde se exhibió la telenovela (España, Italia, Alemania, Suecia, Estados Unidos) y especialmente en China, donde el público llamó a Catalina "La Emperatriz", deslumbrado quizá por la semejanza entre su altivo semblante y las máscaras grotescas de la ópera de Pekín.

Admirada por su elegante crueldad, envidiada por los débiles de espíritu y temida por su contundente declaración de principios ("nunca me ensuciaré las manos con sangre de pobre") , Catalina ya no le pertenece a su autor, porque forma parte del folclor nacional. Su imagen quedó tan grabada en el inconsciente colectivo que se ha convertido en figura emblemática de la oligarquía rapaz. Como el Cid Campeador, después de muerta todavía infunde respeto, aunque no siempre salga victoriosa en las contiendas políticas. A mediados del 92, Superbarrio luchó contra ella en un acto de protesta contra la nueva Ley Inquilinaria, y tras el debate entre los candidatos a la presidencia en las elecciones del 94, Muñoz Ledo declaró por televisión: "Esto no es una telenovela, aquí no está Catalina Creel." En su afán por explicar la enorme popularidad del personaje y las razones de su impacto masivo, la crítica suele pasar por alto la excelente factura de la telenovcla, en la que se entrelazan a la perfección el melodrama y el thriller. Olmos es un fanático de Hitchcock, pero también de los grandes maestros del melodrama, como King Vidor y Douglas Sirk. En *Cuna de lobos* aplicó todas sus enseñanzas y logró una telenovela impecable, que desde un punto de vista dramático supera en mucho a la mayoría de nuestras películas "de festival". García Márquez y Jorge Amado se han propuesto en años recientes convertir la telenovela en un entretenimiento de altura. Gracias a ellos, y a los escritores que han forjado en sus talleres, la telenovela brasileña y la colombiana tienen ahora un nivel de calidad bastante decoroso. En México es difícil que ocurra algo parecido, por el rígido criterio comercial de Televisa, donde prevalece la fórmula de contar *ad nauseam* la historia de *La Cenicienta*. Hasta ahora, Olmos es el único escritor que ha logrado conquistar cierta independencia creativa en la televisión mexicana y tal vez en el futuro sea visto como un precursor.

Cuando mi amigo se hizo famoso por haber engendrado a Catalina Creel, llegué a temer que abandonaría el teatro, pero por fortuna volvió a los escenarios con mayor acierto que nunca. La experiencia de haber vaciado el metro Pino Suárez la noche que se transmitió el último capítulo de *Cuna de lobos* (todo México estaba pegado al televisor, no había un alma en las calles, y un amigo común hizo el trayecto del aeropuerto al Zócalo en cinco minutos), le dio seguridad y audacia para ensayar nuevas formas de acercarse al espectador en su medio de expresión predilecto.

Con *El eclipse* volvió al teatro intimista del que se había apartado en sus obras de crítica social y recuperó el fervor nostálgico de su *opera prima*. Pero si en *Juegos fatuos* exhibía un deseo hasta cierto punto ingenuo de estar a la vanguardia en materia de lenguaje teatral, en *El eclipse* asume el realismo sin mayores alardes de estilo, con la sencillez de un autor maduro que ya no busca deslumbrar a nadie, sino recuperar el pasado. Olmos ha declarado que *El eclipse* es "la más personal de sus obras", pero no se trata de una pieza autobiográfica, sino de una ficción que lo toca de cerca por el andamiaje simbólico de la obra, formado por elementos de su mitología infantil, en la que la iguana desempeña una función axial.

En el primer acto se alude sesgadamente al episodio traumático de Tapachula, cuando Gerardo declama borracho el poema de

Carlos Pellicer "Estoy todo lo iguana que se puede". La referencia no es ajena a la trama, pues el bicho que el mismo personaje pesca en la playa es en realidad una iguana de dos cabezas (así lo indica el texto, aunque el animal de la puesta en escena parezca un E.T. del trópico). La madre del muchacho lo había enterrado en la maceta, como si enterrara con ello la amenaza de perder a Gerardo, pero con la llegada del eclipse, tanto el joven como el animal escapan de su prisión: él huye con su amante a la capital y la iguana emerge de la tierra, como si existiera una misteriosa correspondencia entre el cruce de los astros y la pequeña rebelión de las criaturas terrestres.

Con una cabeza añadida a la que Olmos no pudo cercenar de niño, la iguana simboliza el triunfo del deseo sobre la moral castradora, siempre dispuesta a condenar lo diferente o lo inexplicable. Pero en *El eclipse*, las portavoces de esa moral no son viejas arpías a las que el público pueda odiar con facilidad, sino personajes entrañables que nos hacen pensar en nuestra madre o en nuestras abuelas. En un plano está el conflicto de la moral enfrentada a la naturaleza, en el otro el conflicto del individuo que debe matar a sus ángeles de la guarda para no ser víctima de un amor opresivo. El acierto de Olmos consiste en haber plasmado esa lucha de voluntades sin inclinarse por ninguno de los dos bandos. En manos de otro autor, *El eclipse* pudo haberse convertido en un panfleto *gay*. Pero Carlos le imprime tanta vitalidad a sus personajes femeninos que logra equilibrar la balanza, dejando en el público la responsabilidad de juzgarlos, para que cada espectador deduzca el contenido moral de la pieza. Después de haber condenado y absuelto a los personajes de sus obras adolescentes como un Dios iracundo que destroza sus marionetas, Olmos parece haber comprendido que la tarea del dramaturgo, más allá de la diatriba o el terrorismo moral, es actuar como un medium o un intérprete de su tiempo, para que la conflictiva pluralidad de la vida se refleje a través de la acción.

El efectismo y sus detractores

El menosprecio del efectismo, cualesquiera que sean sus orígenes, forma parte de una cruzada mundial en pro del aburrimiento, sustentada en un prejuicio contendista que valora la claridad del "mensaje" por encima del estilo y la forma. Tildar de efectista a una película o a una novela significa descalificarla por tramposa y superficial, y junto con ello, sostener que el arte debería concretarse a decir algo, sin aturdir al espectador con rodeos innecesarios y juegos de pirotecnia. De acuerdo con este criterio, muy extendido entre el público "culto", la máxima creación de la literatura universal serían las fábulas de La Fontaine y lo mejor del cine, los documentales bélicos de la Segunda Guerra Mundial. Pero el cine y la novela no valen por lo que cuentan sino por la manera como lo cuentan, por su lenguaje y su estilo, que no puede prescindir de los efectos, aunque se proponga renovarlos constantemente.

El efectismo es consustancial a varios géneros de la narrativa, como por ejemplo el cuento fantástico. Poe y Lovecraft fueron grandes creadores de atmósferas terroríficas porque el desarrollo de sus cuentos, desde el *incipit* hasta la última línea, está calculado para producir un efecto sobrecogedor. Pero tampoco la novela realista se sostiene sin un alto grado de artificio. Pensemos, por ejemplo, en las coincidencias forzadas, que para muchos alguaciles del sentido común restan verosimilitud a una trama. Sin embargo, los grandes maestros del realismo las prodigan en sus novelas, porque minimizar el papel de la suerte en la evolución de un personaje significa ignorar el sentido trágico de la vida. Como dice Spengler en *La decadencia de Occidente*: "Lo imprevisto reina en la superficie de los movimientos cósmicos y en la vida doméstica de los hombres; se adhiere como marca distintiva a todo suceso aislado, a toda decisión particular, a todo destino individual."

El escritor que huye de los encuentros fortuitos y de las revelaciones accidentales termina siéndole infiel a la realidad, que no escatima golpes de azar al escribir sus tramas. El realismo tolera un ilimitado número de coincidencias, pero exige al escritor que reproduzca la manera como se presentan en la vida real. Una historia deja de ser verosímil cuando las jugarretas del destino parecen intromisiones del autor que ha fracasado al urdir una cadena de causas y efectos. El azar prefabricado exhibe los andamios de la creación y pone al narrador en el primer plano de su relato, lo cual sería disculpable si planteara abiertamente un juego de autoconciencia literaria, como los maestros del realismo español (Cervantes, Unamuno, Valle Inclán, el Arcipreste de Hita), pero resulta nefasto cuando se busca producir el efecto contrario, la impresión de objetividad que para Flaubert y Henry James era la esencia de la novela. Cualquier escritor que se proponga seguir el camino abierto por ellos (y aquí entran forzosamente los novelistas policiacos y los autores de telenovelas) tropieza tarde o temprano con el problema de la coincidencia forzada. ¿Cómo presentarla sin que la casualidad parezca la solución providencial de una causalidad fallida?

Como el drogadicto que necesita contrarrestar un tranquilizante con un vasodilatador, el escritor que huye de un efecto nocivo sólo puede anularlo con otro más potente. Esa es una de las enseñanzas de Dostoyevski, a quien nadie puede acusar de haber sacrificado el contenido de sus novelas por los golpes dramáticos. En materia de causalidad, Dostoyevski nunca obedeció al sentido común. Cuando se le atoraba una trama, recurría sin miramientos a la burda estratagema de colocar a un personaje detrás de una puerta, para que pudiera enterarse de algo trascendental. A veces el oidor ni siquiera es un espía: simplemente anda por ahí, olisqueando el barniz de las puertas, en espera de que el autor le transmita el secreto más importante de la novela. En *Crimen y castigo* hay una coincidencia planeada con absoluta desfachatez. Para descongelar la acción en un momento clave de la novela, Dostoyevski necesitaba que Svidrigailov, su gran cínico sentimental, descubriera el secreto de Raskólnikov, pero Raskólnikov jamás le confesaría sus crímenes a un enemigo: sólo podía abrirse de capa con Sonia, la prostituta respetuosa que ocupa un cuartucho en la casa de huéspedes más miserable de San Petersburgo. Como un tramposo *croupier* de Las Vegas, tras la escena de la confesión, Dostoyevski nos revela que Svidrigailov, rico hacendado provinciano, había alquilado por casualidad el cuarto de junto y estaba oyendo por detrás de la puerta. ¿Qué hacía en esa pocilga un burgués acostumbrado a los hoteles de lujo?

Es indudable que en este caso la intervención del azar fue metida con calzador, pero lo interesante para un lector perspicaz no es buscarle pelos en la sopa al genial epiléptico, sino analizar por qué su marrullería no afecta para nada la verosimilitud de *Crimen y castigo*. Creo que la explicación está en la crisis de conciencia de Raskólnikov. Sus delirios crean una atmósfera de irrealidad en la que nada parece ocurrir de acuerdo a la lógica. Siendo Raskólnikov el principal focalizador de la acción, el lector identificado con él participa en su angustiosa duermevela hasta confundir los límites de la realidad y el sueño. La tormenta psicológica del protagonista funciona, pues, como un velo distorsionante que oculta los remiendos de la trama. Absorto en la fantasmagórica intimidad del asesino, el lector se traga la revelación accidental del secreto a Svidrigailov y el falso suspenso del juzgado (IV Parte, Capítulo V), cuando el narrador advierte que hay un testigo detrás de una puerta dispuesto a declarar contra Raskólnikov, a petición del comisario Porfirio Petrovich. Por supuesto, el testigo nunca sale de ahí: sólo es un gancho para vender la próxima entrega del folletín, pues la advertencia ocurre al final del capítulo.

Los críticos de cine, teatro y literatura que usan la palabra efectismo en sentido peyorativo deberían reflexionar sobre la función del efecto dramático en Dostoyevski. Su obra es un manual de efectismo que nos enseña cuándo funciona un efecto y cuándo hay que aplicar otro para disimular el anterior. El efecto más tramposo no sólo es lícito, sino plausible, cuando lo percibimos con el turbio cristal de una personalidad que se desintegra. Este ardid ilusionista fue llevado hasta sus últimas consecuencias en las novelas de Patricia Highsmith y en el cine de Hitchcock. Ambos le deben mucho a Dostoyevski, lo mismo que Brian de Palma (tildado de efectista por la crítica "seria") que en su película más fascinante, *Obsesión*, logró traducir al lenguaje cinematográfico el ritmo alucinante de los monólogos de Raskólnikov. Desvergonzadamente fundada en la coincidencia, la trama de *Obsesión* no resiste el menor examen lógico, pero resulta verosímil por el arte con que De Palma nos instala en la conciencia brumosa y alienada de su protagonista. Los filtros de la cámara, los giros de 360 grados, la música hipnotizante y perturbadora no son meros alardes de estilo: así es la realidad para el que la ve como una pesadilla. Quienes reducen el realismo a lo documental creen que estos barroquismos son un adorno superpuesto a la narración de una historia, cuando en realidad son el medio para construir una visión del mundo.

Toda percepción subjetiva (sin la cual no hay vida en el reflejo de la realidad) se crea por acumulación de efectos. De hecho, la evolución del realismo en el siglo XX, de Edouard Dujardin a Faulkner, es un perfeccionamiento continuo de los efectos que permiten acceder a la conciencia de un personaje. En cierta forma, el novelista moderno es un decorador de interiores. Su función ya no es crear una ilusión de vida, como en el siglo XIX, sino crear una ilusión de interioridad, lo que exige dramatizar el pensamiento por medio de efectos. El arduo trabajo que hay detrás de los monólogos de Leopold Bloom no es algo exterior a su carácter: es la esencia del personaje. Pero si los detractores del efectismo admiran a Joyce, deberían admirar también a Lindsay Kemp, un efectista del teatro que llena el escenario de hielo seco, saltimbanquis, gasas multicolores y mujeres que andan en zancos. La única diferencia entre ambos es que Joyce esconde sus efectos mientras Kemp los proyecta hacia el exterior, con un sentido del espectáculo que no busca relegar a segundo plano el contenido de la obra, sino hacerlo más llamativo. Tanto la naturalidad artificial de Joyce como la pirotecnia barroca de Kemp están al servicio de un ideal expresivo. Pero no hay expresión sin deslumbramiento, sin trucos de magia, sin un proceso de hipnosis. La paradoja del teatro, la literatura y el cine moderno es que no puede reducirse a perseguir un efecto, pero tampoco puede expresar nada sin alcanzarlo.

Las almas muertas de Luis Arturo Ramos

Sin hacer ruido, dedicado a su trabajo con una discreción excepcional en un medio plagado de gente ansiosa por hacerse notar, Luis Arturo Ramos ha creado a partir de los años 80 una de las obras más interesantes de la narrativa mexicana actual. Admirador de José Revueltas y miembro de una generación, la del 68, que en algún momento soñó con ser protagonista de la historia, Ramos ha eludido sin embargo la novela política, uno de los géneros favoritos de sus contemporáneos (Aguilar Camín, Lara Zavala, Carlos Montemayor), que por medio de la ficción han buscado aclarar el pasado reciente de México. Tampoco se ha extraviado en el limbo de la llamada "novela del lenguaje", subproducto de la teoría literaria que en plena dictadura de la revista *Tel Quel* obnubiló a escritores de valía como Gustavo Sáinz, Héctor Manjarrez o Jorge Aguilar Mora. Refractario a las modas, como todo novelista con verdadera personalidad, Ramos no es un escritor fácil de ubicar en un cuadro generacional, ni esa clasificación puede servir de mucho a quien se proponga estudiarlo, pues lo poco que tiene en común con sus contemporáneos probablemente sea lo menos representativo de su obra.

Me refiero sobre todo a su primera novela, *Violeta-Perú* (Ed. Leega, 1979), donde todavía no encontraba su propia voz. Escrita con una prosa juguetona y desenfadada, *Violeta-Perú* tiene algunos episodios felices, como la tragicomedia de Pati la pescadera, pero el autor se regodea demasiado en la descripción del folclor urbano, como si tratara de instaurar un régimen igualitario en el terreno de las letras (ideal respetable, pero que al convertirse en consigna constriñe la libertad creativa). Por su registro fiel de lo pintoresco

157

y su empeño antropológico en fotografiar con exactitud el bullicio de la ciudad, Ramos era hasta entonces un novelista varado en la crónica imaginaria. La historia del borrachín desempleado que va tejiendo fantasías revolucionarias y eróticas en el trayecto de un autobús urbano pudo ser escrita por Armando Ramírez, Emiliano Pérez Cruz o Agustín Ramos, que en esos años estaban publicando narraciones del mismo corte, bajo la influencia de Efraín Huerta y José Agustín. En cambio, las obras posteriores de Ramos no se parecen a nada porque son el fruto de una búsqueda interior, de una exploración compleja y madura del alma humana. Sólo él y nadie más pudo haber escrito el estupendo ciclo formado por *Intramuros*, *Los viejos asesinos*, *Este era un gato* y *La casa del ahorcado*.

Si tuviera que definir en pocas palabras una obra tan reacia a las simplificaciones, diría que el tema dominante en su narrativa es la visión del hombre como enemigo de sí mismo. Observador inclemente del estancamiento vital, del angustioso letargo en que naufraga la gente sin expectativas, Ramos ubica la mayoría de sus ficciones en la provincia mexicana, sobre todo en el puerto de Veracruz, donde transcurren *Intramuros* y *Este era un gato*. En apariencia, la sofocante mezquindad que rodea a los personajes determina el curso de sus vidas, pero un lector atento descubrirá que se trata de un determinismo relativo, pues cada voluntad que se deja aplastar por el medio contribuye al mantenimiento de la parálisis colectiva. "La mediocridad es la ley, la medida del hombre, su país, su traje más elegante", dice Teodora Ricalde en un monólogo de *Intramuros*. Si el hombre tiende naturalmente a la mediocridad cuando ninguna fuerza exterior lo obliga a nadar contra la corriente, ¿qué tanto pesa el contexto social en la conducta humana?

Quizá el mundillo sórdido y cerrado de la provincia no sea una fatalidad superpuesta a los personajes de Ramos, sino una metáfora amplificada de su horror a la libertad. Así ocurre en *Intramuros* (Universidad Veracruzana, 1982), donde hay una clara correspondencia entre el carácter ensimismado de los refugiados españoles y el infierno circular en que se encierran a vegetar de por vida. Otras veces, la caída en el vacío se presenta como un proceso de adaptación a la podredumbre ambiental. En *La casa del ahorcado*, al observar una montaña de basura custodiada por un grupo de pepenadores —emblema de la corrupción en el México salinista—, Enrique Montalvo comenta: "Para vivir en esa pocilga, y la apariencia de los habitantes lo confirmaba, era necesario contagiarse de todo, asimilarse a todo, participar de la unidad perfecta e irreversible que sólo proporciona la muerte." De lo anterior se desprende que si en *Violeta-Perú* Ramos veía la realidad como una lucha entre fuerzas sociales, a partir de los años 80 transita del marxismo al existencialismo, y empieza a escudriñar con mayor agudeza la mentalidad del individuo alienado que se entrega a la abyección por dejar su destino en manos de los demás.

La idea de que el hombre lleva dentro a su peor enemigo, consustancial a la narrativa de Ramos, toma un sesgo fantástico en *Los viejos asesinos* (Ed. Premiá, 1985), un conjunto de historias deliberadamente ambiguas donde no es fácil precisar la línea divisoria entre la imaginación paranoica y la irrupción de lo sobrenatural. El hilo conductor que confiere unidad al volumen probablemente se encuentre en el título del libro, que no alude a ningún cuento en particular, sino a lo que Poe llamaba "el demonio de la perversidad", alojado en la conciencia de cada hombre. En "Lo mejor de Acerina", una especie de thriller filosófico-tropical, a medio camino entre "Pedro Navajas" de Rubén Blades y "El perseguidor" de Cortázar, la inversión de papeles entre el asesino y la víctima, que al momento de los disparos resultan ser la misma persona, presupone la existencia de una identidad criminal intercambiable, de un espíritu homicida que funde en un solo ser a los hombres de la misma calaña. Este demonio impersonal es el verdadero protagonista de los cuentos, ya esté encarnado en el siniestro doctor de "Médicos y medicinas", que va desarrollando un rencor patológico contra uno de sus pacientes, hasta ahogarlo con una almohada, o en el francotirador de "El visitante", encargado de ejecutar a los peatones de un pueblo ante la inminencia del Juicio Final.

Los viejos asesinos lleva un colofón titulado "Lista de amigos-lista de enemigos" que parece aludir a una estructura oculta entre líneas. La prostituta de "El segundo viaje", asesinada por Cristóbal Colón tras haber descubierto su identidad, aparece en la lista de amigos enfrentada a La Historia, mientras que Montalvo, el Vale y el Vigilado, los gángsters de "Lo mejor de Acerina", se oponen a un Otro multiplicado por tres, como si cada cuento narrara un choque entre fuerzas ocultas, un duelo de ciegos en el que la etiqueta de "amigo" no equivale a "bueno", pues muchas veces los amigos se encargan de ejecutar a los inocentes. El colofón deja varias preguntas en el aire: ¿De quién son amigos y de quién son enemigos los personajes? ¿Del autor? ¿Del azar? ¿De un Dios arbitrario y canalla? Si entre los verdugos y sus víctimas muchas veces no existe amistad o enemistad, sino más bien indiferencia, ¿cuál es el criterio para clasificarlos en una u otra lista? No creo que estos enigmas tengan una respuesta unívoca, pues el propósito del autor, más que explicar sus historias o proponer un código interpretativo, es incitarnos a buscar un eje de rotación en el subsuelo del texto.

Junto al placer de la lectura, la narrativa de Ramos plantea un reto que consiste en descubrir la relación secreta entre narraciones aparentemente inconexas. El binomio de relatos *Domingo junto al paisaje* (Ed. Leega, 1987) y la novela *La casa del ahorcado* tienen la estructura abierta de un modelo para armar, que sólo empieza a delinearse después de una relectura. En el primer caso, las narraciones "Domingo" y "Junto al paisaje", correspondientes a distintas épocas del autor (la primera fue escrita en 1985 y la segunda en 1972), son dos polos opuestos que el título enlaza en una conflictiva armonía de contrarios. "Domingo", la historia de un aspirante a escritor que tras haber fracasado en la literatura vuelve a ejercer su olvidada profesión de médico mientras ve agonizar a su madre, puede considerarse un rescoldo de *Los viejos asesinos*, por el anquilosamiento y la sordidez del protagonista, y por la insistencia quevediana en presentar a los galenos como enemigos de la humanidad. Pero en "Domingo", Ramos renueva el tópico del médico asesino, porque su protagonista es un psicópata literario, condenado a repetir en su consultorio la misma torpeza criminal que antes cometió en sus tentativas como escritor, cuando aniquilaba a sus personajes antes de haberlos creado.

Símbolo de la crueldad que nace de la frustración creativa, el doctor se contrapone en un efecto de claroscuro a los ingenuos y felices novios de "Junto al paisaje", que viajan de Veracruz a México en tren, con el propósito de casarse en secreto y obligar a sus padres a aceptar un hecho consumado. En este relato de juventud Ramos emplea el mismo lenguaje cinematográfico de *Violeta-Perú* (ambas historias narran un viaje, lo que explica el tono descriptivo, a veces preciosista del narrador) pero le imprime una carga de erotismo insinuado y sutil, situándose en la perspectiva del muchacho absorto en la contemplación de Teresa, la sensual colegiala que en algún momento se funde con la vegetación del paisaje. El ciego que los acompaña en el tren desempeña la misma función de la oscuridad en los cuadros de Rembrandt: su presencia subraya por contraste el banquete visual del joven, como si la belleza de la muchacha cobrara mayor realce por la circunstancia de que alguien no pueda verla. En otro plano interpretativo, la gentileza de la colegiala que sirve al ciego como lazarillo, confrontada con la mezquindad del doctor que al final de "Domingo" quita las ruedas a la cama de su madre y la condena a pudrirse en el rincón de la vivienda, produce un equilibrio contradictorio, una confluencia paradójica entre la piedad que nace del amor a la vida y el afán destructivo que brota de su negación.

En las novelas mejor logradas de Ramos, el *leitmotiv* encierra la clave o las claves que resumen de manera cifrada el contenido del texto. Se trata de un dato a primera vista irrelevante que va cobrando significado conforme avanza la narración y aflora la patología existencial de los personajes. El *leitmotiv* funciona también como un espejo en que la novela contempla su propia escritura. En *Intramuros*, el prolongado letargo de los españoles que desembarcan en Veracruz y se quedan estancados en el puerto por miedo a explorar lo que hay tierra adentro, se anuncia en la dentadura podrida del polaco que los acompaña en el viaje a México y en la vieja litografía de la ciudad amurallada que presagia la suerte del anarquista José María Finisterre, condenado a llevar una vida claustrofóbica sin rebasar nunca el perímetro del mapa. La reiteración de ambos motivos —el plano de Veracruz y la sonrisa del polaco— intensifica la atmósfera de esclerosis y abulia que inmoviliza a los personajes. En cierta forma, Finisterre, Gabriel Santibáñez y Esteban Niño son el reverso timorato de Hernán Cortés y sus lugartenientes. Paralizados de cobardía, se quedan en la orilla del Nuevo Mundo y sólo aspiran a conquistar el sitio que ocuparán bajo tierra.

El entramado simbólico de *Este era un gato* (Ed. Grijalbo, 1988) es más complejo y sugestivo. El adolescente Alberto Bolaño, narrador y protagonista de la novela, descubre paulatinamente que su animal más temido, el gato, ejerce un poder totémico sobre sus actos. Después de combatir a los gatos que tratan de matar a las crías de una gata recién parida, Bolaño se comporta, en sus travesuras de preparatoriano fascista, como los felinos que antes ahuyentó a escobazos: participa como testigo mudo en la violación de su sirvienta (la gata Macrina) y finalmente, cuando espera en un hotel a Miguel Herrador, su llegada —que también es la de la muerte— se le anuncia con arañazos en la puerta del cuarto. Otro motivo central de la novela es la imagen de san Miguel Arcángel degollando al demonio que adorna la recámara de Miguel Herrador, nieto de un mártir cristero y primogénito de un periodista de extrema derecha. El arcángel es un emblema familiar que representa el miedo a los cuerpos y el ánimo vengativo de tres generaciones enfermas de pureza. Los Herrador, adversarios del demonio en todas sus manifestaciones (la lujuria, el peligro comunista, el anticlericalismo de Calles), arrastran el pecado original de haber colaborado con el ejército estadounidense durante la invasión de 1914. Su traición los vincula con Luzbel, y para redimirse no tienen otra salida que lavar con sangre la honra familiar, asesinando al exsoldado gringo Roger Copeland en uno de los desenlaces que Ramos propone a sus lectores. La trayectoria de la familia revela que san Miguel y Lucifer, el ángel bueno y el ángel traidor, forman un monstruo de dos cabezas.

Roger Copeland y la prostituta tuerta Eloísa Triana, alias *Tirana*, comparten otro *leitmotiv* que funciona como eje estructural de la novela. El "ojo de humo" de Tirana y la cicatriz en la pierna del francotirador son dos oquedades repletas de significado. Cliente de Tirana durante la invasión del 14, cuando se dedicó a cazar mexicanos apostado en un cuarto de hotel, Copeland recibe el balazo de la prostituta en un rondín callejero. Al encontrarse 60 años después, el ojo de Tirana, humeante como el rifle del tirador, se contrapone con la cicatriz en la pierna de Copeland, que Ramos compara con un ombligo, como insinuando que hay un cordón umbilical entre las dos hendiduras y los dos personajes. Si Copeland cerraba un ojo para ubicar en la mira de su rifle a los defensores del puerto, Tirana le abre uno en la pierna. Su venganza tiene una connotación sexual, pues el balazo de la tuerta es una manera de penetrar al cliente que penetró el más íntimo de sus ojos. Como en las novelas de Pérez Galdós, las deformidades físicas de los personajes encierran metáforas de su destino.

En *Intramuros* y *Este era un gato*, Ramos ha hecho todo lo posible por destruir la imagen de Veracruz como un puerto bullanguero y festivo. Su afán de evitar el folclor lo ha llevado a prescindir del lenguaje coloquial, de las eses aspiradas, del son jarocho, del chilpachol de jaiba y de cualquier otro elemento costumbrista que nos recuerde al puerto de las tarjetas postales. Parece que su tentativa es decolorar el trópico, y lo ha conseguido al extremo de convertir a Veracruz en una ciudad onettiana. En México, la crítica suele calificar de "urbanas" a las novelas que transcurren en el Distrito Federal, pero el caso de Ramos obliga a extender o desechar la etiqueta. Paradójicamente, la más chilanga de sus novelas, *Violeta-Perú*, pecaba de provinciana por su costumbrismo exacerbado. Empezó a escribir novelas urbanas cuando trasladó sus ficciones a Veracruz. En los personajes del puerto ha capturado lo que tienen en común con los de cualquier otra ciudad latinoamericana, sin prestarle demasiada atención a su "identidad cultural". Con lo anterior no pretendo insinuar que Ramos sea un escritor "provinciano" en el sentido peyorativo de la expresión. Al contrario, creo que la universalidad y la excelencia de *Este era un gato* provienen de una inmersión tan profunda en el microcosmos de la novela que hace innecesario el color local. Borges decía que los escritores árabes no hablan de camellos. Ramos tampoco se detiene en los atributos exteriores de Veracruz porque sólo ve la esencia de la ciudad, o para ser más exacto, la manera como el ser colectivo se refleja en la conciencia de sus personajes.

Si en la narrativa de Ramos las ciudades parecen prisiones, los hogares funcionan como celdas de castigo. Por medio de un paralelismo angustioso, el estrechamiento de los espacios acompaña el derrumbe psicológico de los personajes. Así ocurre, por ejemplo, en "Domingo", cuando el doctor deja de salir a la calle y se encierra en su consultorio, o en "Cartas para Julia", un cuento extraordinario incluido en *Los viejos asesinos*, donde el inquilino de un departamento se vuelve loco al descubrir que su antigua ocupante, una suicida a quien sólo conoce por referencias, sigue recibiendo cartas después de muerta. Atormentado por una transferencia de culpabilidad que recuerda el cine de Hitchcock, el protagonista termina encerrado en un doble calabozo: el de su neurosis y el de la vivienda que habita, donde espera con horror a los visitantes de la suicida. Lo mismo pasa en *Este era un gato*, cuando Alberto Bolaño se recluye por voluntad propia y su único contacto con el mundo son las cartas que Miguel Herrador le envía desde Barcelona.

En *Intramuros* hay otro loco postal, Gabriel Santibáñez, que nunca deja de escribir cartas a su difunta hermana, a quien trata de engañar haciéndole creer que es un gran triunfador. Para estos náufragos de la soledad, la correspondencia es un instrumento de catarsis: a falta de otro contacto con el exterior necesitan enviar cartas adonde sea, porque de otro modo deberían admitir que están muertos en vida. La técnica de recomenzar interminablemente la misma historia, un poco a la manera del *nouveau roman*, con la que Ramos obtiene magníficos resultados en *Este era un gato*, viene a ser una expresión formal del confinamiento psicológico de los personajes. El narrador teje y desteje su relato como ellos hilan y deshilan la madeja de la locura.

En *La casa del ahorcado*, Ramos reincidió en su tema favorito, la claudicación moral del hombre contemporáneo, llevándolo al terreno de la comedia con un enfoque satírico de la realidad mexicana actual. Se trata de un cambio de tono, pero no de contenido. La vida de Enrique Montalvo no desmerece en patetismo frente a la de Alberto Bolaño o Gabriel Santibáñez, pero el autor la observa con frialdad, como espectador imparcial de una mascarada grotesca. Montalvo no es un personaje aislado, como los protagonistas de las anteriores novelas: tiene una vida social tan intensa como repulsiva. Sus amistades, contubernios y adulterios reflejan la avanzada podredumbre de una generación "estragada por el engaño, las hemorroides, los infartos y el cáncer, pero sobre todo, por el miedo". La personalidad camaleónica de Montalvo se adapta a todas las cloacas, de manera que la casa del ahorcado a la que hace referencia el título no sólo es la suya, sino el país entero. A los 50 años, víctima de impotencia sexual y recién ingresado a la legión de burócratas que hacen negocios a costa del erario público, Montalvo se define a sí mismo como un apóstol del conformismo: "He aprendido que la victoria contra la enfermedad no reside en la medicina sino en el contagio. Contaminarse, incorporar el virus no para aniquilarlo con los anticuerpos de la conciencia sino para convivir con ellos. Esta, y no otra, es la verdadera razón de las vacunas. No la salud sino la enfermedad: aprender a vivir dándole sopitas de su propio chocolate."

Por la recurrente analogía entre la vida interior de Montalvo y la corrupción de la sociedad en que vive y medra, *La casa del ahorcado* se inscribe dentro de la llamada "novela de la crisis", un subgénero que puede llegar a ser canónico en nuestras letras, pues crisis económica, política y social iniciada según algunos en 1982, y según otros en 1976, no tiene para cuándo acabar. Sin la amplitud de un fresco social, pero más penetrante que *Cerca del fuego* o *Cristóbal Nonato* en la observación del inconsciente colectivo, la novela de Ramos explora los estragos domésticos de la crisis, la manera embozada y sinuosa en que la corrupción va inficionando paulatinamente la intimidad de los hombres. El humor sarcástico del narrador pocas veces salta a la superficie, pero está implícito en el lenguaje hipercorrecto de Montalvo, que se expresa con mayor pulcritud conforme su vida se va convirtiendo en un gigantesco ripio. Fiel a su visión de la novela como una estructura inacabada que exige la participación del lector, Ramos intercala a mitad del texto "La balada de Bulmaro Zamarripa", un cuento policiaco espléndidamente resuelto que sirve de contrapunto irónico a la impotencia de Montalvo, reflejada en el extravío de un símbolo fálico, la pistola de Hitler, por la que se matan entre sí los camisas negras de Argentina y México.

Con autores como Luis Arturo Ramos va cobrando fuerza en México una literatura de resistencia, que vale por sí misma independientemente del respaldo o la bendición que puedan darle los caciques de nuestras letras. Escritor excéntrico en el sentido literal de la palabra, Ramos ha hecho su carrera fuera de los centros de poder cultural, primero en Jalapa y ahora en El Paso, Texas. En un país donde todo viene desde lo alto de la pirámide —puestos, negocios, reconocimiento— la aspiración de ser independiente se paga muchas veces con la zancadilla o el ninguneo. Por factores extraliterarios, Ramos todavía no tiene la cantidad de lectores que se merece, pero ya es un punto de referencia obligado para aquilatar en su justo valor la narrativa mexicana de hoy.

La fabla de Genaro Estrada

Autor de la famosa doctrina que rige la política exterior de México, el diplomático Genaro Estrada (1887-1937) fue también poeta y ensayista, pero su principal aportación a la literatura mexicana la hizo con la chequera, no con la pluma: gracias a él sobrevivió la revista *Contemporáneos* cuando su primer mecenas, el doctor Bernardo Gastélum, ya no la podía sostener con las partidas presupuestales de la entonces Jefatura de Salubridad. Estrada perteneció al grupo de escritores colonialistas (Julio Jiménez Rueda, Artemio del Valle Arizpe, Ermilo Abreu Gómez, entre otros) que no sólo intentaron reconstruir la cultura del virreinato, sino el habla de los novohispanos, a partir de su hipotética semejanza con el lenguaje literario de los Siglos de Oro, en un experimento que nació condenado al fracaso, como todos los de arqueología lingüística, pero tuvo la virtud de revalorar nuestro pasado colonial, aunque fuera con un espejo deformante.

De gustos más cosmopolitas, y con una marcada admiración por la cultura estadounidense, Estrada se desliga tempranamente del grupo y en 1926 publica *Pero Galín*, una sátira contra la obcecación colonial que acaba de reeditar el Conaculta en la tercera serie de Lecturas Mexicanas. A 65 años de su primera edición, *Pero Galín* ha perdido interés como alegato literario, pero es un documento de gran utilidad para conocer los gustos y veleidades de la élite posrevolucionaria en los años 20. Hay motivos para creer que Estrada se autorretrató en la figura de Pero, porque había seguido la misma trayectoria de su personaje. Bibliófilo y coleccionista de antigüedades, quizá no fue del todo ajeno al autoengaño que proviene de confundir la "alta cultura" con la acumulación de tesoros artísticos. En *Los contemporáneos ayer* (FCE, 1986), Guillermo Sheridan lo describe como "un sibarita consumado que sólo bebía oportos finos, que sólo fumaba tabaco inglés, y que sólo se ponía pijamas de seda japonesa".

Estrada no fue avaro con su exquisitez: quiso divulgarla para combatir el mal gusto de los ricos mexicanos. Estética del consumo suntuario, *Pero Galín* es el libro de un árbitro de la elegancia que se propone modernizar a la burguesía de un pueblote. La modernización que Estrada anhelaba no iba más allá de lo ornamental, pero al menos alcanzó a entrever, como Guy de Maupassant y Pérez Galdós, el efecto de falsa grandeza que los objetos de arte producen sobre sus dueños. A ellos va dirigida la pregunta-moraleja que el narrador desliza entre sus largas enumeraciones de muebles y chucherías: si no tuviera lo que poseo, ¿sería mejor o peor?

En tiempos de Genaro Estrada, la distinción se compraba en las tiendas de los anticuarios mexicanos o en los grandes almacenes de Los Angeles, es decir, volviendo al pasado o escapando al futuro. Un extremo lo representa Pero Galín y el otro su esposa Lota Vera, muñeca de aparador que es el eslabón perdido entre la duquesa Job de Gutiérrez Nájera, las niñas bien de Guadalupe Loaeza y la chica plástica de Rubén Blades. Estrada recalca su condición de objeto al despojarla de todo rasgo humano, de modo que Lota sólo existe en función de las marcas que anuncia: "En el verano, con sus trajes claros, con sus gráciles sombrerillos, al volante en la caja *tabac blond* de un Lincoln, o fumando su Abdulia *rose tip*, de codos en la mesilla del club atlético, era la moderna alegoría de la primavera; figurilla de gracia infantil y atrevida a la par que hubiera estado admirablemente en una cubierta de *Vanity Fair*, la revista pompier de los neoyorquinos, o en un proyecto de refinada decoración interior por Joseph Urban."

Lota Vera no tiene alma sino guardarropa: es una percha humana, un frívolo bombón que contrasta con la gravedad de Pero Galín, el intelectual colonialista sepultado entre falsos Cabreras, muebles españoles y legajos de la Inquisición. Lo que los une es el horror al vacío (tanto el exterior como el interior) y su obsesión por forjarse un carácter de fachada. Tan decorativo es el *status* cultural de Pero como la máscara sofisticada de Lota: la fuga al pasado y la fuga a California son dos formas de rechazar la circunstancia que les tocó vivir. Si Estrada hubiera profundizado en su conflicto de identidad, se habría anticipado a Carlos Fuentes en el retrato esperpéntico de una burguesía incolora que no puede asimilar lo extranjero por haber negado previamente su propia cultura. El mecenas de los Contemporáneos ocupaba una posición privilegiada para observar, por un lado, el avance de la vanguardia literaria que internacionalizaba nuestra expresión, y por el otro, el provincianismo de una minoría pudiente que atesoraba antiguallas o imitaba los rasgos exteriores de lo moderno para rehuir el presente, y junto con él, la engorrosa obligación de inventarse una personalidad. Entre los escritores de aquel tiempo había una pugna, ya superada, entre nacionalismo y cosmopolitismo. La evolución posterior de nuestras letras ha demostrado que la mejor literatura mexicana es al mismo tiempo universal y vernácula. En cambio, los nietos de Pero Galín y Lota Vera siguen estancados en el no ser por haber confundido el trasplante cultural con el desarraigo imitativo.

La tentación de convertirse en otro antes de haber sido uno mismo, que Pero y Lota ejemplifican con su alma hueca, se refleja de un modo involuntario en el estilo de Genaro Estrada, especialmente en sus diálogos cómicos. No le faltaba razón al señalar las aberraciones de la fabla colonialista, constreñida a la burda receta de cambiar las palabras que no sonaran a viejo por arcaísmos reales o inventados. Sin embargo, cuando Estrada se pone chistoso y coloquial, sustituye la fabla del siglo XVII por una fabla de zarzuela tan artificial como las crónicas de Pero Galín. A pesar de su agringamiento, Lota Vera es un surtidor inagotable de madrileñismos:

> ¿De dónde has sacado esa audacia y esa novela de enamorarte de mí, tú que pelas la pava con el calendario azteca y con el estandarte de Hernán Cortés? ¡Pero mira que te caes de tu nido!

Salvo María Conesa, nadie pudo hablar así en el México de los años 20. Ignoramos cómo hablaban los ricos de entonces, porque hasta los novelistas de la Revolución les inventaron un lenguaje pretendidamente "correcto" dejando las notas de color local para los tipos populares de la ciudad y el campo (ni siquiera José Revueltas escapó a esa corriente falsificadora, como lo demuestra la impecable redacción oral de Dolores del Río en *La otra*). Siguiendo la pauta marcada por Fernández de Lizardi cien años atrás, Estrada no vacila en reproducir el habla de los campesinos, aunque toma la precaución de poner en cursivas las palabras que rechazaría un académico ("Si no cai la helada, la cosecha de este año será rebuena"), como para indicar con un signo de extrañamiento que su español es de mejor cuna. Pero cuando la narración le exige hacer hablar a Lota, lo que implica reproducir su propio dialecto de clase, retrocede horrorizado ante su falta de estilo y prefiere utilizar la fabla moderna, que al menos tiene antecedentes literarios. El crítico de las personalidades ornamentales incurre así en la misma negación del ser que ridiculiza.

Un lenguaje decorativo es un lenguaje muerto. Las transcripciones fonéticas probablemente no sean muy felices en la literatura (una grabadora puede hacer lo mismo), pero la estilización del habla es indispensable para un escritor que se proponga ser fiel a su tiempo. Cuando Estrada escribió *Pero Galín*, no había en México un acervo de narrativa y poesía coloquial como el que ahora tenemos en las obras de Rulfo, Sabines, Garibay, Eraclio Zepeda y José Agustín. Antes de ellos hubo escritores que tenían oído para lo pintoresco, pero no sabían escucharse a sí mismos o les avergonzaba escribir en una lengua sin dignidad literaria. A pesar del aparente complejo de inferioridad que Samuel Ramos observó en el mexicano humilde, los cómicos de carpa que triunfaron en la década de los 20 se autodespreciaban mucho menos que el cosmopolita Genaro Estrada. Orgullosos de su lenguaje, vacunados contra la sordera psicológica del mexicano culto, se expresaron con libertad absoluta porque no tenían conflictos de idiosincrasia ni temían valer menos frente al resto del mundo.

Historia de una novela

Hace diez años oí un *spot* de radio que invitaba a los "jóvenes con vocación de servicio" a tomar un curso de adiestramiento para ingresar a la Judicial Federal. En un arranque de vanidad justiciera —quería exhibir las entrañas podridas del sistema, pero también alcanzar una rápida consagración literaria— se me ocurrió tomar el curso, rifármela como agente dos o tres años hasta conocer los entresijos del hampa institucional, participando si era preciso en hechos de sangre, y escribir una novela-reportaje al estilo de Truman Capote, donde probaría la complicidad entre la cúpula del gobierno y los zares del narcotráfico.

Naturalmente, me faltaron huevos para entrar en acción, pero la literatura se nutre de planes y sueños más que de hazañas. Aunque nunca llegué siquiera a tomar el curso, andando el tiempo delegué mi arriesgada misión al reportero policiaco Evaristo Reyes, el protagonista de *El miedo a los animales*, que toma el curso de adiestramiento con el mismo propósito, pero una vez infiltrado en la policía sucumbe a la tentación del dinero fácil, olvida el reportaje que soñó escribir y se convierte en secretario de Jesús Maytorena, el comandante más corrupto y despiadado de la Judicial.

La otra semilla de mi novela fue una experiencia literaria: la lectura de la trilogía balzaciana *Ilusiones perdidas*, una radiografía del mundillo intelectual francés de principios del XIX cuyo personaje central, el poeta provinciano Lucien de Rubempré, emigra a París con la ilusión de hacer una carrera literaria sin traicionar sus ideales, pero al verse involucrado en el medio literario de la época —un estercolero en el que nadie dice lo que piensa y las componendas gangsteriles deciden el éxito o el fracaso de un libro— termina vendiendo su pluma (y su alma) a las camarillas de escritorzuelos que detentan el poder cultural. Tanto Lucien como Evaristo son víctimas de una ambición impura, pues en vez de seguir el dictado de su vocación tienen la mira puesta en la fama, pero esa analogía no la descubrí hasta que ya iba muy entrado en la narración. Mi propósito inicial fue actualizar el tema de *Ilusiones perdidas*, describiendo a la fauna literaria de nuestro país en el marco de una novela negra. La historia narra el despertar de una conciencia: para lavar las culpas de su pasado, Evaristo se propone resolver el extraño asesinato de Roberto Lima, un escritor marginado por el *establishment* que amanece muerto en su casa tras haber insultado al Presidente de la República en la sección cultural de un periódico gobiernista (el personaje está inspirado en el crítico de arte Alfonso de Neuvillate, que en 1986 intercaló en un artículo de *Novedades* varias mentadas a De la Madrid). Los escritores ocupan un lugar privilegiado en la estimación de Evaristo, que confía ciegamente en su honestidad. Sin embargo, desde el comienzo de la investigación se enfrenta con una tribu competitiva y hostil, inclinada al tartufismo y dividida en cofradías de mediocres que se cuidan las espaldas los unos a los otros, donde impera un sistema de complicidades similar al que existe entre los hampones con placa.

El miedo a los animales no es una novela negra convencional —más bien se trata de una parodia—, pero traté de respetar al máximo las leyes del género, para evitar que el tono satírico desdibuje la trama, como sucede en los *thrillers* de Almodóvar y en las novelas de Jean Echenoz y René Belleto, los autores policiacos más aclamados por los modistos literarios de Francia. Obligado a combinar dos planos de escritura, me propuse mantener un equilibrio entre la sátira y la intriga, de modo que la historia policiaca no quedara relegada a segundo término. Tenía en mi contra la miseria moral de Evaristo Reyes, un detective que difícilmente puede provocar la identificación del lector, como Philip Marlowe o Sam Spade. Sin embargo, espero haber creado un personaje con claroscuros, a quien la gente acabe por comprender, aunque no lo perdone del todo. Ennoblecido por la influencia bienhechora de su amante Dora Elsa (una vedette sentimental, aficionada a las novelas rosas, que fuma cigarros con la vagina en la pasarela del Sherry's Bar), Evaristo se va reivindicando poco a poco ante sí mismo y ante el lector, en un proceso que llega a su punto culminante cuando rompe con Maytorena. Aun así, nunca deja de ser un hombre contradictorio y débil, diametralmente opuesto a los héroes positivos que infestan las novelas policiacas "de contenido social".

Cuando empecé la novela pensaba incluir una extensa gama de personajes que reflejaran la suciedad y la hipocresía del mundillo literario. Por exigencias formales tuve que limitarme a unos cuantos especímenes representativos del medio, pues de otro modo hubiera caído en digresiones inaceptables que habrían prolongado hasta el infinito las pesquisas de Evaristo. Lamento haberme dejado en el tintero algunos literatos de la peor calaña, pero confío en que los lectores quedarán satisfechos, y hasta agobiados, con el retablo de sabandijas formado por la funcionaria elitista Perla Tinoco, el agiotista de la amistad Claudio Vilchis, la chichifa cultural Fabiola Nava, el narcopoeta Osiris Cantú, la santona de la izquierda Palmira Jackson y el germanófilo de cantina Ignacio Carmona. Contrasta con ellos la personalidad de Roberto Lima —reconstruida a partir de los testimonios que recoge Evaristo—, a quien sus amigos definen como "un personaje de Tolstoi, obsesionado con la verdad y la rectitud, metido en una novela picaresca llena de estafadores, charlatanes, lambiscones y putas." Se me acusará sin duda de haber escrito una novela en clave, pero aclaro desde ahora que mi propósito no fue criticar personas, sino exhibir conductas que he detectado en distintos estratos de la llamada República Literaria. Juan Bautista Morales, el famoso *Gallo Pitagórico*, comparaba la sátira con el tiro al pichón, donde el cazador apunta a la parvada pero siempre derriba un pájaro. Quizá me suceda lo mismo y alguna persona se reconozca en la galería de *freaks*, cosa que no lamentaría, pues mi propósito fue herir el mayor número posible de susceptibilidades.

El miedo a los animales transcurre en el México actual, donde los crímenes de mano negra están a la orden del día. En medio de un clima de terror como el que vivimos, el asesinato de Lima provoca un escándalo en la opinión pública, como sucedió en fechas recientes con la golpiza al periodista Rafael Luviano y la balacera en casa de José Emilio Pacheco. De hecho, lo que disuade a Maytorena de fabricar un culpable para darle carpetazo al asunto es la presión de la comunidad cultural, que convierte a Lima en un mártir de la libertad de expresión y pide orientar las pesquisas al interior de la PGR. La cobertura periodística del crimen, con toda su cauda de hipótesis razonables y absurdas, me obligó a escribir una serie de pastiches en donde se refleja el estado de confusión y paranoia que provoca la nula credibilidad en el aparato de justicia. De un tiempo para acá, el periodismo se ha convertido en un género de ficción, por la ligereza de muchos periodistas que se vanaglorian de estar conectados con las altas esferas del poder (como si esto fuera un reconocimiento de su valía) y pretenden conocer de primera mano todo lo que se dice en la oficina, en la alcoba y hasta en el mingitorio del Señor Presidente. Si los periodistas hacen novelas, los novelistas tenemos derecho a buscar la verdad con nuestros propios medios. A partir de la ficción, mi novela invade el terreno del periodismo, creando un juego de reflejos en el que las fabulaciones más disparatadas de la prensa repercuten en la realidad, pues muchas veces el gobierno, para quitarse problemas de encima, encarcela a un villano previamente linchado por los periodistas, como se ha visto en los casos de Colosio y Ruiz Massieu.

Sin respetar instituciones ni aureolas de santidad, *El miedo a los animales* retrata a una élite corrompida por su afán de supremacía, el atributo de carácter que hermana a los hombres de letras con los políticos y las fieras. No creo que todo el medio literario sea una fosa séptica —si así fuera ya me habría exiliado— ni pretendo que los escritores deban reprimir su voluntad de poder, pues sin ella, como observó Nietzsche, tampoco existiría la voluntad de crear. Pero a mi juicio, en nuestro medio el espíritu de competencia ha desviado esa voluntad hacia la obtención de honores cortesanos y glorias artificiales. Sospecho que un buen número de colegas, pequeños, medianos y grandes, se preguntan diariamente en el baño, después de lavarse la cara: "Dime, espejito, ¿qué lugar ocupo en el escalafón de la cultura nacional? ¿No es verdad que ya voy alcanzando a Octavio?" De eso no se escapan ni los paladines literarios de la sociedad civil, como lo puso en evidencia el torneo de vanidades que desató la Convención Nacional Democrática. ¿Quién no recuerda sus bochornosas cartas a *La Jornada*, en las que, so pretexto de respaldar al Ejército Zapatista, se ufanaban de que Marcos los había distinguido con una invitación a la selva?

Los escritores extranjeros que conocen a fondo el medio cultural de nuestro país —Vargas Llosa y Alan Ridding, por ejemplo—, han denunciado con alarma la cooptación masiva de intelectuales por parte del Estado. Mi novela se ocupa de otras miserias, menos trascendentes quizá en el terreno político, pero más significativas en el campo de las relaciones humanas. Quien estudie con atención las secciones culturales de los periódicos descubrirá que en México nadie lee (según la Secretaría de Comercio, tenemos menos librerías per cápita que Haití), pero todo puede servir de pretexto para alimentar las pugnas entre escritores: los premios, las traducciones, la notoriedad política, los viajes al extranjero, los tirajes, las antologías, la cercanía con el presidente, la capacidad de convocatoria, el pegue con las mujeres, el número y la calidad de la gente que asiste a las presentaciones de libros, el mayor o menor prestigio de la editorial donde se publica. Si el pique nos obligara a escribir mejor, las rivalidades podrían ser fructíferas. Pero más que la búsqueda de excelencia, nuestra pasión dominante es la carrera de ratas, el eterno *quién es quién* llevado a extremos de obsesión patológica. En *El miedo a los animales* someto estas actitudes a una crítica sanguinaria que en realidad es una autocrítica sanitaria, pues me guste o no, pertenezco al ambiente que ridiculizo. No sueño con un aburrido Parnaso de santurrones, pero creo que si nuestro afán de competir es irreprimible, por lo menos deberíamos sostener una competencia de más altura.

1995

La oscura cabeza negadora

La literatura del absurdo no nació en Francia. Su fundador, el cubano Virgilio Piñera (1912-1979), se adelantó a Ionesco, Beckett y Adamov en la creación de un teatro delirante y cáustico, donde las situaciones disparatadas reflejan el sinsentido de la existencia. Aunque Piñera rechazaba con razón la etiqueta de absurdista, pues fue un polígrafo de vastos alcances, que también podía sujetarse al realismo cuando era conveniente para sus fines estéticos, es un hecho irrefutable que su pieza *Falsa alarma*, estrenada en 1948, dos años antes que *La cantante calva* de Ionesco, inauguró la vertiente del teatro moderno que concibe el drama como un juego metafísico entre espectadores reducidos a la impotencia. Este mérito bastaría para que su obra fuera conocida en todo el mundo. Sin embargo, Piñera es un escritor que ha corrido con poca fortuna en materia de reconocimiento internacional, quizá por haberse negado a buscarlo en Europa. A finales de los 40, en una charla radiofónica con Witold Gombrowicz, Piñera declaró que el fin de su trabajo literario era "conseguir la independencia, la soberanía espiritual, frente a las culturas mayores que nos convierten en eternos alumnos".[1]

Como la mayoría de los escritores cubanos de su generación, Piñera hablaba francés, lo traducía, y recitaba de memoria estrofas de Racine, de manera que no defendía un trasnochado nacionalismo: sólo reclamaba el derecho del escritor latinoamericano

---

[1] Virgilio Piñera, "Gombrowicz por él mismo", en *Poesía y crítica*, México, CNCA, 1994, p. 256.

a colocarse en la vanguardia literaria sin pedir el visto bueno de las élites europeas. Quizá el desconocimiento internacional de Piñera sea un castigo del Primer Mundo por su actitud independiente y retadora. Las naciones ricas de Occidente aceptan con indulgencia el realismo mágico o la música folclórica de Latinoamérica pero no toleran que un meteco incursione en corrientes literarias que según el criterio eurocéntrico son ajenas al exotismo de los países atrasados, sobre todo cuando esa incursión, como en el caso de Piñera, tiene un carácter fundacional.

Poeta, narrador y dramaturgo, Piñera pasaba de un género a otro sin detrimento de su capacidad creadora. Quien se proponga estudiarlo no puede ignorar ninguna de sus facetas, porque en todas aportó algo valioso. ¿Qué es lo mejor de su obra? ¿El poema *La isla en peso*, el cuento "El señor ministro", la novela *La carne de René* o la obra teatral *Aire frío*? Sin embargo, puesto que el propio Piñera no se consideraba un poeta en toda la línea, sino un poeta ocasional, la crítica lo cataloga principalmente como narrador y dramaturgo. Hasta cierto punto, su alejamiento de la poesía fue una consecuencia de su temprana ruptura con el grupo de la revista *Orígenes*, encabezado por Lezama Lima, donde predominaban los poetas católicos y eruditos que a principios de los 40 buscaban "la esencia de lo cubano" en las expresiones religiosas del pueblo. Piñera, por el contrario, negaba que la tradición católica tuviera un peso definitorio en la idiosincrasia de Cuba, que para él era un producto natural de la sensualidad antillana. *La isla en peso* (1943) fue su grito de independencia:

Todavía puede esta gente salvarse del cielo,
pues a pesar de los himnos las doncellas agitan diestramente
los falos de los hombres.
La impetuosa ola invade el extenso salón de las
genuflexiones.
Nadie piensa en implorar, en dar gracias, en agradecer,
en testimoniar.
La santidad se desinfla en una carcajada...

Desde mediados de los años 40, Piñera emprende una búsqueda solitaria que lo aparta radicalmente de Lezama Lima y se convierte en un *outsider* de la literatura cubana, no sólo por el contenido iconoclasta de su obra, sino por su conducta abiertamente homosexual, que en ese momento era motivo de escándalo. Según Antón Arrufat, por el denodado espíritu de contradicción que lo llevaba a asumir el papel de francotirador, Lezama Lima llamaba a Piñera "la oscura cabeza negadora". La rivalidad entre los dos llegó a la violencia física. En su crónica "Tema del héroe y la heroína" (*Mea Cuba*, Ed. Vuelta, 1993), Guillermo Cabrera Infante narra que en los años 40, al salir del Lyceum and Lawn Tennis Club de La Habana, tuvieron una discusión tan agria que Piñera la emprendió a pedradas contra Lezama. Sin duda, el ego de ambos era demasiado grande para caber en una sola ciudad y en una sola literatura. Pero la suya no fue una simple disputa por el poder literario, sino el choque de dos poéticas: la del espontaneísmo piñeriano contra el culteranismo de Lezama. En un ensayo contra la exquisitez artificial publicado en 1947, Piñera parece aludir entre líneas a su hermético enemigo: "Nuestro siglo se ha envenenado tanto con lo 'artístico' que sólo mira del arte su valor convencional. Hoy el arte es una criatura sagrada, se le protege, se habla de él con temor, unción y esperanza. Los habitantes del país del arte necesitan buscar una materia previamente artística para sus creaciones artísticas. Esto es una amarga realidad en nuestros medios cultos. Hasta un ensayista se preocupa tanto por la forma artística de su ensayo, que sacrifica el asunto en sí a la mera palabra. Podéis matarlo, pero no hacerlo descender de la altura en que se encuentra cómodamente instalado."[2]

El pleito de Piñera con Lezama revela su mutua incapacidad para aceptar una visión de la literatura que les era totalmente ajena. Ni Lezama fue justo al menospreciar a Piñera por su vocación destructiva, ni Piñera tenía argumentos para descalificar la obsesión formal de Lezama. Fue necesaria una intolerancia mayor, la del régimen castrista, que redujo a los dos a la categoría de apestados, para que olvidaran sus rencillas y terminaran reconciliándose. En los poemas que Lezama Lima dedicó a Piñera en *Fragmentos a su*

[2] Virgilio Piñera, "El país del arte", *ibid.*, p. 139.

imán y en los que Piñera le escribió celebrando la publicación de *Paradiso* se advierte la ironía de dos escritores maduros que pueden reírse de sus querellas juveniles, pero también su necesidad espiritual de formar una alianza frente al enemigo común. En "Bueno, digamos", Piñera recapitula:

> Hemos escrito infatigablemente,
> soñado lo suficiente
> para penetrar la realidad [...]
> Hemos rendido culto al sol,
> y algo aún más esplendoroso,
> luchamos para ser esplendentes [...]
> Ahora, callados por un rato,
> oímos ciudades deshechas en polvo,
> arder en pavesas insignes manuscritos,
> y el lento, cotidiano gotear del odio.[3]

En el mismo poema, abusando quizá del plural, Piñera recuerda: "Aun así derribamos algunos templos/ y levantamos otros/ que tal vez perduren." En realidad, la operación demoledora le correspondió mucho más a Piñera que a Lezama, cuya obra recoge elementos de todas las "eras imaginarias" superpuestas en la historia de Cuba, en un crisol atemporal semejante a la mezquita de Córdoba. Piñera, en cambio, creía necesario volver a los orígenes de la palabra escrita, olvidar lo aprendido en los libros y empezar desde cero. Cercano a los surrealistas por su fe radical en la destrucción creadora, negaba sin embargo cualquier filiación con ese o cualquier movimiento, aferrado a la creencia de que toda literatura debía surgir de la nada. En sus cuentos de juventud el blanco de su crueldad es el cuerpo humano: "La caída", "El caso Acteón", "Las partes" o "Unión indestructible" son ficciones breves en las que se advierte una complacencia morbosa por parte del narrador que describe con humor helado el desmembramiento de los personajes."[4] En "El caso

---

[3] *Ibid.*, p. 104.
[4] Virgilio Piñera, *Cuentos*, Madrid, Ed. Alfaguara, 1990.

Acteón", donde dos hombres se sacan el corazón para formar parte de una cadena masoquista, Piñera plantea que el sufrimiento puede ser un sucedáneo del amor, pues une al verdugo y a la víctima de la misma forma en que el placer une a los amantes.

Precursor de Topor y de las cortinillas crueles de la cadena MTV, donde los dibujos animados se despedazan y desuellan por deporte, Piñera siempre buscó sublimar por medio de la comicidad la profunda repugnancia que le causaba la condición carnal del hombre. En un intento por explicar el humor de Piñera, la hispanista Clara M. Torres acude al auxilio de Freud, que definió el humor negro como un mecanismo de defensa psíquica: "El placer del humor surge a costa del afecto cohibido. El yo rehúsa dejarse atacar, dejarse imponer el sufrimiento por realidades externas, y aun más: finge, incluso, que pueden convertirse para él en fuente de placer".[5] Es evidente que Piñera sostuvo una relación conflictiva con su envoltura carnal y con la carne de los demás, incluyendo la bovina y la porcina (Cabrera Infante asegura que fue vegetariano), pero sin duda, lo que más aborrecía de la carne era su insaciable apetito sexual. En sus cuentos y novelas, la lucha entre la razón y la lujuria provoca un juego de atracciones y repulsiones en que la escatología muchas veces funciona como un antídoto contra el deseo. Adolescente perpetuo, Piñera nunca dejó de maravillarse y de horrorizarse con las secreciones del cuerpo humano. En esto se asemeja a Quevedo, un asceta que también estaba cautivo en su cuerpo y protestaba contra esa fatalidad exagerando las miserias corporales del hombre ("la vida empieza en lágrimas y caca") en un regodeo tortuoso que en realidad era un autoflagelo.

Ahora bien: mientras Quevedo aspiraba a la máxima espiritualidad y lamentaba por ello que su carne lo alejara de Dios, Piñera nunca tuvo conflictos religiosos ni se sabe que haya luchado contra sus bajos instintos. Invitado renuente a un carnaval donde hubiera preferido no participar, admitía sin embargo que resistirse a los embates de la carne era peor que sucumbir a ellos. El mis-

[5] Clara M. Torres, *La cuentística de Virgilio Piñera: estrategias humorísticas*, Madrid, Ed. Pliegos, 1989, p. 29.

mo conflicto que hubiera podido orillar al suicidio a un católico reprimido, en su caso produjo una obra maestra de *grand guignol*. Me refiero por supuesto a *La carne de René* (Ed. Alfaguara, 1989), donde su obsesión por la carne alcanza las alturas de una epopeya.

Copia en negativo de la Julieta de Sade, que abominaba el placer, René lucha contra un padre terrorista que le pide adiestrar su carne para el sufrimiento. En el mundo de René la distinción entre piedad y crueldad ha desaparecido como resultado de la complacencia general ante la tortura y el crimen. El hombre ya no está seguro ni siquiera de ser un individuo, pues abundan los dobles contratados para perseguir a sus perseguidores en una cadena sin fin. Lamida por cien lenguas pastosas, marcada con hierro candente, asediada por una viuda cachonda, la carne de René no se quiebra ni se ablanda hasta que su dueño comprende que aun la voluntad de resistir emana de la carne que tanto aborrece. Novela de aventuras por su estructura episódica, *La carne de René* tiene sin embargo la concentración de un relato corto. Esta difícil conjunción se debe a su estricta, casi monomaniaca unidad temática (no hay página donde no se hable de carne). Pero quizá lo más admirable de la novela es que Piñera logra dar cauce a una fantasía incontenible, regocijada y perversa narrando el viacrucis de René con una frialdad que hace resaltar la similitud entre sus monstruosas invenciones y la monstruosa realidad del siglo XX.

Mención aparte merece el capítulo en que René asiste a una escuela donde tratan de enseñarle a soportar la tortura. La víspera de la ceremonia de fin de cursos el muchacho se niega a salir de su cuarto y el director Mármolo ordena al enano Cochón que lo someta a fuerza de lengüetazos. René logra vencer su repugnancia y permanece impasible, pero el enano llama en su ayuda al director del colegio, que a su vez ordena a un grupo de alumnos lamer el cuerpo de René hasta doblegar su voluntad. Invirtiendo los términos de las novelas porno, Piñera describe una antiorgía donde todo lo aparentemente placentero resulta doloroso y grotesco. Pero en ésta como en muchas de sus obras, la ironía de triple filo obliga a hacer una lectura contraria al significado literal del texto. "Fue una constante de su personalidad —comenta Antón Arrufat— invertir mediante la farsa sus más entrañables y graves aspiraciones. Hoy lo sé con exactitud, gran parte de su obra es la expresión de un deseo invertido."[6] *La carne de René* podría leerse tal vez como una retorcida fantasía sexual y política en que la resistencia a la inmolación por parte del protagonista encubriría el masoquismo del autor y su anhelo de convertirse en víctima. La lucha de René contra el sufrimiento sería en realidad una metáfora distorsionada del miedo a la entrega amorosa, pues quien teme a la sexualidad tiende a ver la carne como un objeto de sacrificio. Pero al mismo tiempo, la negativa de René a aceptar su destino carnal simboliza la orfandad espiritual del hombre moderno, que ya no cree en otra vida, pero trata de engañarse a sí mismo negando la muerte.

La novela se presta a interpretaciones diversas y contradictorias por el amplio significado de la palabra "carne", que la mayoría de las veces Piñera utiliza como sinécdoque, nombrando el todo por la parte y el objeto por la materia de que está formado. Por lo general carne es sinónimo de cuerpo, pero también significa vida, sensualidad, mortalidad, fatalismo, carroña, según el personaje que la nombre. Mientras el padre de René, terrorista y cabecilla del Partido del Chocolate, sólo ve en la carne una materia deleznable y perecedera, su hijo le tiene una enorme autoestima, aunque al mismo tiempo los apetitos carnales le produzcan horror. Entre ser carne de cañón y ser carne para el placer, René prefiere la castidad indemne, pero las intrigas políticas en que está envuelto no le permiten sustraerse al martirio. Como hijo de Ramón, René también debe sufrir por la causa del chocolate, aunque esa causa, como lo confiesa el propio Ramón, sea un mero pretexto para jugarse el pellejo y escalar posiciones en el partido.

Para un lector moderno, el entramado político de la novela parecería una alusión burlesca al régimen de Castro y a los actos de inmolación que lo precedieron (el asalto al cuartel Moncada en 1953 y el ataque al Palacio Presidencial del Directorio Estudiantil Revolucionario en 1957), sacralizados más tarde en el lema "Patria o muerte", la machacona invitación al sacrificio colectivo con que terminan los discursos del caudillo. Pero en todo caso se trata de

[6] Virgilio Piñera, *Poesía y crítica*, p. 16.

una premonición, porque *La carne de René* fue publicada en 1952, cuando Piñera volvió a Cuba después de su voluntario destierro en Argentina, donde vivió doce años en la penuria. El dato es importante para comprender las circunstancias en que escribió la novela. Vegetariano en un país carnívoro, homosexual en un mundo machista, y para colmo pobre, Piñera debió sentirse acosado por todos los flancos. Volver los ojos a Cuba no era ningún consuelo. En su ensayo "Entre la historia y la nada", Cabrera Infante narra que en tiempos de los presidentes Grau San Martín y Prío Socarrás (1944-1952) "las bandas de gángsters merodeaban por las calles oscuras y los ministerios mohosos de la Habana Vieja para matarse entre sí por ideologías más oscuras que las calles".[7] Por si fuera poco, estaban frescos los crímenes del nazismo en la Segunda Guerra Mundial, el suicidio patriótico de los kamikazees y el estallido de las primeras bombas atómicas. *La carne de René* es una respuesta a ese clima de terror, la carcajada agónica de un espíritu hipersensible que no puede frenar la carnicería, pero se vale del humor negro para anular su efecto intimidatorio.

Parodia esperpéntica de la historia universal en el siglo XX, la obra de Piñera no sólo refleja con sarcasmo la ceguera demencial del poder, sino la crisis del pensamiento político y filosófico. Si alguna advertencia se desprende de su obra es que el mayor peligro para la humanidad es creerse dueña de la verdad absoluta. En uno de sus últimos cuentos, "Concilio y discurso", incluido en el volumen póstumo *Muecas para escribientes*, presenta la lucha ideológica del siglo XX como una estúpida mojiganga en que teólogos y desteólogos intercambian sotanas en medio de una danza frenética, ante las carcajadas histéricas del Papa, que los ve saltar de izquierda a derecha y de derecha a izquierda. La crítica de la razón especulativa ya estaba presente desde los cuentos de su primera época ("El baile", "La locomotora", "El conflicto") donde los personajes, por un prurito de exactitud filosófica, parten de una premisa inocua para crear un laberinto mental que va creciendo como una bola de nieve. La gobernadora que planea celebrar un baile de disfraces idéntico al

---

[7] Guillermo Cabrera Infante, *Mea Cuba*, México, Ed. Vuelta, 1993, p.198.

efectuado cien años atrás en su salón de fiestas y contempla diversas posibilidades (el baile tal como fue, el baile como lo describen los cronistas de la época, el baile que ella imagina, etc.) hasta quedar atrapada en una espesa maraña de silogismos, o el narrador acorralado por su propia inquisición del lenguaje, incapaz de afirmar lisa y llanamente que una locomotora es la más grande del mundo, por considerar una infinita cantidad de variables, rebajan (o elevan) la metafísica al terreno de la opereta, y al mismo tiempo, descubren la profunda afinidad que existe entre la disquisición de altos vuelos y el desvarío imbécil. Al final de "La locomotora", Piñera lanza una advertencia que parece dirigida a sí mismo: "¿Se da cuenta de que existen muchos requisitos, de que está rodeado de peligros, de que usted se puede hundir en la noche eterna si se pone a repetir las palabras y los conceptos sin encontrarlos?"[8]

El conceptismo barroco de Piñera, que José Bianco no encontraba en el estilo, pero sí en la acción de sus cuentos, consiste en utilizar las ideas como *gags*. Un narrador que inspira confiabilidad por su lenguaje correcto y sencillo anuda con precisión las premisas y las conclusiones más aberrantes de modo que lo irracional parezca un fruto de la lógica más estricta. Al sueño humanista de que las ideas pueden cambiar el mundo, Piñera opone la creencia en los poderes demiúrgicos de la literatura, el único espacio donde la mera formulación de un deseo trastoca la realidad. En "El Señor Ministro", el cuento que Borges le publicó en la revista *Anales* de Buenos Aires, la intromisión de un elemento absurdo —en vez de entrar a su despacho en el Palacio de Gobierno, el ministro se sigue de frente hasta la cocina—, desvía irreversiblemente el destino de un hombre, y junto con él, la secuencia lógica de la vida cotidiana. Las exclamaciones del narrador embriagado con su poder —"cuán seguro me siento al narraros este cuento, ¡la seguridad asfixia a mis lectores!, ¡la seguridad estalla como una granada de mano!"— no sólo comentan sino determinan la acción, pero cuando el ministro, llevado por la inercia de la escritura, tiene que seguir entrando a la cocina todos los días de su vida, el narrador rebasado por los hechos

---

[8] Virgilio Piñera, *Cuentos*, p. 173

reconoce haber perdido el control sobre el personaje: "Y yo no puedo impedir ya que el señor ministro siga haciendo otra cosa."[9]

La idea de que basta introducir un agente perturbador en una cadena de causas y efectos para cambiar el curso de lo ineluctable reaparece en cuentos de diferentes épocas, que son variaciones sobre el mismo tema. Desde "El conflicto", publicado en 1956, hasta "La muerte de las aves", incluido en el volumen póstumo *Un fogonazo*, Piñera insistió en el poder genésico del acto creador, tal vez porque en él reside la clave de su poética. Reacio a describir estados de conciencia y a explorar la psicología de los personajes, la mayoría de sus cuentos, novelas y obras teatrales dependen exclusivamente de la invención, "que arrastra al lector en el delirio de la pesadilla a ojos abiertos", como él mismo escribió refiriéndose a Kafka, el escritor en el que abrevó su noción del absurdo.[10] El lector ideal de Piñera es el más escapista, el que no interpreta ni busca significados ocultos, pero acepta hasta sus últimas consecuencias la convención de que el narrador puede crear el infierno o el paraíso con sólo nombrarlos. Al final de su vida, cuando "su escritura se fue haciendo más compleja en materia, pero más simple en expresión", como dice Antón Arrufat,[11] la hecatombe imaginaria de millones de aves le inspira una reflexión sobre la posibilidad de renacer por medio de la palabra: "Sólo nos queda el hecho consumado. Nuestros pies se enredan entre el abatido plumaje de las aves. De pronto, todas ellas, como en un crepitar de llamas, levantan el vuelo. La ficción del escritor, al borrar el hecho, les devuelve la vida. Y sólo con la muerte de la literatura, volverán a caer abatidas en tierra."[12]

En 1945 Piñera escribió un ensayo donde afirmaba que el realismo psicológico le causaba fatiga, por obligar al lector a "verse la piel" durante cientos de páginas.[13] Sin embargo, con los años fue evolucionando hacia un realismo descarnado y cruel en el que la

---

[9] *Ibid.*

[10] "El secreto de Kafka", en *Poesía y crítica*, p. 233.

[11] *Ibid.*, p. 27.

[12] Virgilio Piñera, *Un fogonazo*, La Habana, Ed. Letras Cubanas, 1987, p. 6.

[13] "El secreto de Kafka", en *Poesía y crítica*, p. 234.

acción se ajusta a lo verosímil, pero sigue regida por la mecánica del absurdo. En los cuentos y dramas que escribió a finales de los años 50 —probablemente la mejor etapa de su carrera— la deformación grotesca cede su lugar a una espléndida observación del carácter. *Aire frío*, que podría subtitularse "Terrores y miserias de la familia cubana", probablemente sea la pieza más demoledora y perfecta sobre la tiranía de los lazos de sangre que se haya escrito en nuestra lengua. La obra está dividida en cinco tiempos, correspondientes a otras tantas escalas en el camino a la destrucción de una familia clasemediera de La Habana. Los personajes (entre quienes destaca un escritor: el autorretrato de Piñera) intentan rebelarse en la juventud contra la frustración que les impone la soledad en compañía, pero al ir envejeciendo desarrollan una sórdida fidelidad al clan que consiste en humillar a quien pretende independizarse. El calor es una presencia constante y opresiva en el escenario. Piñera establece una correspondencia entre la transpiración y el odio, entre el humor hiriente y el convulso abanicarse de las mujeres, entre la caldeada temperatura y la rispidez de los diálogos. El contrapunto a esta atmósfera de olla express aparece al final de la obra, cuando el jefe de la familia muere y con él la columna vertebral del tortuoso nido de alacranes. Entonces el hijo mayor, para darse tono de nuevo rico, manda traer un ventilador al velorio y el aire frío irrumpe en la obra como una sangrienta metáfora que equipara el amor filial con el amor a la muerte. A diferencia de otras diatribas contra la familia, en que el distanciamiento emotivo del autor linda con la misantropía (el caso de Cernuda en el poema "La familia"), *Aire frío* compensa su amargura con la piedad y la empatía del dramaturgo hacia sus personajes, quizá porque Piñera ve a la familia por dentro, sin negar su pertenencia al mundo dramatizado.

Estrenada con gran éxito en 1958, el año anterior al triunfo de la revolución, *Aire frío* exhibe con tal contundencia las mezquindades del sistema capitalista, que cualquier otro régimen menos inquisitorial que el de Castro habría enaltecido a su autor como un heraldo de la revolución. En numerosas declaraciones y artículos, Piñera manifestó su apoyo al nuevo gobierno, en el que veía una esperanza de regeneración social, como la mayoría de los escritores cubanos y extranjeros de entonces. "Por más de 50 años nos hemos defendido con el chiste —escribió en 1960—. Si no podíamos enfrentarnos con los expoliadores del patrimonio nacional, al menos los ridiculizábamos. Esta resistencia hizo posible que Fidel Castro encontrara intacto a su pueblo para la gran empresa de la Revolución."[14] Un ejemplo de esa resistencia humorística es el cuento "La carne", antecedente de *La carne de René* publicado en tiempos de Batista, como protesta por el envío de reses a Estados Unidos en la Segunda Guerra Mundial. Ciertamente, Piñera no fue un escritor militante ni comprometido, pero tampoco apolítico. En el ensayo "Notas sobre la nueva y la vieja generación" (1962) declaró que los escritores de su época, dolidos por el drama del pueblo cubano, habían intentado reflejarlo con una literatura abstraída, que eludía "los primeros planos de la realidad para pasarla por un tamiz diez veces más fino".[15]

Tal vez Piñera se sintió obligado a justificar su obra políticamente, para no desentonar con el credo ideológico del nuevo gobierno, que pronto sería obligatorio para todos los escritores. Pero en realidad simpatizaba con el Movimiento 26 de julio, pues había vivido siempre en la indigencia, alquilando cuartuchos miserables en los edificios más destartalados de La Habana Vieja, y su oposición a la oligarquía enriquecida en tiempos de Machado y Batista era más genuina que la del propio Castro, hijo de una familia acaudalada. De ahí la indiscutible autenticidad de ficciones como "La cena" y "El filántropo", en las que Piñera, fiel a su empleo del humor como una defensa contra el sufrimiento, se ríe de lo que más le duele: el hambre y la esclavitud del trabajo asalariado. Por supuesto que en estos cuentos no hay escenas conmovedoras de niños que roban para comer o de campesinos explotados en plantaciones cañeras, pero el banquete de los parias que engañan el hambre olfateando manjares imaginarios y la ordalía del pobre diablo obligado a escribir un millón de veces *Coco, yo quiero un millón de pesos*, como requisito para complacer a un banquero sádico, reflejan las atrocidades del capitalismo con mayor eficacia que cualquier novela panfletaria.

---

[14] Virgilio Piñera, *Teatro completo*, La Habana, Ediciones R , 1960, p. 7.
[15] Citado por Clara M. Torres, *op cit.*, p. 40.

Por desgracia para Piñera, durante su periodo de muerte civil, los censores de la dictadura sólo tomaban en cuenta el "fino tamiz" con el que abstraía elementos de la realidad para buscar posibles alusiones a Castro, incluso en obras anteriores a 1959. De ahí su animadversión por el cuento "El muñeco", en que se presentan las estructuras del poder como un teatro de fantoches. Omitido en las reediciones posteriores de *Cuentos fríos*, "El muñeco" narra la historia de un hombre que al observar en el noticiero cinematográfico distintas ceremonias oficiales, caracterizadas por su rígida observancia del protocolo, detecta la progresiva mecanización del Presidente y concibe la idea de crear un muñeco que lo sustituya en los actos públicos. Como sucede a menudo con la censura oficiosa, lo que deja entrever no es el potencial subversivo del texto, sino la mala conciencia del censor. Piñera nunca dijo que la revolución se hubiera convertido en una comedia ramplona interpretada por humanoides, pero si la clase gobernante se reconoció en el cuento fue porque tal vez no tenía una mejor opinión de sí misma.

Desde mediados de los años 60 hasta su muerte en 1979, Piñera fue un escritor marginal, omitido de las antologías y de las historias de literatura cubana. Cabrera Infante ha denunciado la persecución y el ninguneo de los que fue objeto por haberse atrevido a alzar la voz contra Castro en una reunión de escritores con la plana mayor del gobierno, cuando declaró tener miedo por la censura ideológica que empezaba a practicar el régimen.[16] Su situación se agravó a partir de 1971, cuando el Congreso de Educación y Cultura prohibió a los homosexuales desempeñar trabajos en instituciones culturales donde tuvieran contacto con la juventud. Pero a pesar del acoso oficial, y aunque se sintiera condenado al olvido, Piñera nunca dejó de escribir. Su breve incursión en el realismo cesó abruptamente cuando la realidad le volteó la espalda. Después de "Frío en caliente", autobiografía imaginaria de un exministro batistiano enriquecido a costa del pueblo, que escribió cuando todavía creía en la revolución, el contexto histórico-social desaparece de sus narraciones y de sus obras teatrales. Replegado en sí mismo,

[16] Guillermo Cabrera Infante, "Tema del héroe y la heroína", *op. cit.*, p. 423.

reincidió en las fantasías delirantes de su juventud, ahora ensombrecidas por un fatalismo desencantado. Hay dos temas recurrentes en la última época de Piñera: la involución existencial y la fatiga de vivir. A juzgar por algunos relatos póstumos, como "Un jesuita de la literatura" y "La risa", Piñera llegó a incluir la creación literaria entre las actividades más absurdas y estériles de la especie humana.[17] Sin embargo, al satirizar su oficio por medio de la propia literatura, convertía la abjuración en un acto de fe. "A un muerto se le puede perdonar todo, menos que no haga ruido", dice en uno de sus últimos relatos. Si en los años 70 Piñera se sentía muerto en vida, por lo menos trató de ser un muerto incómodo y escandaloso.

Resucitado por la publicación de sus obras en España, a partir de 1987 el Ministerio de Cultura Cubano le retiró el veto, en una tardía exhumación motivada por la rebatiña política en torno a su obra. Piñera dejó como testamento dos colecciones de cuentos que no pudo ver publicadas en vida: *Un fogonazo* y *Muecas para escribientes*, editadas ambas por Antón Arrufat. Libro iluminado y ensombrecido por la cercanía de la muerte, *Un fogonazo* es el cántico espiritual de un místico del absurdo. Como si el colosal malentendido que antes había vislumbrado a lo lejos se le presentara de pronto con la transparencia de una revelación, en sus últimos cuentos empleó la alegoría para describir el mecanismo fraudulento de la existencia. "El ser humano rechaza lo infausto a tal punto que comete la puerilidad de enunciar en forma de pregunta lo que es una certeza desoladora", dice en "La muerte de las aves". Si en estas narraciones la eternidad se devalúa al extremo de convertirse en un espectáculo de fuegos artificiales, la condenación eterna se reduce a la pérdida de la identidad. Los personajes de Piñera oponen a la sinrazón colectiva una extravagancia individualista que los previene contra el peligro de enloquecer en orden. Aún de cara a la muerte, Piñera mantuvo intacta su desesperada frivolidad. Hasta en el más amargo de sus cuentos ("En la funérea playa fue") tomó la precaución de no tomarse demasiado en serio. Por lo general, cuando un

[17] Incluidos en *Muecas para escribientes*, La Habana, Editorial Letras Cubanas, 1987.

narrador anuncia que ha escrito un divertimento, el público puede prepararse para bostezar. Piñera no hacía chistes, porque toda su obra (y toda su vida) es una negación del humor entendido como fractura de seriedades continuas. La gracia de los teólogos y la gracia de los juglares lo acompañó hasta el último fogonazo de su talento.

Los cuentos reunidos en *Muecas para escribientes* corresponden a distintas épocas de Piñera. El más antiguo ("La risa") está fechado en 1947, y el más reciente ("Hossana, Hossana") en 1975. Como suele ocurrir con los libros póstumos, algunas piezas que necesitaban lima roban aire a las narraciones plenamente logradas. Entre las que ya estaban listas para la imprenta sobresale "El caso Baldomero", parodia de novela policiaca en la que se invierten las funciones tradicionales del asesino y el detective: mientras el investigador se esmera en oscurecer un crimen, el homicida trata de probar su culpabilidad. Baldomero, un escritor chiflado cuya mayor excentricidad es no tener obra escrita, se acusa públicamente de haber cometido un crimen perfecto en la persona del comerciante chino Francisco Wong. Pero la policía lo deja en libertad, impidiéndole firmar su obra maestra, porque no ha dejado huella alguna que lo acredite como autor del homicidio y su confesión, viniendo de un mitómano, carece de valor para la policía. Narrado por un testigo imparcial que desconfía de Baldomero tanto como de su antagonista (el detective Camacho), el relato zigzaguea entre dos testimonios que se anulan mutuamente. Como Archibaldo de la Cruz y el Guasón, Baldomero es un asesino frustrado y un artista resentido por falta de reconocimiento. Condenado al anonimato, reclama con progresiva desesperanza la paternidad de un crimen que por ser perfecto no encuentra un lugar en la realidad, y su hazaña regresa como un *boomerang* al reino de la ficción, donde se pierde en un laberinto de espejos.

Cuando Piñera desborda la lógica interna de sus infiernos mecánicos, lo absurdo se dispara en todas direcciones y el resultado es un monólogo desbocado en el que los personajes van tropezando por donde los lleva la euforia de un loco. El éxito de la improvisación estriba en hilvanar situaciones de pesadilla sin apartarse del motivo central (el tiempo, la muerte, las ranas con pelos). Casi todos los textos de *Muecas para escribientes* pertenecen a este género que parece inspirado en las fugas de Bach. Pero en las fugas de Piñera —su contribución al neobarroco latinoamericano—, el horror al vacío del siglo XVII se transforma en horror a lo idéntico. "Cesé en mi modo habitual de moverme para hacerlo con el movimiento de la bola —dice un personaje de "Concilio y discurso"—. Pronto me percaté de que su fuerza residía en el infinito demonio de imitación que infundía. Teólogos y desteólogos se fundieron en un abrazo tan apretado, que adoptaba la forma de la bola. Dos cosas desiguales entre sí son idénticas por efecto de la velocidad... o del absurdo." Esa inmensa bola que todo lo uniforma no puede ahogar, sin embargo, la voz del personaje apresado en ella, que ha conseguido evadirse de la masificación para juzgarla desde un reducto independiente. El amargo humor de Piñera, sus muecas de hartazgo y náusea, sólo respetan al individuo que se mantiene lúcido en medio de la enajenación colectiva.

Pero eso no significa que funde sus esperanzas en la conciencia crítica de los intelectuales o en alguna patraña semejante. Pocos escritores han practicado el autoescarnio con tanta impiedad. Su posición es la de un payaso que no pretende ser tomado en serio, ni mucho menos cambiar el mundo. Una risa gratuita, inmotivada, lo sacude al momento de tomar la pluma, de ahí que sus narraciones tengan ese aire de historias bobas contadas por un idiota. Los personajes de Piñera no aspiran a comprender el drama que representan: se limitan a sabotear con carcajadas el trabajo de su creador. No podrían existir en un relato ordenado y coherente, porque sólo existen en función de sus disparates. La anarquía formal de los últimos cuentos de Piñera transfiere su visión del mundo al plano de la escritura. Cansado de expresar lo absurdo con un lenguaje sensato y de crear atmósferas insólitas en relatos articulados con sensatez, iba en busca de un estilo balbuciente más afín a la naturaleza de sus historias. Gozaba el triste privilegio de no poder publicarlas ("El caso Baldomero" durmió 22 años en un cajón), lo que le daba una inmensa libertad para experimentar.

El tema de la libertad individual enfrentada al poder igualador de la masa alcanza su mejor expresión en *El no*, la última pieza teatral de Piñera, en la que se alude oblicuamente a la intolerancia del régimen castrista. En apariencia, el tema de la obra es la castidad perseguida, representada por una pareja de enamorados, Vicente y Emilia, que sufren el repudio de su familia y de la sociedad por haber decidido no casarse ni tener relaciones íntimas. Víctimas de una intransigencia aparentemente "liberal", que les exige entregarse al placer como el resto de los mortales. Vicente y Emilia sostienen su negativa hasta la vejez y llegan a disfrutar el estigma que los distingue frente al resto del mundo como si fuera un timbre de honor. Hasta cierto punto, su abstinencia heroica se compensa con otra forma de placer que Piñera debió experimentar en su calidad de no persona: la satisfacción de resistir contra viento y marea los embates autoritarios del poder, tan gratificante como el placer voluptuoso. Mientras Emilia y Vicente sólo se oponen a la voluntad de sus padres, la pieza transcurre en un tono de farsa grotesca. Pero cuando un comité de vecinos irrumpe en su casa para exigirles un comportamiento "normal", en clara alusión a los Comités de Defensa Revolucionaria (encargados del espionaje vecinal y de preservar las "buenas costumbres" en la Cuba de Castro), la obra se inclina hacia la farsa trágica. Por momentos la defensa de la pareja parece un alegato de Piñera contra el dictador: "Habla de monstruosidades y no ve la suya, la suya de acusador público —responde Emilia a un miembro del comité—. Se oye hablar, pero sólo eso. Habla del crimen y no se percata de su crimen, del suyo, de ese que está en sus palabras de acusador." Finalmente, cuando Vicente y Emilia, agobiados por el Comité de Salud Pública, deciden suicidarse con gas en la cocina, su actitud no parece una claudicación sino una victoria sobre la terquedad de la "buena gente". Alegoría sobre las atrocidades de la moral policiaca, *El no* demuestra que Lezama Lima acertó en el mote que le puso a Piñera: la oscura cabeza negadora sabía que la única salvación del hombre intimidado por el poder es decirle no hasta el último aliento.

Sufrir con coquetería

Ezra Pound aconsejaba ignorar a los críticos literarios que jamás han escrito una obra notable. Su advertencia puede extenderse al arte del sufrimiento. Muchos han teorizado sobre el dolor, pero sólo unos cuantos espíritus selectos pueden hablar del tema con autoridad y conocimiento de causa. El escritor más atormentado del siglo XX, y el que más testimonios dejó de sus conflictos existenciales, fue sin duda el portugués Fernando Pessoa. Su *Libro del desasosiego*, tan brillante como depresivo, no es sólo el testimonio de una mente desgarrada y lúcida, sino una preceptiva del sufrimiento. A diferencia de Sabines. Garibay o José Alfredo Jiménez, Pessoa nunca tuvo un sufrimiento puro. Su principal defecto o su principal virtud fue intelectualizar todo lo que sentía, flagelarse por partida doble con la observación atenta de sus heridas. Más que refocilarse en sí mismo, le interesaba someter el dolor a una valoración estética. Llegó a ser un crítico tan riguroso del sufrimiento propio y ajeno, que desaprobaba por vulgar y falso el dolor de las multitudes. "El que sufre sufre solo", sentencia Bernardo Soares, el protagonista del *Libro del desasosiego* al contemplar una manifestación de obreros.

Angel Crespo, uno de los principales traductores de Pessoa al español, junto con el mexicano Francisco Cervantes, cree que Pessoa despreciaba a las masas por su ideología monarquista. Pero las simpatías políticas de Pessoa tal vez hayan sido un reflejo de su mentalidad esquizoide. El poeta de los heterónimos tuvo tantas personalidades que difícilmente pudo haber sufrido solo, pues los demás escritores alojados en su interior (Álvaro de Campos, Ricardo Reis, Alberto Caeiro, el propio Bernardo Soares) jamás le concedieron un momento de intimidad. Para entender el funcionamiento de un cerebro tan sobrepoblado y contradictorio, la psicología de las masas resulta más útil que la psicología individual. Según Freud, los individuos reunidos en una multitud, cualquiera que sea su género de vida, forman una masa psicológica o un ser provisional compuesto de elementos heterogéneos, exactamente como las células de un cuerpo vivo forman al juntarse un ser nuevo. Pessoa, que llevaba dentro una multitud sin líder, tal vez haya envidiado la cohesión espiritual de las masas, cohesión que él mismo nunca disfrutó, por no poder unificar sus múltiples personalidades bajo un mando central. Lo que tenía en la conciencia era una multitud desgobernada, un "tumulto civil de pensamientos", donde ninguna figura de autoridad lograba contener la anarquía. De ahí su aspiración al orden, que probablemente fue resultado de una confusión entre lo que deseaba para la sociedad y lo que deseaba para sí mismo. Más que un ideal político, para Pessoa la monarquía era un ideal de paz interior: el sistema de gobierno que nunca pudo implantar en su alma.

Pero si Pessoa valoraba por encima de todo el sufrimiento solitario, por otro lado recomendaba "sufrir con coquetería", lo que presupone la existencia de un público y una vocación teatral por parte del sufridor. *El libro del desasosiego* es un testimonio de su extraña propensión al aislamiento exhibicionista. Pessoa se propuso hacer encantadora su desolación, estudiando con elegancia y espíritu lúdico el dolor de estar vivo, un tema más propicio al llanto y al gimoteo que al juego intelectual. Hasta cierto punto, el autor de la "Oda marítima" es un precursor lejano de actores como James Dean y Montgomery Clift, que hicieron en la pantalla algo muy parecido, si bien emplearon el talento histriónico en vez de la inteligencia. Dean y Clift fueron dos maestros en el arte de sufrir seductoramente. Sin perder jamás la figura, sin desmelenarse como los actores de la vieja escuela teatral de Hollywood, lograron proyectar al espectador el impulso autodestructivo que despertaba el instinto maternal de sus fans.

Para sufrir como Pessoa, Dean y Clift no es indispensable ser un adolescente con problemas de identidad sexual, pero ayuda mucho. A juicio de su biógrafo Joao Gaspar Simoes, el poeta portugués tuvo siempre 16 años, edad mental que nunca rebasaron sus colegas de la pantalla. El dato debe tomarse en cuenta para no tratar de imitarlos después de los 30. La coquetería de estos genios del autoflagelo consiste en guiñar un ojo al público a la hora de los fuetazos, implorando su colaboración en el ritual masoquista. Más que pedir consuelo, en todo momento están pidiendo un espejo. Si logran conmover al auditorio no es tanto por la autenticidad de su dolor sino por el encanto infantil de su narcisismo. El espectador los ve tan vulnerables, tan necesitados de clavarse alfileres en el orgullo, que accede a compadecerlos por temor a hacerles más daño si no se presta a su juego.

Cuando un adulto practica el mismo chantaje con un propósito estético, sentimos que hay afectación en su dolor. A cierta edad ya no se puede sufrir con coquetería. Si un cuarentón trata de sufrir en público, más le vale componer boleros o rasgarse las vestiduras. De lo contrario se expone al ridículo, como le sucedió a T.S. Eliot en una de sus múltiples crisis nerviosas, cuando le dio por polvearse la cara de verde, ganándose las burlas de Virginia Woolf y otros compañeros de generación. Según Osbert Sitwell, uno de los mejores amigos de Eliot, "se polveaba para acentuar su aspecto de sufrimiento, a fin de provocar compasión con más facilidad, como si sólo mediante la manifestación del dolor pudiera experimentarlo como algo real".[1] A semejanza de Eliot, algunos poetas mexicanos que hace tiempo dejaron de ser jóvenes creen que la exteriorización del dolor es una cuestión de polvos y maquillaje. Fósiles del sentimiento, esconden sus penas bajo un denso plumaje metafórico, suponiendo que basta un leve indicio de su desdicha para conmover al lector. Con tímidas insinuaciones y lamentos impersonales, pretenden falsificar un tono emotivo sin descorrer el velo de su intimidad, no vaya a ser que los tachen de cursis. Nadie les niega el derecho a sufrir con la mayor discreción posible, pero si tienen esos pudores de colegiala deberían sufrir en silencio como Marga López.

---

[1] Peter Ackroyd, *T. S. Eliot*, México, FCE, 1984.

Patricia Highsmith:
El crimen como estilo de vida

Pocos escritores han conocido tan a fondo la mente criminal como la texana Patricia Highsmith, fallecida el 4 de febrero de 1995 en Locarno, Suiza, donde se refugió para evadir al fisco de su país. Continuadora de una tradición que se remonta a Dostoyevski, la Highsmith revolucionó el género policiaco al crear un tipo de novela negra en que el protagonista no es el detective, sino el asesino, por lo general un hombre de sexualidad heterodoxa que puede ser carismático o mediocre, pero siempre despierta la simpatía del lector. Recién terminada la Segunda Guerra Mundial, Patricia Highsmith publicó *Extraños en un tren*, su primera y extraordinaria novela de suspenso. No es casual que después de la máxima conflagración de la humanidad surgiera una escritora como la Highsmith, que en cierto modo reivindica al asesino tradicional frente al líder de masas con poder para exterminar a millones de personas sin moverse de su escritorio.

Como suele ocurrir cuando alguien pone de cabeza un género, *Extraños en un tren* irritó y desconcertó a los escritores policiacos del momento, empezando por Raymond Chandler, a quien Hitchcock encargó la adaptación cinematográfica en 1951. "Es una historia bastante boba —escribió Chandler en su diario—. La intriga descansa en un absurdo al que le falta poco para ser imposible. La premisa de la novela es que si uno le estrecha la mano a un psicópata, puede haberle vendido el alma al diablo."

O Chandler era un envidioso a quien le dolía reconocer los méritos de un colega —sobre todo si el colega era mujer— o su estrecha concepción del realismo le impidió entender los alcances de la novela. En realidad no tenía un canon para juzgarla, porque *Extraños en un tren* marcó una ruptura con la técnica y el contenido de la narrativa policiaca, tal y como la entendían él y su maestro Dashiell Hammett (que a su vez rompieron con la primera forma del género: la novela de enigma). Si bien lindaba con lo inverosímil, la historia del junior dipsómano que se encuentra en un tren con un joven arquitecto y le propone matar a su esposa a cambio de que él asesine a su odiado padre, tenía el mérito de no recurrir al burdo ocultamiento de datos, para mantener la atención del lector, un recurso que se había abaratado hasta convertirse en fórmula. Como observa Sergio Pitol, "el efecto de retardación preconizado como uno de los recursos básicos de la novela de misterio, deja en esta escritura de tener sentido. No hay enigmas ni datos oscuros. La manga del lector no esconde ninguna carta".

Pero el gran hallazgo de la Highsmith fue su total empatía con los personajes neuróticos y perversos que en las novelas de Chandler y Hammett sólo aparecen tras bambalinas, no obstante ser los motores de la acción. Cuando nos asomamos al mundo del crimen con los ojos de Philip Marlowe, un detective de estirpe caballeresca, incapaz de aceptar sobornos o de acostarse con una mujer por simple atracción carnal, sentimos que a pesar de vivir en una sociedad corrompida, los ideales de la civilización están a salvo. En las novelas de la Highsmith ocurre todo lo contrario: el lector malacostumbrado a simpatizar con los buenos ve la realidad con los ojos de un canalla y debe adaptarse sobre la marcha a una convención que amenaza con trastocar sus valores morales. Más aún: la idea de criminalidad se desvanece como resultado del enfrentamiento entre códigos de conducta radicalmente opuestos. Para llevarnos adonde quiere, la escritora subraya en el asesino los datos de carácter que todo buen ciudadano tiene en común con la escoria humana: egoísmo, fragilidad, ambición de ser "alguien", propensión a la violencia. Tras el rechazo inicial del protagonista, que se diluye insensiblemente en el transcurso de la lectura, pasamos a ver sus defectos como algo nuestro, y por consiguiente, a minimizar sus culpas, que nos tocan demasiado cerca, en un proceso de ablandamiento moral similar al que ocurre cuando el miembro de una familia comete un delito y sus familiares lo encubren.

¿Por qué la Highsmith fue y seguirá siendo una autora de éxito mundial, si contraviene las leyes fundamentales del melodrama (identificación con las víctimas, moral esquemática, triunfo del bien sobre el mal), que son las leyes de la taquilla? Quizá porque descubrió una nueva clase de morbo, que a diferencia del morbo primitivo no se regodea en la contemplación de un cadáver, sino en la exploración de una mente enferma. En sus novelas casi siempre hay un inadaptado de atrayente personalidad, a quien terminamos conociendo mejor que a nosotros mismos. Lo que en mano de un escritor mediocre sería una crónica amarillista, en la Highsmith es gran literatura, por su extraordinaria intuición para bucear en los pantanos de la conciencia. Charles Bruno, Víctor van Allen, Jeff Carter, David Kelsey y Tom Ripley son más reales y complejos que Landrú, Charles Manson, Goyo Cárdenas o Mario Aburto. Con todo su aparato científico, la psicología criminal no ha logrado entrever siquiera los ideales de mezquina grandeza, los autoengaños y subterfugios compensatorios con que los personajes de la Highsmith se enfrentan a la sociedad, en su tentativa por disponer de las vidas ajenas. Patricia la texana pertenece a un linaje de escritores que al margen de las modas y los "ismos" conciben la novela como un medio de conocimiento y devuelven al género su función primordial: iluminar los abismos del alma humana.

Hay una enorme diferencia entre escribir para el público (algo que siempre termina en fracaso) y escribir lo que uno quiere de la manera en que el público lo puede aceptar, como en el caso de Patricia Highsmith. Su carrera es un modelo de audacia y habilidad para esquivar los lineamientos del mercado, sin renunciar por ello al gran público. Quien se detenga a examinar la justicia poética de sus novelas descubrirá una primera época en que el criminal es descubierto y castigado. A esta etapa pertenecen *Extraños en un tren* y *Mar de fondo*. En *La celda de cristal*, publicada en 1965, el asesino ya queda impune, pero la Highsmith atenúa su culpabilidad al presentarlo como una víctima de la sociedad, pues antes de cometer sus crímenes ha estado preso por un crimen que no cometió.

Más tarde abandona esas prevenciones, y en el ciclo de Tom Ripley, que comienza con *A pleno sol* (el título en español es mejor que el título original: *The talented Mr. Ripley*), el criminal ya no sólo burla a la policía, sino que recibe como premio la herencia de su víctima y una casa encantadora en las afueras de París. De lo anterior se desprende que mientras la Highsmith se abría camino en el medio editorial estadounidense (la editorial Harper & Row la obligó a escribir cuatro veces *La celda de cristal* y rechazó *Las dos caras de enero*), admitía a regañadientes el triunfo de la ley para mitigar la acidez de sus novelas, pero cuando el reconocimiento internacional le dio mayor libertad creativa, dejó sin castigo a los criminales para que el lector los absolviera o los condenara, previa consulta con sus demonios. A partir de entonces, los productores de Hollywood perdieron interés en su obra —la mercadotecnia exige dualidades morales obvias— pero se convirtió en la escritora favorita de los directores europeos (René Clement, Wim Wenders, Autant-Lara, Claude Miller), que han llevado a la pantalla con desigual fortuna varias de sus novelas.

¿Fue Patricia Highsmith una apologista del crimen? Algunos lo creen así y no dudan de calificarla de perversa, pero la admiración que le profesaba un experto en dilemas de conciencia como Graham Greene, induce a pensar que en realidad fue una moralista encubierta. Quizá el malentendido se debe a la frecuente sandez de atribuirle a un autor las opiniones de sus personajes. En el prólogo a *El temblor de la falsificación* (*The tremor of forgery*), Maribel de Juan califica de "cínica y desesperanzada" su visión del mundo, tomando como base una reflexión de Howard Ingham, el protagonista de la novela, que pierde la capacidad de amar y el respeto por la vida humana al entrar en contacto con el mundo árabe. Pero en ésta, como en todas sus novelas, la Highsmith se mantiene a distancia del personaje que focaliza la acción: "Un hombre —suponía Ingham— no era nada más que aquello que su familia, sus amigos y sus vecinos habían pensado que era, un reflejo de la opinión que ellos tenían de él. Y lo bueno y lo malo no era sino aquello acordado por las personas que te rodeaban." Eso suponía Ingham, pero ¿qué piensa la creadora de Ingham? ¿Cuál es su postura ética frente al relativismo moral? Decir que asume una actitud cínica y desesperanzada es una respuesta demasiado fácil: no hay escritor importante de la posguerra que no sea cínico y desesperanzado en algún momento. En *Suspense*, una especie de autobiografía literaria donde la Highsmith expone su idea del género policiaco, deja entrever en qué consistía para ella la misión ética del escritor: "El amor del público por la justicia —dice— me resulta aburrido y superficial, porque ni a la vida ni a la naturaleza les importa que haya o no justicia. El público, al menos el público masivo, quiere presenciar el triunfo de la ley, aunque al mismo tiempo le gusta la brutalidad. Los héroes detectives pueden ser brutales, pueden pegar patadas a las mujeres, porque se supone que andan persiguiendo algo peor que ellos mismos."

En tales condiciones, predicar la justicia o defender la causa del bien significaría complacer a un público hipócrita y deshonesto que necesita justificar de algún modo sus impulsos bestiales. En vez de seguir ese juego, la Highsmith nos muestra la afinidad que existe entre la psique criminal y la mentalidad del público bienpensante: sus asesinos, como los fans de Rambo o Schwarzenegger, actúan con plena confianza en que la justicia está de su lado, porque jamás han podido ver el mal en sí mismos. "Nunca examiné el alma de un hombre malo —decía La Rochefoucauld—, pero una vez examiné el alma de un hombre bueno y retrocedí espantado." Discretamente ubicada entre la conciencia del criminal y la conciencia del público, la Highsmith busca que el lector se pregunte si sus principios corresponden a su verdadera personalidad. Por eso en sus novelas no hay nunca un héroe inmaculado, sino canallas contrapuestos. Inducir a los lectores a reconocerse en ellos es una manera de moralizar sin sermones, de fomentar una saludable inseguridad en un mundo amenazado por la ceguera criminal de los justos.

Que la Highsmith se adentre en la mente de sus asesinos y consiga que el lector simpatice con ellos no quiere decir que los ennoblezca. En sus novelas no hay nada parecido a un genio del mal. Sus criminales matan en nombre de la justicia porque han llegado a confundir el bien para sí mismos con el bien absoluto. Se han erigido en jueces de la especie humana y al momento de matar no tienen conflictos de culpa: simplemente ejercen un derecho. Es el caso del mediocre editor Víctor van Allen, que en *Mar de fondo* mata a los amantes de su mujer para sentirse a gusto consigo mismo. En otras ocasiones, al criminal no le basta con la satisfacción personal de matar: necesita que la sociedad reconozca sus méritos, como sucede con el adolescente Clive Wilkes (protagonista del cuento "La corbata de Woodrow Wilson"), que después de asesinar a todos los empleados de un museo de cera y colocar sus cadáveres en las vitrinas, proclama su culpabilidad a los cuatro vientos. Despistada por sus antecedentes de niño acomplejado y mitómano, la policía cree que se trata de una confesión falsa para llamar la atención. Libre a pesar suyo, al final de la historia el genio desairado se dispone a incendiar un rascacielos "para demostrar a la gente que de verdad existo".

Sin moralizar abiertamente como los fundadores del género negro, la Highsmith llegó más lejos que ellos al observar el matrimonio de la maldad y la mediocridad en un mundo que ha perdido la capacidad de reaccionar ante el crimen. *El hechizo de Elsie*, la última de sus grandes novelas, refleja satíricamente la división de la sociedad estadounidense en guetos que sólo se diferencian por su apariencia exterior. El ring es el Greenwich Village. En una esquina los yupis neoyorquinos pintan, van a la ópera, permiten que sus esposas tengan relaciones lésbicas y de vez en cuando se meten un pericazo. En la otra, el amargado cincuentón Ralph maldice el mundo réprobo en que le tocó vivir. No parece haber ningún parentesco entre los yupis y Ralph hasta que el asesinato de una modelo a la que el puritano había tratado de convertir a la fe cristiana los pone en contacto. Entonces Ralph y los yupis reaccionan con la misma intolerancia, acusándose mutuamente de haber cometido el crimen. El sueño de una comunidad culta, sofisticada y ajena a las miserias terrenales se esfuma al primer contacto con la violencia del mundo real, en el que la exclusión genera el odio.

Si algo dejan en claro las novelas de Patricia Highsmith es que el asesino prototípico de nuestro siglo, en vez de aislarse y repudiar a la sociedad, busca un lugar en ella, de preferencia entre la élite del dinero, que siempre simpatiza con los individualistas a ultranza. La plácida existencia de Tom Ripley en su casita de Villeperce, donde se dedica a cuidar su jardín y a tomar clases de clavicordio, rodeado de familias respetables que no soportan ver a un argelino a cien metros de distancia, indica que la complicidad o el pacto de ayuda mutua entre el hampa y la "gente bien" ha desembocado en una perfecta mímesis. A Patricia Highsmith le tocó vivir y escribir en una civilización moralmente anestesiada donde el crimen se ha convertido en un estilo de vida. Lo más espeluznante de sus novelas no es la saña de los criminales, sino la indiferencia que los rodea. En la escena cumbre de *Extraños en un tren*, cuando el arquitecto confiesa haber asesinado al padre de Charles, su interlocutor lo escucha sin inmutarse, "sorbiendo su vaso de whisky con expresión aburrida". Una tragedia que en tiempos de Dostoyevski hubiese provocado un desgarramiento de vestiduras, acompañado con reflexiones sobre la muerte de Dios, en el siglo de los grandes holocaustos provoca bostezos. Y no es que la Highsmith haya sido brutal o insensible. Como los grandes maestros del XIX, se propuso reflejar con fidelidad el espíritu de una época, pero al tomar el pulso a los hombres de su tiempo, descubrió que la sangre se les había congelado en las venas.

Disputa de la memoria y el olvido

Más antigua que los debates medievales del alma y el cuerpo o del agua y el vino, la disputa de la memoria y el olvido se reaviva cada vez que alguien intenta ponerle fin. De san Agustín a sor Juana, de Aristóteles a Proust, de Plotino a Borges, la *coincidentia oppositorum* de la memoria con su contrario ha sido una obsesión permanente de filósofos y poetas: los primeros intentan resolver el conflicto, los segundos lo plantean con renovada perplejidad. San Agustín estableció los términos de la disputa en el capítulo XVI de sus *Confesiones*, intrigado por la paradoja de llevar en el alma un almacén de recuerdos y una máquina encargada de triturarles, que a veces actúan simultáneamente. "¿Qué es el olvido —se preguntaba— sino una falta o privación de la memoria? ¿Y cómo esa privación de memoria está presente para que me acuerde de ella, si no es posible que me acuerde mientras la privación subsista? ¿Qué tengo que decir cuando me consta, con certeza, que yo mismo me acuerdo de mi olvido?"

El dilema es tan seductor que debió quedar como un misterio sin solución. Sin embargo, san Agustín casi lo estropeó al concluir que Dios había estado presente siempre en su memoria, para recordarle el olvido de la bienaventuranza. De acuerdo con su explicación, los hoyos negros del recuerdo, como las sombras que desfilan en el mito de la caverna, serían mensajes de una memoria superior, la divina memoria del presente, donde se aglutinan las tres dimensiones temporales. Hecho a imagen y semejanza de Dios, el hombre puede entrever un pálido reflejo de la eternidad cuando el olvido presente evoca la silueta o el envés del recuerdo que nunca almacenó en su memoria.

A los poetas conceptistas del Barroco no les interesó la argumentación teológica con que san Agustín escapó de su laberinto, sino el laberinto mismo. Sor Juana convirtió las arduas deducciones del santo en argumento de un altercado galante:

> Dices que yo te olvido, Celio, y mientes
> en decir que me acuerdo de olvidarte,
> pues no hay en mi memoria alguna parte
> en que, aun como olvidado, te presentes [...]
>
> Si tú fueras capaz de ser querido
> fueras capaz de olvido, y ya era gloria,
> al menos, la potencia de haber sido.
>
> Mas tan lejos estás de esa victoria,
> que aqueste no acordarme no es olvido
> sino una negación de la memoria.

En sus notas a las *Obras completas de sor Juana*, Méndez Plancarte pasa por alto la evidente relación de este soneto (y de su mancuerna, en el que Celio responde a Clori) con el capítulo XVI de las *Confesiones*, tal vez porque, en su doble papel de comentarista y beatificador de la monja, no quiso achacarle la irreverencia de hacer versos frívolos con un tema tan delicado. A fin de cuentas, lo que san Agustín se proponía demostrar en ese capítulo era ni más ni menos que la existencia de Dios. ¿Méndez Plancarte no quiso recordar la travesura de sor Juana o su olvido fue una verdadera negación de la memoria?

Si nada tiene de raro que sor Juana escribiera dos sonetos "de amor y discreción" con las ideas de su teólogo de cabecera, en cambio resulta asombroso (ya no un caso de intertextualidad, sino de iluminación) que Proust describiera el mecanismo de la reminiscencia inconsciente con ideas muy similares a las que Plotino empleó para explicar las causas de la memoria y el olvido. A la idea del tiempo como medida del movimiento, fundamental en la *Metafísica* de Aristóteles, Plotino opone la idea del tiempo como imagen de la eternidad. En su sistema filosófico, el tiempo no es la medida, sino lo medido por el movimiento: nada transcurre, todo está sucediendo en el mismo instante. La naturaleza móvil del cuerpo es la causa del olvido, porque impide al hombre establecer analogías entre las cosas presentes y pasadas. "Así debería interpretarse la alusión al río del Leteo —escribe en la *Eneada*, IV—, con lo cual esa afección que llamamos la memoria habrá de atribuirse al alma, pues el alma participa de la eternidad inmóvil."

Cuando Proust identificó el sabor de su famosa magdalena entró a un mundo extratemporal: "El ser que gustaba en mí de aquella impresión —explica en *El tiempo recobrado*— la saboreaba en lo que tenía de común en un día antiguo y en el presente. Aquel ser no había venido nunca a mí, no se había manifestado sino fuera de la acción, cuando el milagro de una analogía me había hecho escapar del tiempo." En el universo de Plotino, como en la novela de Proust, la analogía es el basamento que lo sostiene todo. El pasado no se recupera por medio del recuerdo: forma parte de un presente continuo en el que la memoria compara en vez de mirar atrás. La diferencia es que mientras Plotino adjudica la función de olvidar al cuerpo, Proust necesita de los sentidos para descubrir analogías, pero en ninguno de los dos casos el ser prófugo del tiempo se vale de la reflexión dirigida. La reminiscencia inconsciente de Proust equivale al estado contemplativo del alma en Plotino. Son la expresión antigua y moderna del mismo anhelo: frenar las aguas del Leteo.

Sin haber pretendido alcanzar la dimensión extratemporal de Proust, Borges quiso dirimir la disputa de la memoria y el olvido alineándose en el bando de los neoplatónicos. "Everness", uno de los sonetos en los que deseaba sobrevivir, es una declaración de fe en la supremacía de la memoria sobre su enconado adversario:

> Sólo una cosa no hay. Es el olvido.
> Dios, que salva el metal, salva la escoria
> y cifra en su profética memoria
> las lunas que serán y las que han sido.

Con "Everness", la disputa vuelve a su punto de partida. ¿Dónde habita el olvido sino en esa profética memoria donde todo está cifrado? El primer verso del poema es como una serpiente que se muerde la cola. Si no hay olvido, la palabra que lo nombra se vuelve una forma vacía de significado. El espacio en blanco pone de relieve el poder evocador del olvido, que es designar una ausencia presente, una pérdida actualizada. Esa vuelta de tuerca coloca al olvido en el primer plano de un soneto que pretende negarlo y deja sin resolver el dilema de san Agustín. Quizá no exista el olvido, pero mientras alguien lo nombre será un eterno aguafiestas de la memoria.

Códice agustiniano

Hacer el balance crítico de un escritor en plena fecundidad, que no ha cesado de evolucionar a lo largo de tres décadas, implica renunciar a toda opinión o juicio petrificante sobre su obra. No se puede afirmar sin titubeos que tal o cual novela es la mejor de José Agustín, o al menos yo no me siento capaz de hacerlo, porque la lectura y relectura de sus obras me ha hecho cambiar de preferencias a lo largo del tiempo. Durante muchos años pensé que *De perfil*, con su extraña combinación de euforia adolescente y desencanto existencial prematuro, con sus alardes de estilo y destreza técnica, insólitos en un chavo de 21 años, era una de esas novelas insuperables que dejan a un autor seco de por vida. Más adelante cambié de opinión al leer *Se está haciendo tarde*, el gran fresco generacional donde exhibió la cara sórdida de una utopía adulterada, el "miserable milagro" en que la droga se puede convertir cuando profundiza el vacío interior en vez de acercar al hombre con su propia naturaleza. Empezaba a creer que Agustín había quemado toda su pólvora en el infierno de Rafael y Virgilio cuando apareció *Ciudades desiertas*, novela que devoré con una envidia feroz. Entonces ya leía con ojos de escritor y me impresionó la habilidad del autor para mostrar el desencuentro cultural de la pareja residente en Estados Unidos como un reflejo amplificado de su conflicto amoroso, en un juego de correspondencias que se insinúa por detrás de la narración. A partir de *Ciudades desiertas*, desconfío de los juicios sumarios sobre José Agustín. Desde entonces no tengo favorita en mi *hit parade* y me limito a corresponderle como lector con la actitud participativa que exige la creciente complejidad de su obra.

Al hablar sobre uno de los escritores mexicanos más estudiados de la actualidad se corre el riesgo de repetir lo que seguramente otros ya han dicho mejor. Ante la imposibilidad de conseguir los ensayos de John Bruce Novoa o Teresa Moreno, que sólo conozco de oídas, les pido una disculpa anticipada si plagio involuntariamente alguna de sus ideas al exponer lo que para mí son las principales aportaciones de José Agustín a la literatura mexicana. Yo no he escrito una tesis sobre su obra, pero estoy familiarizado con la polémica que suscita en el medio cultural desde hace 30 años, por haber discutido el tema con algunos literatos de ceja alzada, enemigos de la narrativa escrita en español mexicano, que confunden la alta literatura con el virtuosismo hinchado.

Desde sus primeras novelas, el español de José Agustín, como el de Cervantes o Lope, fue un español impuro, contaminado sobre todo de anglicismos, que recreaba el habla de la clase media urbana, pero la enriquecía con giros, neologismos y retruécanos de su propia invención. Al mismo tiempo fue una crítica del lenguaje literario, estancado en fórmulas pedestres que ya olían a cadáver. Si los novelistas de la Revolución ponían en cursivas las palabras ajenas a su léxico de hombres cultos —*ansina, jue, maiz, cuantimás*—, José Agustín subrayaba frases como *roído por los nervios*, pertenecientes a la morgue literaria, pero investidas con el prestigio de las Bellas Letras. Con ello postulaba una estética en que la vitalidad expresiva enjuiciaba desde su trinchera a la corrección académica. Por ése y otros desacatos a la autoridad, agravados por el éxito de sus dos primeras novelas, se echó encima a un sector de la crítica que no toleraba ni tolera el lenguaje coloquial en el ámbito de la alta literatura, salvo en el caso de la novela rural.

Según el propio Agustín, que ha recordado aquel linchamiento en su reciente colección de ensayos *Camas de campo, campos de batalla* (Universidad Autónoma de Puebla, 1993), "se trataba de cerrar puertas, de sacralizar a tal punto la cultura que muy pocos tuviesen acceso a ella, era una manera de perpetuar el viejo elitismo". No dudo que la reacción ante *De perfil* haya sido elitista, pero creo que en México el elitismo cultural es una forma de autodesprecio. La mayor parte de nuestros intelectuales provienen de la clase media, una clase disgustada consigo misma, al extremo de que desearía no existir. Algunos rompen con sus valores y logran escapar de ella, aunque sea en espíritu. Otros nunca pasan del esnobismo. Para ellos la literatura no es un medio de expresión, sino un club de acceso restringido. De dientes para afuera pueden asumir actitudes rebeldes, pero la mejor prueba de que no han trascendido su condición de *niños bien* es la importancia que conceden a los signos de prestigio cultural, equivalente a las marcas de *status* en la esfera del consumo pequeñoburgués. En *De perfil*, José Agustín caricaturizó a estos falsos aristócratas en la figura de Esteban, el transgresor de salón con aires de dandy que tiene beca en El Colegio de México y está al día en lo más chic de la cultura europea. Seguramente muchos intelectuales de la época se pusieron el saco, pero lo que más les molestó de la novela, por encima de la sátira a su propia especie, fue la estilización de un registro del habla urbana que conocían demasiado bien, por haberlo oído desde la cuna. ¿Cómo era posible hacer literatura con un lenguaje que delataba tan a las claras el contexto sociocultural del autor, si para ellos el arte de la escritura consistía en ocultar esa vergonzosa mancha de origen? Como el personaje de Woody Allen que deseaba pertenecer a un club donde no dejaran entrar a tipos de su calaña, nuestra élite provinciana, temerosa de ingresar con su propio lenguaje al club de las Bellas Letras, dictaminó que *eso* no era literatura.

Como juicio de valor estético, el dictamen era insostenible porque la novela, desde su nacimiento hasta nuestros días, es un género enemistado con los cánones literarios. Los autores del *Quijote* y de *Tristram Shandy* no aspiraron jamás al aplauso de la crítica "seria": se proponían crear una literatura vernácula para el consumo de la masa lectora, que buscaba en los libros el reflejo de la actualidad y no creía en la superioridad de las formas clásicas sobre los géneros populares (incredulidad que el tiempo demostró acertada). Desde siempre, la tarea del novelista ha consistido en oponer las novedades de la vida cotidiana a las convenciones literarias de la antigüedad (de ahí el nombre "novela") y en darle una forma artística al material que recoge en la calle. Dentro de esa perspectiva, José Agustín es quizá el escritor mexicano que mejor ha comprendido la esencia de la novela, el más apegado a su tradición antiliteraria. Eso fue lo que admiraron, cuando apareció *De perfil*, lectores como Salvador Novo, Emmanuel Carballo, José Emilio Pacheco y José Luis Martínez, que neutralizaron con sus críticas favorables el embate de la minoría exquisita. El tiempo y la evolución de la literatura mexicana han demostrado que en materia de lenguaje, José Agustín actuó como un libertador. Su huella se nota en lo bueno, lo regular y lo malo de la narrativa contemporánea y hasta en escritores anteriores a él, como Carlos Fuentes, que en algunos pasajes de *Cristóbal Nonato* "agustinea" a tontas y a locas.

Pero más importante aún, por rebasar el marco de las letras, es el aporte de José Agustín a la construcción de una nueva mexicanidad que puede asimilar elementos de la cultura popular norteamericana sin desfigurarse ni perder autenticidad. Como todos sabemos, a partir de los años 60 un sector de la juventud mexicana se incorporó espontáneamente a una revolución cultural de alcances universales, orquestada desde Estados Unidos, pero con ramificaciones inmediatas en Inglaterra, que elevó el rock a la categoría de religión musical, liberó las costumbres sexuales, popularizó el uso de las drogas psicodélicas y puso de moda un misticismo heterodoxo en el que se mezclaban conceptos del budismo, la teosofía, el yoga y otras formas de acercamiento a la realidad supranatural. En México, el movimiento juvenil se llamó "la onda", y desde sus primeros brotes provocó la condena unificada de la izquierda y la derecha nacionalistas. Para tener una idea del celo inquisitorial con que esas fuerzas preservaban "lo nuestro" y de su tino para detectar los avances del imperialismo, conviene recordar que apenas una década atrás, en la película *Siempre tuya* del *Indio* Fernández, el personaje interpretado por Jorge Negrete veía en la pluma atómica una seria amenaza para la identidad nacional. La ofensiva apátrida también alarmó a los intelectuales. En los años 60, consternado por el espectáculo de la juventud adicta al rock, a la Coca cola, a las series gringas de televisión y al futbol americano, Carlos Monsiváis declaró que había surgido la primera generación de norteamericanos nacidos en México.

El proceso de transculturación ha seguido avanzando, y es difícil prever hasta dónde llegará, pero basta un repaso de lo sucedido en las últimas décadas para advertir que si bien una porción de la clase media mexicana se ha entregado al invasor desnuda y jadeante, de su propio seno han surgido formas de resistencia cultural que no apuntan hacia el pasado, como el indigenismo de Frida Kahlo y Diego Rivera o el criollismo de los charros cantores, sino a un futuro cercano en que las culturas ensimismadas y virginales pasarán a la historia. En este sentido, la obra de José Agustín marca un paradigma. Desde sus primeras novelas trasladó la energía subversiva del rock al discurso literario, lo que implicaba una fusión de lenguajes radicalmente opuestos. Del rock tomó también la idea de mezclar las alusiones cultas y los giros del habla corriente en un *collage* narrativo (idea que cristalizó en su famoso relato "Cuál es la onda") y hasta la estructura de *Inventando que sueño*, inspirada en discos de los Beatles, los Rolling Stones, Procol Harum y los Who, donde la visión de conjunto otorga un sentido unitario a canciones que en apariencia no tienen nada en común.

Agustín hizo con el rock lo que Manuel Puig con el cine de Hollywood: narrar su proceso de aclimatación en el alma de América Latina y la manera en que se transformó al pasar por ese filtro. Por la abundancia de citas y epígrafes en inglés, por el bilingüismo juguetón del narrador y por su fidelidad a la contracultura estadounidense, un crítico superficial diría que Agustín es el primer escritor norteamericano nacido en México. Pero ese traidor a la patria es al mismo tiempo un nacionalista *malgre lui*, condenado a mexicanizar todo lo que toca. En sus novelas y cuentos, el genio de la lengua no sólo se sobrepone a la contaminación verbal proveniente del exterior, sino que sale fortalecido por el contagio. Desde luego, en la historia de nuestra literatura hay ejemplos formidables de sincretismo y apropiación de la vanguardia europea (los Contemporáneos, Paz, la llamada Generación de la Casa del Lago), pero como lo señaló hace tiempo Ángel Rama, refiriéndose a la "ola modernizadora" iniciada por José Agustín y Gustavo Sáinz, "esta vez no tuvimos necesidad de trasladarnos a las fiestas galantes de Versalles, como en el modernismo, ni apropiarnos de los órdenes europeos, como en el vanguardismo, para concluir con la trivialidad de que América Latina era un continente surrealista, sino que fue posible trasladar la experiencia viva de una cultura híbrida con profunda incidencia en las capas más populares de los enclaves urbanos".[1]

En contraste con la opinión de Ángel Rama —que en su tiempo fue el crítico literario más respetado de la izquierda latinoamericana—, la izquierda intelectual de México ha sido bastante mezquina y roñosa con José Agustín. El principal reproche que se le hacía en los años 70, cuando el medio cultural estaba muy ideologizado, era su falta de compromiso político, su resistencia a erigirse en autoridad moral, virtud literaria que para ciertos críticos era un defecto, como lo demuestra la reseña de Paloma Villegas a *Se está haciendo tarde* que Christopher Domínguez recoge en su *Antología de la narrativa mexicana en el siglo XX* (FCE, 1989, tomo II). "Se está haciendo tarde —decía Villegas— es una inmersión en el mundo viscoso de los *drop-outs* adultos, de quienes quedaron fuera de la competencia, la ambición social, la familia [...] y se transformaron lentamente en parásitos sociales, cultivadores de un pobrediablismo nada heroico. Como si la disolución de sus vidas alcanzara a su propia visión del mundo, Agustín mantiene una fidelidad acrítica a los seres que él cree conservan los últimos residuos de su fervor adolescente [...] Perturbado por su propia concepción tremendista, cae en un naturalismo ocioso, insustancial y falto de vida."

La pataleta de Paloma Villegas era una censura moral y política disfrazada de crítica literaria. Como si la tarea de un novelista consistiera en narrar vidas ejemplares, regañaba a José Agustín por ocuparse de la escoria juvenil que no frecuentaba las peñas folclóricas. Hay una incongruencia evidente en su argumentación: los viscosos parásitos de la novela no le hubieran provocado tal repulsión si les faltara vida. Rafael y Virgilio probablemente son tarados emocionales y cultivadores de un pobrediablismo nada heroico, pero el autor se metió en su piel y en su vértigo autodestructivo para que el lector ajeno a la onda pudiera saber cómo se veía el mundo desde una perspectiva como la suya. Ésa es la tarea del novelista que aspira a entender la condición humana, sin

---

[1] Ángel Rama, *Novísimos narradores en marcha: 1964-1980*, México, Marcha Editores, 1981.

importarle que sea ninguneado, canonizado o excomulgado por ello. Es verdad que José Agustín mantuvo "una fidelidad acrítica" a los náufragos del reventón sesentero: de lo contrario no sabríamos cómo eran por dentro. Al exigirle un distanciamiento de los personajes y una reducción de su campo narrativo a lo que ella consideraba plausible ideológicamente, Paloma Villegas marcaba la pauta que ya empezaban a seguir en esos años los cronistas de la escuela cursilona, hipócrita, excluyente y embelesada con su propia rectitud que ha dominado la escena cultural en las últimas décadas, causando estragos irreversibles en el gusto de los lectores.

Hasta aquí me he referido, principalmente, al José Agustín de los 60 y principios de los 70. Quisiera examinar ahora su evolución en los últimos años y apuntar algunas directrices de su obra reciente que obligan a quitarle el sello de narrador ligero o fácil, sin que esto signifique tildarlo de hermético. En el periodo que va de *La mirada en el centro* a *No hay censura* la especulación metafísica, los sueños arquetípicos y la búsqueda del yo anterior a la conciencia pasan al primer plano de una narrativa donde siempre hubo un lugar para el misterio —recuérdese la piedra mágica de *De perfil* y los "clics" de *La tumba*— pero como telón de fondo subordinado a la estética del realismo. Se trata de una evolución temática, pero que también afecta la forma de sus novelas y cuentos, pues en muchos casos la historia se presenta como un modelo para armar donde la clave interpretativa puede ser un hexagrama del *I Ching*, como ocurre, por ejemplo, con el binomio *Luz interna y Luz externa*, o un principio de alquimia representado con el emblema del pelícano filosófico, como en el cuento fantástico "Ave fénix", donde la fórmula "tienes que entrar para salir" desencadena un proceso de fusión espiritual que culmina con la muerte de dos ancianas.

A pesar de que en estas obras, como en algunos textos de *No pases esta puerta*, el sentido de la narración es indescifrable sin una previa inmersión en la psicología junguiana, en el *I Ching* y en el yoga chino, Agustín ha permanecido fiel al lenguaje coloquial y directo de sus primeros libros, de donde se infiere que no pretende hacer literatura "para iniciados". Más bien se trata de ficciones que permiten distintos grados de comprensión, desde la más primitiva, la del lego en ciencias ocultas que se limita a seguir una historia de misterio, hasta la del lector versado en la simbología esotérica que les puede hallar un trasfondo más amplio. En medio de esos extremos quedamos muchos lectores que no sabemos gran cosa del Tao ni de la meditación zen, pero tratamos de armar un código interpretativo con las pistas que nos da el propio autor. De este modo, Agustín ha conciliado la premisa de hacer una literatura al alcance de todos con su afán de renovación, que lo ha llevado por caminos inexplorados en nuestras letras, al margen de la doctrina estructuralista que uniformó la búsqueda de muchos autores en los años 70.

Hasta el momento, la novela en que Agustín ha ido más lejos en su aventura experimental es *Cerca del fuego*, compuesta por 64 historias que a primera vista parecen desvinculadas, pero que forman una trama donde la cohesión entre las partes no se establece por relaciones de causa y efecto, sino por la lógica asociativa del sueño. El número de las historias nos remite de inmediato al *I Ching*, dividido también en 64 fragmentos donde se revela el significado de todas las combinaciones posibles del Ying y el Yang, las fuerzas de la luz y la oscuridad. Entre las guías de lectura que se pueden extraer de la novela hay una muy útil para comprender su armazón: la imagen de la antena parabólica que recibe toda clase de señales, ya sea en lo más bajo de la atmósfera o en el espacio exterior, para transmitirlas a una estación donde se almacena todo lo que flota en el aire. De manera similar, el narrador despliega sus antenas para captar las transformaciones familiares, políticas y sociales registradas en el inconsciente colectivo de un pueblo amnésico y vapuleado por la crisis de los años 80. Con ese material se forma una red donde el destino de un individuo invariablemente se ajusta con el destino de otro, siendo cada uno el protagonista de su propio drama y a la vez personaje del drama ajeno. Las articulaciones de ese cuerpo disperso son invisibles y el reto del lector consiste en descubrirlas más allá de la escritura, como el capitalino que trata de ver el cielo entre nubes de smog. México se nos presenta como una herida infectada, pero junto a la pestilencia que emana del gobierno, de la institución familiar, de la oligarquía y hasta de la propia clase intelectual, la parabólica de Agustín recibe señales de nobleza, generosidad y valentía que delatan la presencia de Dios en la tierra.

Entre los personajes con luz propia que se sobre ponen al estado de postración colectiva destaca "La reina del metro", una morena de horrible cara pero formidable cuerpo que transita por los andenes de la estación Hidalgo, donde traba amistad con Lucio, el protagonista de la novela. Personaje de clara intención alegórica (tiene la cara de la ciudad en que vive), la muchacha se deja conducir por Lucio al Gran Hotel Cosmos, donde la tensión citadina y la energía de los cuerpos amontonados en el metro estallan en la piel de los personajes, como si Lucio no estuviera haciendo el amor con una mujer, sino con el Distrito Federal en persona. Se trata de una pieza memorable por el ritmo de la prosa, que transfiere las pulsaciones de la ciudad a los cuerpos de los amantes, por la atmósfera de carnaval subterráneo en que se produce su encuentro y por la soberbia descripción del acto amoroso, donde no hay un exceso de metáforas pero tampoco la crudeza descriptiva que Cortázar llamaba "erotismo peludo".

A últimas fechas, con la publicación de su *Tragicomedia mexicana*, José Agustín se ha revelado como un historiador incisivo y ameno que llama a las cosas por su nombre en un medio donde la jerga académica suele revestir con un ropaje científico las mentiras del poder. La recuperación del pasado parece haberlo metido en un túnel del tiempo donde las manecillas del reloj corren hacia la izquierda, pues el viejo y amargado autor de *La tumba*, que a los dieciséis años venía de regreso de todo, ahora nos sorprende con *La panza del Tepozteco*, un relato de aventuras donde recupera el candor y la inocencia que nunca tuvo. Al cumplir medio siglo, Agustín puede decir como el Bob Dylan de Back days. *"But I was so much older then, I am younger than that now."* De continuar por ese camino, en el año 2024, cuando Fidel Velázquez entre en estado de coma y el PRI cumpla cien años en el poder, nos reuniremos en esta misma ciudad para homenajear a una gloria nacional de pantalón corto.

La ordenada locura de Carlota

El aplauso de la crítica "seria" a las novelas de Fernando del Paso demuestra que puede haber una perfecta concordancia entre dos criterios de valoración literaria comúnmente asociados a la formación y a la decadencia del gusto burgués. El primero de ellos, contra el que se sublevaron los surrealistas, proviene del siglo XIX y consiste en juzgar una obra por el esfuerzo invertido en ella. Es lo que Roland Barthes llamó "la sacralización del escritor artesano". El segundo criterio, sustentado en el mito de la vanguardia, garantiza la indulgencia crítica para todo aquello que huele a novela experimental. El ensayista brasileño José Guilherme Merquior lo definió así en una reciente declaración a Magali Tercero: "Nos metieron en la cabeza que los artistas tienen derecho de hacer todas las tonterías del mundo porque están experimentando. Y no se les pide ya resultados, sólo intenciones, cuando a los seres humanos en general les pedimos consecuencias de sus intenciones."

Si alguien pensaba que estos dos criterios eran incompatibles, que no se puede dislocar la novela tradicional y complacer al lector tradicionalista que admira por encima de todo el esfuerzo del escritor artesano, tendrá que admitir su equivocación cuando alguna hepatitis le permita leer *Palinuro de México* y *Noticias del imperio*. En ambos libros, junto a una exhaustiva labor de investigación y una minuciosa depuración del estilo, Del Paso prescindió de los personajes, de la trama y de la anécdota para crear una maquinaria verbal lejanamente emparentada con la novela tradicional. Hasta aquí todo suena muy bien. El problema empieza cuando en vez de juzgar las intenciones de un escritor prestamos atención a sus resultados, como pide Merquior.

Palinuro de México es el triunfo de una voluntad inflexible que se propuso alcanzar la magnificencia a cualquier precio. Pero en su afán por hacer algo parecido a una catedral literaria, Fernando del Paso abusó del *collage* y de la paciencia de sus lectores. Su método creativo, que se advierte sin el menor esfuerzo, es el engarce voluntarioso de ocurrencias poco afortunadas y citas que rara vez vienen al caso. Haga usted un gigantesco fichero con los datos más curiosos de la historia de la medicina, revuélvalo con retazos de su biografía, salpique el platillo con chorritos de una imaginación proclive a la confección de viñetas inocuas y péguelo todo con una retórica insoportable, disfrazada de exuberancia barroca. Sacará del horno *Palinuro de México*. Lo verdaderamente criminal es que la receta se prolonga por cientos y cientos de páginas y que algunos capítulos nada breves se reducen a la enumeración —pura y llana enumeración— de marcas comerciales, enfermedades y prodigios de almanaque. Hay una enorme diferencia entre los retruécanos y la pirotecnia humorística de un Joyce o de un Cabrera Infante y el listado de tonterías que practica Del Paso. Ni Paco Stanley en sus programas cómicos ha recurrido tanto al gracejo forzado y ramplón.

No es difícil saber qué se proponía Del Paso en Palinuro, pues él mismo lo dijo en el capítulo 22 de su yunque: "y mientras bajaba las tortuosas y oscuras escaleras de la Universidad de Glasgow [...] pensé en Henry James, que afirmaba que toda novela debía ser como un organismo viviente, único y continuo, y me prometí que ese libro que yo iba a escribir alguna vez sería tan enfermizo, frágil y defectuoso como el organismo humano, pero a la vez tan complicado y magnífico." Al comparar este proyecto de novela con la novela pergeñada uno llega a la conclusión de que Del Paso malinterpretó a Henry James. En efecto, James deseaba que la novela fuera un organismo vivo, pero creía que la ilusión de vida se lograba por medio de la dramatización (de ahí su tardía inclinación por el teatro) y siempre insistió en que la tarea del novelista era mostrar en vez de contar.

Salvo el capítulo "El pan de cada día", no hay nada "vivo, único y continuo" en *Palinuro de México*, en el sentido que James dio a estas palabras. Como no es una novela de personajes, el fluir de la vida queda relegado a segundo término. Como su estructura es fragmentaria —tan fragmentaria que recuerda los centones de los poetas novohispanos—, la continuidad se rompe a cada momento y el narrador tiene que recurrir a un penoso trabajo de costura apenas disimulado por la excesiva longitud de los párrafos (si los puntos y aparte escasean es porque, en rigor, hay un punto y aparte omitido cada tres renglones). Finalmente, como la digresión es la herramienta favorita del autor —que además de invocar a Joyce y a James como guardaespaldas, también se ampara en el prestigio del *Tristram Shandy*—, la unidad de la novela es tan precaria que puede leerse como una enciclopedia o un diccionario, saltando de capítulo en capítulo en busca de los temas que Del Paso borda y desborda con el auxilio de su ingente fichero. Sin duda la novela es un organismo complicado, pero no magnífico. "El mero gusto por lo colosal —decía Spengler—, no es la expresión de una grandeza interior, sino la ilusión de esa grandeza ausente." Sólo por la existencia de una cargada literaria que se encandila con los despliegues de erudición y elogia por acto reflejo a los escritores difíciles puede entenderse el éxito de este colosal monumento a la insignificancia.

Comparada con *Palinuro*, *Noticias del imperio* es una novela ligera. Gracias a que la investigación predomina sobre la ficción, por momentos parece un ameno libro de historia. Hay que reconocerle a Del Paso que ningún escritor mexicano había hecho una reconstrucción tan inteligente y documentada del Segundo Imperio. Los historiadores mexicanos, salvo honrosas excepciones, dejan mucho que desear como prosistas y no saben dar forma literaria a sus materiales. Con su afilado colmillo de narrador, Del Paso escribió una brillante colección de episodios nacionales, eludiendo las relaciones de causa y efecto que lo hubieran obligado a entrar en explicaciones propias de un especialista. De este modo logra subrayar las paradojas de la intervención francesa, sin llevar su historia novelada al terreno de las interpretaciones y las pruebas documentales.

Pero un escritor con sus pretensiones no podía conformarse con eso y sucumbió a la tentación de poetizar a costa de la emperatriz Carlota, una tentación condenada al fracaso (recuérdese el traspié de Rodolfo Usigli en *Corona de sombra*), quizá porque el personaje es tan novelesco que un tratamiento literario sólo consigue sobrecargarlo. La Carlota de Fernando del Paso es una loca previsible, articulada y correcta. En sus delirios hay más figuras retóricas que en un manual de oratoria. Aunque diga incoherencias, aunque mezcle los sueños con la realidad, recita esas fantasías y esas incoherencias con tal orden, con tal fidelidad a un plan elocutivo, que su discurso parece a ratos la negación misma de la locura. Nada le gusta más a esta desquiciada que las anáforas y los paralelismos. No hay una sola página de sus monólogos en que deje de usar el rifle de repetición:

> Dime: ¿no me han de ver de nuevo tus ojos? ¿No me han de admirar, Maximiliano, tus ojos claros desde el azul del lago? ¿No te ha de desear mi boca? ¿No te han de abrazar mis brazos, Maximiliano, desde las balaustradas blancas del castillo de Miramar? ¿Te dijeron que me vieron beber, en el cuenco de tus manos, de la Fuente de Villa Médicis? ¿Te contaron que una noche salí descalza de Miramar? ¿Te aseguran que han visto a la Emperatriz Carlota bebiendo en un jarro en la fuente de Tlaxpana?

No es de extrañar que una declamadora tan gemebunda como Susana Alexander haya puesto en escena estos parlamentos. Lo que en el texto denota pobreza de recursos a ella le viene de maravilla para sobreactuarse. Para colmo, Carlota es doblemente repetitiva. Una vez leído el primer monólogo se puede prescindir del resto: son variaciones sobre el mismo tema. Se dirá, y con razón, que los locos viven atrapados en un laberinto y que la repetición obsesiva es uno de sus rasgos fundamentales. Pero en esa repetición hay desorden, caos, anarquía. La estricta simetría de los monólogos de Carlota refleja el apego del autor al único método narrativo que conoce y domina. Se advierte aquí la misma escritura celular, compartimentada, mecánica, el mismo zurcido visible que hace tan pesada la lectura de *Palinuro*. Del Paso se apoya en las palabras sintácticamente dominantes de una frase como si fueran claves de un programa computacional, y a partir de ellas arma su filigrana oratoria. Sin duda, *Noticias del imperio* dará materia para múltiples tesis de doctorado —el masoquismo académico es contagioso—, pero yo sólo puedo transmitir mi experiencia como lector. Al tercer o cuarto monólogo de Carlota, llegué a desear que se le acabara el *disket* y dijera por fin una frase humana.

1988

Dialéctica pasional de Inés Arredondo

Inés Arredondo creía que la felicidad excesiva acarrea la desgracia, y tal vez por no abusar de su felicidad literaria sólo escribió tres libros de angustiante belleza: *La señal* (1965), *Río subterráneo* (1979) y *Los espejos* (1988), ahora reunidos en sus *Cuentos completos* (Siglo XXI, 1988), además de un *Acercamiento a Jorge Cuesta* que la UNAM publicó y escondió en 1982.

Compañera generacional de Juan Vicente Melo, Juan García Ponce, José de la Colina y Salvador Elizondo, entre otros, la Arredondo tuvo afinidades con algunos de ellos (la reflexión sobre los vínculos del erotismo y lo sagrado, el estudio de la personalidad fragmentada), pero no se propuso inventar estructuras innovadoras, como Elizondo o Melo, que introdujeron en México las técnicas del *nouveau roman*, ni el trasfondo conceptual de sus narraciones es tan importante como en las novelas de García Ponce, donde muchas veces la tesis roba cámara a los personajes y la historia queda en segundo plano. En los cuentos de la Arredondo la sencillez de la forma guarda equilibrio con la riqueza del contenido, algo fuera de lo común en un país como el nuestro, donde las audacias farragosas de los novelistas suelen ser un subterfugio para ocultar su agotamiento creativo. La Arredondo sólo dijo lo que tenía que decir, y lo dijo en pocas palabras. Por la brevedad de su obra se le podría comparar con Rulfo, Torri o Gorostiza —autores que después de dar lo mejor de sí optaron por el silencio—, pero su insistencia en el destino trágico de la mujer la aproxima sobre todo a Rosario Castellanos. La diferencia es que la Arredondo nunca atribuyó los infortunios de su sexo a la sociedad machista, sino a la voluntad creadora del mundo. "Mi madre, con la leche, me dio el sometimiento", escribió la Castellanos. La Arredondo más bien creía que las mujeres se transmiten de generación en generación la fatalidad de ver cómo se pudre el amor.

Los cuentistas sin nervio pueden narrar con mayor o menor desenvoltura historias que les son ajenas. Los que inventan un mundo propio sólo escriben para satisfacer una necesidad expresiva y dejan en cada cuento un jirón de pellejo. Inés Arredondo perteneció a esta especie de narradores. Para ella, la invención de historias era una necesidad ontológica: buscaba apresar el momento crucial en que un personaje entrevé el sentido oculto de su existencia. Tras descubrir la íntima conexión entre el amor y el dolor o abandonarse a la perversidad, sus personajes nunca vuelven a ser los mismos. Han experimentado una crisis moral, han descubierto que el matrimonio es una lucha darwiniana por la supervivencia o se han prostituido para defender lo que aman y el relato concluye cuando termina la experiencia transformadora: "Muchas cosas pasaron en mi vida después, pero ésta fue la más importante", dice la protagonista de "Para siempre", después de entregarse en brazos del hombre a quien creía odiar. "Había cambiado algo en mí, en mi proyección y actitud hacia él. pero era inútil, porque él nunca lo sabría", reflexiona la esposa engañada de "En la sombra", mientras contempla a tres pepenadores con una mezcla de horror y deseo. Como cuentista, la Arredondo se distingue por mostrarnos la intimidad de un personaje cuando esa intimidad se derrumba. Al final de cada relato nace un nuevo ser, por lo común egoísta y maligno, pero fortalecido por el conocimiento de su propia naturaleza.

Autora de tragedias condensadas, en la mayoría de sus cuentos el resorte dramático es la aceptación culpable de un designio fatal que rige subrepticiamente la trama. ¿La Sunamita se casa con su tío para heredar su fortuna o porque pesa sobre ella una maldición? Toca al lector decidir si los personajes actúan por voluntad propia o bajo el influjo de un poder invisible que la autora no se atreve a nombrar. La predestinación impide que el azar desvíe el curso inmutable de cada relato, que parece fijado desde el principio del tiempo: "¿Pensaste alguna vez —pregunta el narrador de 'Mariana'— que las historias que terminan como debe ser quedan aparte, existen de un modo absoluto?" Sólo Dios puede escribir historias que terminan como debe ser, pero en los cuentos de la Arredondo el motor de la acción no es la necesidad ni la providencia divina, sino la osadía de Eros, su ciega ambición de llevar el amor humano "a terrenos que sin querer pretenden perfección".

Los compañeros de generación de Inés Arredondo tradujeron a Georges Bataille y publicaron algunos de sus ensayos en la *Revista Mexicana de Literatura*, cuando la dirigían García Ponce y Tomás Segovia. En *La señal* es muy notoria la huella de *Las lágrimas de Eros*, especialmente en el cuento que da título al libro, donde el protagonista besado en los pies por un obrero que desea humillarse ante Dios vive la experiencia de lo sagrado. La deificación de los amantes, observada como una impiedad de consecuencias fatales, reaparece en cuentos posteriores, donde "el exceso de amor" desemboca en la locura o en la tragedia. La paradoja de que la felicidad lleve dentro el germen de su propia destrucción es fundamental en la narrativa de Arredondo y está directamente vinculada con su visión trágica del erotismo. Se ocupó del tema en el primer cuento de *La señal* ("Estío") y lo reelaboró con gran acierto en "Sombra entre sombras", el último relato de *Los espejos*. La protagonista de "Estío" es una madre que observa con lujuria a dos adolescentes, uno de ellos su hijo, sin precisar a cuál de los dos desea. Por la mezcla de atracción y náusea con que observa el esplendor de la naturaleza, el lector columbra la posibilidad del incesto. La tierra que pisa es "húmeda, olorosa a ese fermento saludable tan cercano sin embargo a la putrefacción". El jugo de los mangos que muerde "se pega en sus dedos y empieza a ser incómodo, a ser una porquería". Si la madre tierra engendra podredumbre, la madre pecadora ensucia el fruto de su vientre con un deseo malsano que no puede refrenar, a pesar de la culpa y el asco. El final del cuento es ingenioso y sorpresivo, pero escamotea la confrontación entre la Naturaleza y el Espíritu que se había anunciado desde el comienzo, tal vez porque la culpa de la madre incestuosa triunfa sobre el deseo.

En *Río subterráneo* la Arredondo dio un paso adelante en la comprensión de la dialéctica pasional. Los mejores cuentos del libro, "Atrapada" y "En la sombra", narran el aprendizaje amoroso de dos mujeres engañadas que al tratar de comprender el brutal egoísmo de sus amantes descubren su propia naturaleza "contaminada y carnal". Como Oscar Wilde, los personajes femeninos de la Arredondo saben que la mejor manera de vencer a una tentación es sucumbir a ella. Sin embargo, para estas mujeres apasionadas hasta el delirio la "no resistencia al mal" es un arma defensiva contra el desamor que busca nulificar su poder destructivo: "No luches más con tus pasiones —aconseja la heroína de 'Atrapada'—, una no es otra cosa que un agente receptor, una esponja que absorbe el mal y no lo rechaza sino que se queda con él adentro." Absorber el mal es un sacrificio necesario para la salvación del amor, pues sólo comprendiendo la crueldad instintiva del ser amado, su inocente búsqueda de placer, se puede sostener con él una lucha *inter pares*.

El riesgo de no aceptar la contaminación, de conservar la pureza y pertrecharse en el Bien, es matar el amor o ahogarse en el río subterráneo de la locura. Si en *La señal* cada cuento narraba la historia de un aprendizaje, en su segundo libro la Arredondo nos previno contra el peligro de entender demasiado. "Solamente quería entender —declara la protagonista de 'Río subterráneo'—. Pero ése es justamente el camino que la locura ha trazado para sus elegidos." Saga familiar que narra la historia de tres generaciones condenadas a la autodestrucción, "Río subterráneo" es uno de los pocos cuentos de la Arredondo en que el tono elegíaco y la atmósfera delirante difuminan la anécdota, al punto de que puede leerse como un poema en prosa. Más que un cuento sobre la locura es un poema escrito desde la locura misma, de ahí su proximidad a lo que Lorca llamaba "la oscura raíz del grito". En su empeño por borrar las relaciones de causa y efecto, ajenas al espíritu de la tragedia, la autora sugiere que el error fatal de Pablo, Sergio y Sofía no es haberse divorciado de la realidad para mitigar el dolor ocasionado por las desventuras de la familia, sino tratar de entender "lo que está fuera de nuestro pequeño mundo", es decir, el inmotivado ensañamiento de la voluntad suprema que se abatió sobre ellos. Mientras que en *La señal* especialmente en "Canción de cuna", el estigma del pecado original es una fatalidad que persigue a los personajes, en "Río subterráneo" el pecado que se paga con la muerte es el afán de conocimiento. Como Adán y Eva, expulsados del Paraíso por haber profanado el Árbol de la Ciencia, los personajes de la Arredondo reciben un fulminante castigo por hacerse demasiadas preguntas.

En *La señal* y *Río subterráneo*, la lucha interior de los personajes, que se debaten entre la pureza y la contaminación, entre el temor a Dios y la soberbia adánica, concita la ira de Dios y provoca un adverso vuelco de la fortuna que restaura hasta cierto punto el orden violado. El último relato de *Los espejos*, en cambio, es una irreverente apología del pecado en que la autora se despoja de sus atavismos católicos. La creencia un tanto calderoniana de que la culpa compartida purifica el alma y nos aleja del pecado —moraleja implícita en el último párrafo de "Estío"— se transforma por completo en "Sombra entre sombras", donde la culpa sazona y hasta cierto punto santifica las orgías de tres libertinos. El cuento narra la biografía erótica de Laura, una muchacha inocente, similar en muchos aspectos a las heroínas de Sade, que por complacer a su familia se casa con Ermilo Paredes, el depravado cacique del pueblo, en una operación de compra venta disfrazada de matrimonio. Tratada como una vulgar prostituta desde su noche de bodas, Laura se resigna a cumplir las fantasías de Ermilo, que la cubre de azahares mientras ella se finge muerta, la abofetea con saña o le marca la espalda con un verduguillo. De tanto reptar en el fango, su idea del amor se va enturbiando sin que ella lo note, convirtiéndola en una romántica de la podredumbre.

Cuando Laura ya es una mujer madura entra en escena el joven irlandés Samuel Simpson, de quien se enamora perdidamente no obstante saber que se acuesta con su marido. El amor de Laura es más fuerte que sus escrúpulos y acepta compartir la cama con ellos, pero cuando Ermilo muere, Samuel extraña su presencia en vez de sentirse libre y tiene que buscar otro compañero sexual para completar el *ménage a trois*. A estas alturas del cuento, la depravación ya no es un obstáculo, sino una condición para que subsista el amor, y el sacrificio de la protagonista adquiere un cariz de abnegación y renunciamiento. Transformando el abandono en heroísmo, la Arredondo crea una atmósfera ambigua en que el deterioro moral de la protagonista, su absoluta pérdida de dignidad, se presenta ante los ojos del lector como un ritual de purificación. A medida que se agravan sus pecados, la autora se esmera en limpiar su prosa de obscenidades y rispideces, envolviendo al personaje en un halo de placentera molicie: "Yo pasaba de la cama al baño y del baño al diván lentamente, saboreando mis movimientos, la dulce tibieza del agua, la sonrisa de Eloísa, la caricia de las sedas, los perfumes diferentes de la mañana tardía. Me adormecía recordando las palabras de la noche anterior y dormía suavemente, como envuelta en un capullo."

Al describir el hundimiento de Laura como una subida al cielo, la Arredondo prepara la redención de su personaje. Al final del cuento, envilecida hasta el patetismo, Laura es un trozo de carroña que los hombres humillan cada noche, y sin embargo "cree que Dios la entiende", porque después de cada orgía su alma "florece como debió de haber florecido cuando era joven". "Sombra entre sombras" es el último cuento que escribió la Arredondo y puede ser leído como una síntesis de su obra. Para la narradora que hizo del cuento una lámpara de luz negra, un detector de almas resquebrajadas, el amor aún podía ser una fuerza redentora a condición de que fundara su propia moral y la llevara hasta sus últimas consecuencias. "Siento que me tocó ir más allá de la ruptura, del límite —dijo en otro cuento—, en ese lado donde todo lo que hago parece, pero no es, un atentado contra la naturaleza." La transgresión del tabú que atormentaba a los personajes de *Río subterráneo* por traer aparejado un sentimiento de culpa, en *Los espejos* subvierte las nociones de pureza y virtud. Si todo lo que mantiene vivo el amor está justificado a los ojos de Dios, tocar fondo por el ser amado significa alcanzar la gloria. Como Genet, al final de su vida y al final de su obra la Arredondo llegó a creer en la santificación por medio del pecado: el mal existe en la deificación del objeto erótico, pero la única salvación posible del pecador no es el arrepentimiento, sino la entrega total a su imagen profana de lo sagrado.

El gesto de las cosas:
Magritte y Gómez de la Serna

Que yo sepa, Ramón Gómez de la Serna y René Magritte nunca se conocieron. Sin embargo, parece que trabajaron de común acuerdo en la titánica empresa de traducir al lenguaje humano el lenguaje de las cosas. Entre sus obras hay algo más que un aire de familia o una semejanza fortuita: las pinturas de Magritte muchas veces complementan las greguerías de Ramón, o si se prefiere, Gómez de la Serna entrevió con sus hallazgos verbales las perturbadoras imágenes del surrealista belga. En parte, su proximidad se puede atribuir al espíritu de la época, pues Gómez de la Serna (diez años mayor) simpatizaba desde lejos con el surrealismo, pero la verdad es que ninguno de los dos fue un surrealista ortodoxo, pues ambos coquetearon con lo irracional sin despegar los pies de la tierra. Su común denominador es el rechazo del automatismo, la búsqueda de imágenes que parecen arrancadas al sueño, pero en realidad son producto de una analogía consciente.

A pesar de que ambos tenían en muy alta estima su facultad onírica, ninguno renunció al papel rector del artista en el proceso creativo. En sus acoplamientos de seres y objetos la imaginación rara vez desciende (o asciende) al franco disparate. Respetaban demasiado la lógica de las formas como para permitirse asociaciones arbitrarias entre objetos completamente disímiles. André Breton pensaba que Magritte era un pintor excesivamente reflexivo: "Su creación no es automática, sino al contrario, plenamente deliberada —escribió en *El surrealismo y la pintura*—. Abordó la pintura con el espíritu de las lecciones de cosas y desde este ángulo sometió a crítica el proceso sistemático de la imagen visual, complaciéndose en señalar sus fallas."

A Magritte le disgustaba la etiqueta de surrealista cerebral que le impuso Breton y para sacudírsela repetía que en su doctrina estaba prohibido prever nada "bajo pena de imbecilidad". Sin embargo, cuando hallaba lo imprevisible sentía la necesidad de explicarlo. En *La clave de los sueños*, una de sus obras más irracionales (imagen de un reloj con el nombre "viento", puerta llamada "caballo", etcétera) planteó la necesidad de romper los vínculos entre los objetos y sus nombres. Pero la pintura no marca ninguna ruptura con sus obras anteriores, pues en realidad es una argumentación gráfica sobre la arbitrariedad del signo lingüístico. El propio Magritte dejó en claro su teoría en una conferencia titulada *El nombre de las cosas*: "Todo tiende a hacer pensar que hay poca relación entre un objeto y aquello que lo representa. Una forma cualquiera puede reemplazar la imagen de un objeto. Un objeto nunca desempeña la misma función que su nombre o que su imagen. Los contornos visibles de las cosas en realidad se tocan como si fueran un mosaico. Por lo tanto, los nombres escritos en un cuadro designan las cosas precisas, y las imágenes las cosas vagas." Esta sugestiva reflexión demuestra que Magritte era un ensayista excepcional, capaz de enmendar la plana a Saussure, pero un pintor poco espontáneo. ¿Por qué se empeñaba en racionalizar sus impulsos, si pretendía guiarse por ellos? En materia de espontaneidad siempre estuvo a la zaga de otros partidarios del surrealismo, como el poeta Benjamin Peret, que afirmaba con total desenfado: "Yo llamo tabaco a lo que es oreja."

Al comentar la obra de Peret en el prólogo a sus *Greguerías* (1947), Gómez de la Serna dejó bien clara su posición frente al automatismo: "Yo aún no me atrevo a lanzarme por ese camino, y me he pasado más de media vida queriendo decir, y no diciéndolo nunca, que debajo de la tarima está la sardina o que el piano cargado de vejigas blancas suena a judías muertas."

A diferencia de Magritte, que buscaba parecer absurdo cuando era más reflexivo, Gómez de la Serna reprimió su amor al disparate por fidelidad a sí mismo. Él era un observador de la vida cotidiana, no un refundador del lenguaje como Peret, y debía mantenerse consciente para descubrir en qué anhelaban convertirse las cosas descontentas con su forma. Sólo así podía ver las enaguas de una lechuga o advertir que "las violetas son las ojeras del jardín". Sus metáforas respetan siempre el color o la apariencia del objeto contemplado porque son intentos de adivinar, a partir de lo visible, la metamorfosis que puede surgir de un acoplamiento insólito entre las cosas.

Al declarar cómo le gustaría que fuera vista su pintura, Magritte indicó por accidente la mejor manera de leer a Gómez de la Serna: "Las ideas, cuando son bellas, se bastan a sí mismas, no hace falta ilustrarlas. Una mano de mármol es poética a condición de que una mujer tenga una mano de mármol y no de que su mano de carne sea dura y fría como el mármol." Cuando Gómez de la Serna dice que "los puentes son las cejas de los ríos", espera que su lector imagine un río con cejas como haría un niño, en vez de ponerse a desmenuzar los elementos del símil, como haría un semiólogo. Magritte escribía con imágenes; Gómez de la Serna pintaba con palabras. En buena medida, su originalidad fue el resultado de una frustración vocacional: ambos parecían insatisfechos con sus medios de expresión. Entre la literatura de Ramón, llena de efectos visuales, y la pintura de Magritte, llena de ideas y metáforas, existe el mismo vínculo que une a la imagen de un emblema con su leyenda.

Quien lea a Gómez de la Serna y después contemple los cuadros de Magritte sentirá que ha visto greguerías pintadas. Pienso, por ejemplo, en *Las vacaciones de Hegel* (vaso de agua colocado en la punta de un paraguas abierto) pintura que tiene su equivalente ramoniano en la frase: "Los que vienen de la lluvia tienen cara de vaso de agua." Gómez de la Serna advirtió que "lo grave no es matar un pichón, sino matar un vuelo", idea que Magritte representó en *El cielo asesino*, donde una parvada de pichones flota en el aire con el pecho destrozado. En uno de sus cuadros más famosos, *La filosofía en el boudoir*, aparecen en primer plano unos tacones que tienen forma de pies y al fondo un camisón de mujer con senos. Gómez de la Serna humanizó todas las prendas de vestir, llegando a temer que las camisetas colgadas de una sola manga sufrieran distensiones de ligamentos. Al hojear sus *Gollerías* encontré una misteriosa botella que lleva dentro la imagen del que la bebe. Magritte embotelló personas y paisajes en una serie de cuadros titulada *La explicación*. Uno de sus mejores retratos es el de un hombre cuya nariz termina en forma de pipa. Le hubiera encantado a Gómez de la Serna, que había visto respirar a las pipas. La lista de convergencias no es exhaustiva: crecería muchísimo si se ocupara del tema uno de esos hispanistas tenaces y disciplinados que llegan al doctorado (y al panteón) estudiando el uso del adverbio en la obra de Unamuno.

Además de renovar el lenguaje de la plástica y el lenguaje literario entrecruzando sus códigos de significación, ambos rompieron la barrera entre cultura popular y alta cultura, por lo que se les puede considerar precursores del arte pop. Gómez de la Serna era una celebridad en los salones literarios y en los salones de belleza. Publicaba lo mismo en la prestigiosa *Revista de Occidente* que en revistas femeninas y sus greguerías llegaron a tener gran aceptación en las radiodifusoras de Buenos Aires. Magritte no fue mundialmente conocido hasta 1960 (año de su exposición consagratoria en el Museo de Arte Moderno de Nueva York), pero es el pintor que más ha influido en los diseñadores y cartelistas de la actualidad. En vida utilizó todos los medios de reproducción a su alcance para impedir que su obra quedara confinada en colecciones privadas. Prefería una película de el Gordo y el Flaco a una de François Truffaut, mientras que Gómez de la Serna se consideraba colega de Walt Disney. Como defensa contra la inevitable conversión del arte en mercancía, llevaron su interpretación de las cosas al terreno de la cultura popular, en el que la gente aprecia mejor las manos de mármol y los vuelos asesinados. Se libraron así de hacer arte para las élites y obtuvieron el mejor premio al que puede aspirar un creador: su obra no huele ni olerá a museo.

Ecocidio literario

Además de suscitar polémicas entre historiadores, como la que sostuvieron Miguel León-Portilla y Edmundo O'Gorman, el V Centenario del Descubrimiento de América está produciendo adefesios editoriales. Según parece, algunos escritores quieren apropiarse del festejo y de los reflectores que lo iluminan. En el oportunismo llevan la penitencia: la historia demuestra que las efemérides no hacen buenas migas con la literatura. La centenaria costumbre de brillar a costa de un centenario está documentada en los temibles *Paliques* de Leopoldo Alas, que en un artículo de 1890, cuando faltaban dos años para la celebración del IV Centenario, empleó su portentosa capacidad de escarnio en burlarse de los literatos que "necesitaban tener una opinión particular en eso del descubrimiento de América". Cien años después no ha cambiado nada. Las dos últimas novelas de Homero Aridjis anuncian una epidemia de literatura colombina similar a la que infestó el mercado editorial a finales del XIX. Ya que todo se repite, atajemos la epidemia como lo haría Clarín.

Está de moda la novela noticiero, en que la reconstrucción de época y el bombardeo de relatos predominan sobre la invención de historias y personajes. *1492: Vida y tiempos de Juan Cabezón de Castilla* (Siglo XXI, 1985) hará las delicias de un experto en narratología. La mezcla de un discurso ficcional con otro testimonial no puede ser más forzada, pero se presta de maravilla para confeccionar gráficas y esquemas sofisticados. Por si esto no bastara, el protagonista cuenta su vida en un lenguaje híbrido que recoge ciertas peculiaridades léxicas y sintácticas del español del siglo XV adaptándolas al español moderno. ¡Qué festín para narratólogos! ¡Cuánto gozarán diferenciando el intertexto del supertexto!

Un simple mortal no tiene derecho a esos goces. Para un lector sin metodología, la lectura de *1492* es un gancho al hígado. Aridjis lo sabe todo sobre la historia de España en el siglo XV, ha leído mucho sobre la expulsión de los judíos, consultó varios diccionarios etimológicos y hasta tuvo que aprender un poco de sefaradí, pero no sabe escribir diálogos, no sabe mantener el interés del lector, no sabe intercalar testimonios en el relato y tampoco sabe crear personajes. No sabe pero quiere. Aquí no se vale argüir que no hay personajes porque el autor nunca tuvo la intención de crearlos. Aridjis quiere hacernos creer que su protagonista vive, siente y ama, pero al mismo tiempo lo utiliza como locutor del noticiero, como vehículo informativo para exponer los pormenores de la represión antisemita en la España de los Reyes Católicos. Por obra de su ineptitud narrativa, el personaje informador se convierte en un pretexto para informar. A Juan Cabezón le sobran tiempos y le falta vida. Es un aborto demasiado consciente de su momento histórico. Tan confiado está en que su testimonio perdurará hasta el siglo XX, que al llegar a Zaragoza en busca de su mujer —la también locutora Isabel de la Vega— describe la ciudad como si redactara un folleto turístico para los mexicanos de 1988:

> Por caminos secos y pedregosos vine a Zaragoza, asentada en la fértil vega del Ebro y defendida por muros torneados de gran espesor. Entré en ella por la puerta del Ángel, frente al puente de piedra, con sus siete arcos levantados.

¿Dónde quedó la convención del narrador de época? Es obvio que a un contemporáneo del protagonista estos detalles le parecerían redundantes. Los héroes de la novela picaresca no hacen descripciones turísticas de las ciudades que visitan porque los lectores del Siglo de Oro ya saben cómo son y dónde están. Si Aridjis trabajó tanto para dar una pátina de antigüedad al habla de su narrador, nada le hubiera costado evitar estos derrapones, pues con ellos destruye la ilusión de que Juan es un español del 400. ¿A quién dirige sus farragosas noticias este ser atemporal? ¿A los organizadores del V Centenario? Ellos también saben que Zaragoza está "asentada en la fértil vega del Ebro".

En cuanto a los diálogos, la torpeza de Aridjis no tiene igual en la literatura mexicana. Recuerdan, con desventaja, a los de Hugo, Paco y Luis. Aridjis cree que un diálogo es un monólogo dividido entre dos o más personas. Para muestra basta un botón:

> —¿Te das cuenta de que nunca más caminaremos por las calles que andamos en 1485? —dijo Isabel, de pronto.
> —Escudriñamos en los oleajes de la historia, sin saber que cabalgamos en una ola —dije.
> —Si no olvidáramos el momento pasado no podríamos vivir el presente —dijo ella.

Hagamos a un lado la metafísica metida con calzador y la pedestre metáfora de Juan Cabezón (hay otras peores: en la página 228 aparece un "monstruo de mil cabezas y 2 mil puños que se llama multitud". ¿Influencia de Juan Dosal?) Ignoremos la grandilocuencia de Isabel, tan proclive a la filosofía instantánea, y fijémonos únicamente en la forma del diálogo. ¿Qué pasaría si Juan dijera los parlamentos de Isabel y viceversa? Nada, porque Aridjis no sabe caracterizar a través del diálogo y hace hablar a sus personajes como los sobrinos del Pato Donald, sincronizándose para tijeretear la reflexión del autor —muy original, por cierto— sobre la fugacidad del instante.

Aunque diálogos como éste abundan en toda la novela, no siempre los personajes hablan así. A veces recitan de corrido un documento de la Inquisición o hacen listas de animales comestibles, de ferias, de pesos y medidas, de paños, que el autor interpola donde le viene en gana. Asombra la facilidad con que Aridjis dispone de los personajes secundarios para desahogar los datos que almacenó en su investigación. Llegan a la novela, vomitan su ficha y regresan al limbo de donde nunca debieron salir. Los datos no ayudan a la reconstrucción de época pero entorpecen la fluidez del relato, si acaso puede hablarse de fluidez y de relato en este bloque de granito. ¿A quién puede importarle que Isabel se salve de la hoguera, si es Aridjis, no los inquisidores, quien le hace la vida imposible con tantos inventarios encajados a como dé lugar? Lo más grave de todo es que su alegato contra la intolerancia religiosa no encuentra eco en el lector. A la altura de la página 300 uno empieza a sentir simpatía por el Santo Oficio y a desear que Torquemada le prenda fuego a Isabel, a su marido, a la novela y al comité organizador del V Centenario.

Por desgracia, la novela no termina con este final justiciero. Juan Cabezón tenía que subir a una de las tres carabelas o de lo contrario Aridjis no podría viajar a Sevilla en 1992 con gastos pagados. En *Memorias del Nuevo Mundo* (Ed. Diana, 1988), el personaje que nunca existió y que según la contraportada ya es "clásico" (hasta en la publicidad hace falta pudor, señores editores), desembarca en Guanahaní con el almirante Colón y participa luego en la conquista de México. La diferencia es que ahora ya no cuenta su vida, sino que Aridjis narra en tercera persona para evitarse la molestia de exhumar arcaísmos. La prueba de que Juan sólo existía como informante es que al perder el timón del relato se vuelve una figura decorativa. Nada hubiera cambiado en *Memorias del Nuevo Mundo* si se queda en España.

Convertido en locutor de su propio noticiero, Aridjis prodiga la información con mayor desenfado. Los capítulos referentes a la conquista de México hacen sentir nostalgia por las crónicas de Bernal y Cortés. ¿Para qué escribir de nuevo lo que ya narraron con mejor fortuna los cronistas de Indias? Al final de la novela Aridjis reconoce que "le sirvieron muchísimo" la *Historia verdadera de la Nueva España* y las *Cartas de relación*. En efecto, le sirvieron para decir lo mismo sin la menor gracia. Una vez más, los personajes de la antigüedad hacen guiños didácticos a los lectores del futuro:

—¿Por qué al entrar en batalla Cortés gritó ¡Santiago, a ellos!? —preguntó Gonzalo Dávila a Fray Bartolomé de Olmedo.
—Porque la guerra que se hace a los indios es hecha por Dios...

Aridjis sabe que ningún soldado de Cortés desconocía la leyenda del apóstol guerrero. ¿A qué viene, entonces, la inverosímil pregunta de Gonzalo Dávila? Educar al lector es un propósito loable, pero cuando los personajes cobran autoconciencia literaria por las pifias del autor, la lección de historia se vuelve chiste involuntario. Con todo, lo peor de *Memorias del Nuevo Mundo* no son estas cápsulas informativas, sino los tímidos intentos de novelar. Cuando Aridjis, olvidando un momento sus archivos, imagina la historia de amor de Mariana Pizarra y Pánfilo Meñique, el resultado es un melodrama digno de Yolanda Vargas Dulché. He aquí de nuevo al pobre diablo enamorado de la niña rica, luchando para que su amor derrumbe las diferencias sociales. Gonzalo Dávila Jr., el villano de la telenovela, es malo y mal averiguado porque adora en secreto ídolos aztecas. ¿No que Aridjis era muy tolerante?

Creo ser un lector disciplinado. Aunque un libro no me guste lo leo hasta el final. Con *Memorias del Nuevo Mundo* tuve que hacer una excepción. La novela se me cayó de las manos en la página 238, cuando se veía venir una semblanza biográfica del padre Las Casas. No fue el atracón de pésima literatura, sino mi conciencia ecológica, lo que me detuvo a mitad del martirio. De pronto recordé aquel anuncio de televisión donde Aridjis, en un paseo por Chapultepec, lamentaba la muerte de los árboles, y caí en la cuenta de que muchos árboles mueren para convertirse en papel. Aridjis gasta enormes cantidades de pulpa en sus voluminosas novelas. ¿Cómo puede quejarse de la devastación forestal si él comete un ecocidio cada vez que publica un libro? *Memorias del Nuevo Mundo* no justifica la muerte de un árbol. Si tuviera un poco de vergüenza profesional, debería elegir entre dos alternativas: denunciarse a sí mismo ante el Grupo de los Cien, o convertir sus obras en papel reciclable.

1988

El futuro de ayer

Ni la imaginación más poderosa puede escapar de su circunstancia. Tanto los poetas futuristas como los escritores de ciencia ficción escrutan el mañana para dejarnos un testimonio del tiempo que les tocó vivir. Por un efecto de *boomerang*, sus fantasías presagian el ayer, dan saltos adelante que en realidad son pasos de cangrejo. Ya sea que describan la vida en el año 3500 o inventen el romanticismo del próximo siglo, por lo general no consiguen anticiparse a su tiempo más de 15 minutos. Verne y Welles fueron visionarios, pero su idea de la tecnología futura dependía necesariamente de su horizonte histórico. A ellos debemos la existencia de una preciosa invención: el vejestorio ultramoderno, la pieza de arqueología que nos recuerda cómo veían el futuro los hombres de ayer. Desde nuestra perspectiva, la máquina del tiempo, el submarino capaz de recorrer 20 mil leguas en el fondo del mar o la nave que viaja de la Tierra a la Luna, ya no son atisbos del futuro, sino reliquias proféticas donde quedó plasmada la imaginería industrial de finales del XIX.

Si en la Edad Media el anacronismo era una licencia poética que permitía relatar la guerra de Troya como si ocurriera en tiempos de Berceo, a lo largo del siglo XX proliferaron los temas contemporáneos en escenarios del mañana. Los lectores de la actualidad ya no toleran anacronismos en las novelas históricas, pero los aceptan como algo normal cuando un escritor proyecta hacia el futuro su visión del presente. Para los lectores del siglo XXV, los cuentos norteamericanos de ciencia ficción escritos durante la Guerra Fría, en que los conflictos entre marcianos y terrícolas reflejaban la pugna por el control del planeta entre la Casa Blanca y el Kremlin, tendrán el mismo encanto *naif* que hoy encontramos, por ejemplo, en el *Libro de Alexander*, donde los soldados de Alejandro Magno portan armas medievales y consultan la Biblia antes de entrar en batalla. En cuanto a los diseños de naves espaciales, platillos voladores, computadoras y trajes de astronauta, no hace falta esperar que el desarrollo tecnológico deje atrás el pronóstico: existe ya un tiradero colosal de chatarra futurista en cinetecas y hemerotecas.

Sin duda, los modelos galácticos más desternillantes de Hollywood se diseñaron en tiempos del cineasta Ed Wood. Aquellas naves ampulosas y recargadas que tenían la redondez de un carruaje y la consistencia de un tanque, versión interplanetaria de los Plymouth, los Buick y otras rumberas con ruedas de los años 50, pasaron a la historia desde su primer despegue, pero conservan la arrogancia infantil de una época en que la conquista del espacio era una especie de carnaval. Mientras la NASA y los científicos de la URSS se disputaban la supremacía tecnológica, los escenógrafos de Hollywood y los dibujantes de comics competían por llegar a la Luna con el carro alegórico más vistoso. En el interior de los armatostes (recuerdo con especial cariño el cacharro volador de *Los supersabios*) no podía faltar un tablero de mando lleno de foquitos multicolores, palancas y botones que sólo servían para deslumbrar a los niños, en especial a los del Tercer Mundo, que aprendimos a distinguir la tecnología de punta de la tecnología atrasada por la mayor o menor cantidad de focos.

Quien haya disfrutado esa época de esplendor no puede sino lamentar el sesgo que tomó la imaginería futurista a partir de los años 60, cuando se impuso un estilo insípido y rectilíneo en el diseño de naves espaciales. *Barbarella* y *2001* dieron al traste con la era barroca de la ciencia ficción, que en México tuvo algunos continuadores tardíos pero excepcionales. Después de admirar la exuberante cápsula tropical que tripulaban, vestidas de mamboletas, Ana Bertha Lepe y Lorena Velázquez en *La nave de los monstruos*, uno se quedaba frío viendo la tristona escenografía del crucero espacial *Star Trek*, donde todo parecía ultramoderno, pero faltaba el toque de audacia imaginativa que le sobraba a los escenógrafos nacionales, capaces de convertir una nave espacial en un escenario de cabaret.

No sólo el cine comercial de ciencia ficción ha producido adefesios anacrónicos: también la poesía de vanguardia. La predicción del futuro es un acto de soberbia que Dios castiga siempre con el ridículo. Si es difícil adivinar cómo evolucionarán las formas aerodinámicas, resulta mucho más arriesgado prever el surgimiento de una nueva sensibilidad. El movimiento futurista de principios de siglo trató de crear un vínculo emocional entre el hombre y las máquinas de reciente invención, presuponiendo que una bomba de gasolina llegaría a tener con el tiempo la misma carga sentimental que un crepúsculo. Obstinado en perdurar a cualquier precio, Marinetti se propuso romper con el pasado: "Admirar un cuadro antiguo —escribió en el *Manifiesto futurista*— equivale a verter nuestra sensibilidad en una urna funeraria, en lugar de proyectarla a lo lejos, en chorros violentos de acción y creación."

Cuando las máquinas vinculadas a esa sensibilidad pasaron de moda, el chorro poético se volvió chisguete y la estética del futurismo pasó a la historia como una divertida excentricidad. Ninguna otra corriente de vanguardia envejeció tan pronto, porque sólo Marinetti y sus epígonos creyeron que la técnica era un trampolín hacia el porvenir. Escribieron para nosotros —los hombres del futuro— y nosotros no podemos leerlos sin notas a pie de página. La poesía de Manuel Maples Arce, por ejemplo, es un curioso muestrario de antiguallas presentadas como el *non plus ultra* de la modernidad: "Un soplo de radiolas/ avienta hacia nosotros/ sus rumores de vidrio", escribió en uno de sus *Poemas interdictos*. La radiola o radiogramola, según el *Diccionario de la Real Academia*, era un mueble para radio y gramófono usado en los años 20. Cuando un lector de la actualidad tropieza con esta venerable anciana de caoba, recibe una impresión contraria a la que Maples Arce quería transmitir, pues en vez de situarse en una atmósfera de ruido y algarabía, recuerda con nostalgia la sala de sus abuelos. Lo mismo sucede con la mayoría de sus estridencias: fuera de contexto se han vuelto susurros, enigmas que sólo podemos descifrar reconstruyendo el pasado, esa urna funeraria donde caben todos los futuros.

Vejamen de la narrativa difícil

Desde que empezó a hablarse de posmodernidad en los círculos académicos y literarios, la crítica exigente se ha puesto en guardia contra la narrativa ligera, entendiendo por esto las novelas o relatos de fácil digestión que no aportan nada al arte de narrar ni contribuyen a esclarecer el enigma de la condición humana. La República de las Letras tiene motivos de sobra para afligirse: la degradación del gusto literario es un hecho palpable que en México implica un grave retroceso cultural, pues todavía en los años 70 existía una clase media emergente que buscaba mejorar su cultura literaria, mientras que en los 90 sólo hay consumidores de *best sellers* y una minoría ilustrada cada vez más exigua.

      ¿Por qué la literatura de alto voltaje, o la que se vende como tal, está perdiendo lectores en vez de ganarlos? Los intelectuales que Umberto Eco definió como "apocalípticos" achacan la catástrofe a la competencia del videocaset, que ha centuplicado el poder hipnótico de la televisión. Sin duda, el lenguaje audiovisual va ganando terreno a la palabra escrita y amaga con desplazarla por completo como medio de comunicación. Pero los lectores de novelas chatarra no han cambiado los libros por el video. Simplemente desconfían de la crítica especializada, quizá por haber sufrido amargas decepciones al confiar en ella, y escogen las lecturas que a cambio de un mínimo esfuerzo les proporcionan el máximo de placer. El gusto mayoritario está condicionado por la oferta editorial, pero la gente cree elegir por decisión propia la bazofia que le suministran los ejecutivos de mercadotecnia. Y como la mercadotecnia sólo tiene un criterio estético —la repetición incesante de fórmulas exitosas—, el público acuartelado en su pereza mental rechaza toda lectura que por el simple hecho de ser distinta amenace con exigirle concentración.

¿Significa esto que la mercadotecnia es la única culpable de la desbandada masiva hacia el videocaset y la subliteratura? En mi opinión, los dispensadores del prestigio literario también han contribuido a distanciar al público de las lecturas que pueden ampliar su horizonte cultural. En algunos casos su conducta obedece a un deliberado elitismo, fundado en la supuesta "capacidad de arbitraje" que los doctores en letras pretenden monopolizar. La crítica obstinada en dictar leyes a la creación, los profesores de Teoría Literaria y los escritores que buscan su aplauso han beneficiado indirectamente al *best seller* al propagar el embuste de que la buena literatura es necesariamente difícil. Esta falacia, como todas las que tienden a convertir el arte en asunto de minorías, goza de gran aceptación entre los literatos de cenáculo, pues convierte su fracaso en un timbre de gloria: "Aburrimos al vulgo porque somos difíciles, pero tenemos ganada la inmortalidad."

Joseph Brodsky ha impugnado con agudeza la sobrestimación de la dificultad en la novela moderna: "¿Es la dificultad la marca del genio —se pregunta en un ensayo reciente— y debemos por lo tanto perseguirla en nuestra búsqueda de las grandes obras? La gran cantidad de originales difíciles que son sometidos hoy a las editoriales indica que esa dificultad no es, para empezar, tan difícil. Se trata de una empresa que descansa menos en la astucia que en el enamoramiento bobalicón con la idea de dificultad, dispuesta a ser aceptada como nueva ortodoxia. En realidad, lo que se facturó como difícil en Proust, Kafka o Faulkner fue sin duda visto por cada uno como una forma de alcanzar mayor claridad." (*Vuelta*, No. 188, p. 17.) Ciertamente, ningún escritor contemporáneo puede ignorar la evolución de la novela moderna y seguir escribiendo como los folletinistas del XIX. Pero al convertir la experimentación en canon y su poética en preceptiva, los tecnócratas de las letras han propiciado el surgimiento de una novela tan hueca y previsible como el *best seller*. Me refiero a la llamada "novela del lenguaje", artefacto verbal de altas pretensiones en que la retórica abandonada a su propio impulso determina el desarrollo de la ficción, como en la cantaleta de un merolico.

A partir de los años 60, los escritores que conciben la novela como una crítica del lenguaje se arriesgan a la segura: mientras que por un lado rompen con la forma tradicional del género, por el otro complacen a la Nueva Academia suministrándole textos idóneos para el análisis de estructuras lingüísticas. Desconocen el riesgo de fallar en sus experimentos, porque marchan a la zaga de una poética prefabricada. Ya no hay aventura ni desacato alguno en sustituir la creación de personajes y la invención de historias por un discurso volcado sobre sí mismo. Estos desafíos se premian ahora con una tesis doctoral escrita seis meses después de que apareció la novela. Sin embargo, entre los hispanistas atentos a las novedades de antier prevalece la idea de que la novela del lenguaje sigue aboliendo fronteras y moldes, como si fuera una gran temeridad subordinarse a un modelo de escritura que tiende a convertirse en receta para obtener la inmortalidad.

Un ejemplo de esta subordinación es la trayectoria de Carlos Fuentes desde que se lanzó a explorar el terreno de la novela total o autorreferente. El Fuentes de *Aura*, *Cantar de ciegos* y *La muerte de Artemio Cruz* —lo mejor de su obra, para mi gusto— no era precisamente un narrador convencional. Tenía en alta estima la creación de personajes y la invención de historias, pero se esmeraba en contarlas de la manera más innovadora posible. Por sus propias declaraciones sabemos que a mediados de los años 60 descubrió la revista *Tel Quel*, leyó a Michel Foucault, a Roland Barthes y a los teóricos italianos de la novela. Entusiasmado con las nuevas corrientes de análisis literario, cambió su instinto de narrador por un programa de computadora. En una carta a Emmanuel Carballo explicaba por qué *Zona sagrada* no debería juzgarse por la construcción de sus personajes: "El propósito de esta novela es crear una estructura de lenguaje válida en sí misma y superior a la muy agotada intención psicológica. Los personajes no son sino transformadores del lenguaje, resistencias al lenguaje que los traspasa y ahueca para insinuar una segunda novela."[1]

---

[1] Emmanuel Carballo, *Protagonistas de la literatura mexicana*, México, Lecturas Mexicanas SEP, 1988.

De lo anterior se desprende que cuando Fuentes escribió *Zona sagrada*, ya iba pertrechado con la terminología que lo justificaría ante la crítica. Hasta entonces, el estructuralismo sólo era un método para estudiar la composición de textos. Al adoptarlo como andadera teórica de sus novelas, Fuentes ingresó a una vanguardia artificial que juega ruleta rusa con balas de salva. Las verdaderas revoluciones literarias ocurren a la inversa: primero surgen las obras que inauguran formas de expresión y luego vienen los profesores a explicar cómo están hechas. Con la novela del lenguaje se facilitó el trabajo de la crítica universitaria, que vio reflejado en la creación su propio andamiaje teórico y se limitó a cotejar la partitura conceptual (sea de Barthes, Todorov, Greimas o Julia Kristeva) con la servil ejecución del novelista. Se repite hasta el cansancio que no hay vanguardias en el arte contemporáneo. Es verdad. Perdieron sentido cuando la idea de vanguardia fue confiscada por la cúpula del poder cultural, que en México reproduce las contradicciones del PRI: sólo tiene diploma de revolucionario quien respeta las instituciones. La novela del lenguaje se ha beneficiado de esta confiscación, pero si la palabra vanguardia recobrara su significado contracultural, buena parte de lo que hoy se nos vende como ejemplo de ruptura con lo establecido perdería su aureola subversiva.

Del realismo se han derivado géneros que sacuden las convenciones literarias de su tiempo con más eficacia que la novela del lenguaje. La novela policiaca, por ejemplo, no parece literatura ni quiere serlo. Aspiró a lo documental desde los tiempos de Wilkie Collins y logró su objetivo con la *non-fiction novel*. Sin el auxilio de una doctrina preconcebida, Truman Capote y Leonardo Sciascia pararon de cabeza el concepto de verosimilitud. Otra manera de impedir el estancamiento de la narrativa es enfrentar la experiencia del presente con el tipo de novela que goza de prestigio y autoridad cultural. El crítico Walter L. Reed ha llamado a esta ruptura "estrategia de vulgarización". De ella surgieron, a mediados de los años 30, las grandes novelas de Miller y Céline, que dinamitaron la noción de buen gusto, y en los 50, las narraciones automáticas de William Burroughs y Jack Kerouac, escritas de un jalón sin corregir nada. En México la empleó hace 20 años José Agustín y todavía lo acusan de no escribir literatura. Mejor para él: eso demuestra la vitalidad de sus novelas. Lo vergonzoso para cualquier novelista que respete la herencia de Cervantes no es el rechazo de la crítica almidonada, sino escribir con la mira puesta en sus criterios de valoración.

Desde luego, la novela del lenguaje representa una novedad si se le compara con la novela tradicional. Pero la novedad no es un valor en sí, ni en la literatura ni en la vida. Cualquier novedad literaria, más aún si exige un esfuerzo extra por parte del lector, debe darle a cambio una gratificación, o de lo contrario es un fraude. En la historia de la literatura española abundan los innovadores fallidos (Borges y Bioy Casares los han ridiculizado en los cuentos de H. Bustos Domecq). Antes del barroco gongorino hubo poetas prebarrocos como Juan de Mena, a quien nadie lee ni por accidente, porque su sintaxis contorsionada no recompensa el trabajo de descifrarla, como sí ocurre con Góngora. Puesto que la novela del lenguaje, al prescindir de la fabulación, se acerca más a la poesía que a la narrativa (recuérdese la definición de Jakobson: "la poesía es la atención que el lenguaje se presta a sí mismo"), un lector disciplinado y creativo tiene el derecho de exigirle lo mismo que a un extenso poema. La buena poesía transfigura la realidad, purifica el alma, desnuda el inconsciente y renueva el significado de las palabras. ¿Algún crítico profesional ha encontrado algo parecido en *Cristóbal Nonato* o en *Palinuro de México*, para ceñirme al ámbito de la novela mexicana? Como la poesía de Juan de Mena, estos portentos inanes dejan al lector con la sensación de haber escalado el Everest para llegar a un lote baldío.

No debería extrañar a los editores que la gente decepcionada por la fatiga sin premio abomine para siempre de los "grandes divertimentos" en que sólo el escritor se divierte. El chantaje en que se ampara la verborrea difícil —si te aburre *Cristóbal Nonato* quiere decir que eres un ignorante— puede intimidar al público snob, pero no al lector que se guía por un principio de economía hedonista (especie en la que tienen cabida desde el lector común hasta el lector más calificado). Todo escritor de la división panzer debería tener presente lo que H.G. Wells respondió a Joyce cuando el irlandés errante le pidió escribir un artículo sobre *Finnegans Wake*: "Observo en tu atestada composición un poderoso genio expresivo que ha escapado a la disciplina. Pero no creo que vaya a ningún lado. Le has vuelto la espalda al hombre común, a sus necesidades elementales y a su restringido tiempo. ¿Cuál es el resultado? Vastos acertijos. En tus dos últimas obras, el placer y la excitación de la escritura superan con mucho a los placeres que proporciona su lectura. Así que yo me pregunto: ¿quién diablos es el tal Joyce para pedirme dedicar tantas horas de vigilia de las pocas que me quedan por vivir, a apreciar correctamente sus ocurrencias y fantasías y sus chispazos de traductor?"[2] Si no es pecado mortal dar la espalda a una obra maestra cuando nos exige un esfuerzo sobrehumano, mucho menos a un pésimo novelón que nos pide consagrarle varios meses de vida.

A pesar de la autoridad académica empeñada en hacernos comulgar con ruedas de molino, todavía existen narradores de calidad mundialmente reconocida que satisfacen todos los gustos, desde el más primitivo hasta el más exigente. Su existencia es una piedra en el zapato para quienes creen que la gran literatura está reñida con el gran público. Milan Kundera y García Márquez, Vargas Llosa y Marguerite Duras, Patrick Süskind y Stephen Vizinczey son autores fáciles de leer porque se han echado encima la enorme dificultad de contar sus historias en un lenguaje transparente y preciso. Ninguno de ellos ha sido un renovador del lenguaje, pero en la literatura también hacen falta servidores del lenguaje, es decir, escritores de estilo austero y sencillo en que el menor desliz de la prosa se notaría como una mancha. Para el fabulador nato, el lenguaje nunca es un fin, pero sí un instrumento de precisión. De ahí la aparente facilidad de Ítalo Calvino o Isak Dinesen, que en el siglo de las vanguardias continuaron la tradición de Shahrazad sin romper ningún molde formal pero llevaron esa tradición a un segundo esplendor. Gracias a ellos, el lector común encuentra de vez en cuando en las librerías, entre la basura del mes, una obra excepcional que no le cuesta ningún esfuerzo leer y que puede hacerle descubrir por contraste la vacuidad del *best seller*.

Se me ha pedido hablar sobre las estrategias narrativas para el fin del milenio y creo que una de ellas consistiría en recoger las

---

[2] Richard Ellmann, *James Joyce*, Oxford, Oxford University Press, 1983.

enseñanzas de los grandes narradores populares para luchar con la mercadotecnia editorial en su propio terreno. La disyuntiva no es hacer literatura ligera o pesada. El reto es cautivar sin complacer, contrarrestar con astucia la pereza de los lectores para llevarlos adonde no quieren ir, como el flautista de Hamelin con su cortejo de ratas. La narrativa está muerta si le da la espalda al entretenimiento. En el futuro, el novelista que aspire a tener un amplio espectro de lectores —no necesariamente numeroso, pero sí variado— sin renunciar a su búsqueda personal, deberá ser un consumado encantador de serpientes y entremezclar distintos niveles de significación en el mismo texto, como lo hicieron siempre los clásicos del género, para seducir también al lector avisado que aprecia la ambigüedad y busca en toda novela una segunda intención.

Con lo anterior no pretendo en modo alguno que la literatura experimental o difícil deba plegarse a los lineamientos del mercado. A lo que me opongo es al uso indiscriminado de estos valores en la lucha por imponer un criterio estético. Siempre hubo y siempre habrá una gran literatura difícil (generalmente la que no busca serlo), pero en su campo de acción también hay lugar para la impostura. Una función de la crítica es prevenir al lector en este sentido, para lo cual debería evitar vaguedades que no sirven de nada en el análisis de obras concretas. Si los doctores en narratología de las universidades norteamericanas equiparan los engendros monumentales de Fuentes y Del Paso con un prodigio como *Paradiso*, por una pretendida semejanza estructural, deben sostener entonces, con la misma lógica comparativa, que Sharon Stone y Teresa de Calcuta están igualmente buenas por tener esqueletos muy similares.

En mi opinión, lo peor que puede pasarle a la literatura en el próximo milenio es que se acentúe la falsa polarización entre narrativa *light* y narrativa para entendidos, como lo desean, en una delatora comunión de intereses, los literatos de cenáculo y los mercaderes de la edición. Para ambos, el escritor que sigue un camino propio al margen de las modas profesorales o comerciales debe ser exterminado y reducido al silencio. En el fondo, la mercadotecnia y el *establishment* literario buscan lo mismo: un mundo cultural dividido entre lectores autómatas y exquisitos degustadores de alta literatura. Considero necesario y urgente oponer resistencia a estas fuerzas aliadas en el único terreno donde un escritor puede combatirlas —el terreno de la creación— o de lo contrario la narrativa caerá en dos extremos igualmente deplorables: la mecanización que desde hace tiempo se da en la vertiente rosa del realismo mágico, o la divagación metaliteraria que convierte la escritura en un placer onanista.

Las caricaturas me hacen llorar, de Enrique Serna,
forma parte de la colección La Escritura Invisible. Se terminó
de imprimir en la Ciudad de México en noviembre de 2020 en los
talleres de Impresora Peña Santa S.A. de C.V., Sur 27 núm. 457,
Col. Leyes de Reforma, 09310, Ciudad de México.
En su composición se utilizaron tipos Janson Text
55 Roman, Janson Text 56 Italic.

Títulos publicados

LAESCRITURAINVISIBLE

LAESCRITURAINVISIBLE

LAESCRITURAINVISIBLE

LAESCRITURAINVISIBLE